Jorge Pimentel, Hora Zero y
el cambio de época en la poesía peruana

Jorge Pimentel, Hora Zero y el cambio de época en la poesía peruana

Marcela Valencia Tsuchiya

Instituto de Escritores Latinoamericanos,
Hostos Community College/CUNY

The Latino Press
Primera edición, 2017
Derechos de autor © 2017 Marcela Valencia Tsuchiya
© 2017 Latin American Writers Institute

Todos los derechos reservados. El contenido de esta obra está protegido por la Ley que establece las penas correspondientes para quienes reprodujeren, plagiaren, distribuyeren o comunicaren, públicamente, en todo o en parte, una obra literaria, artística o científica, o su transformación, interpretación o ejecución artística fijada en cualquier tipo de soporte o comunicada a través de cualquier medio, sin la previa autorización del autor.

Latin American Writers Institute (LAWI)
Eugenio María de Hostos Community College/CUNY
500 Grand Concourse
Bronx, NY 10451, USA
LAWI's Director: Isaac Goldemberg
E-mail: igoldemberg@hostos.cuny.edu

Marcela Valencia Tsuchiya
Jorge Pimentel, Hora Zero y el cambio de época en la poesía peruana
1st ed. / p.cm
ISBN 978-1-884912-49-8

1.Title. 2. Latin American Poetry 3. Peruvian Poetry 4. Latin American and Peruvian Poetry 21st century

Instituto de Escritores Latinoamericanos
Latin American Writers Institute
Eugenio María de Hostos Community College
The City University of New York

A Alejandro y Marcela Sánchez-Aizcorbe
por las letras compartidas

Al Perú, *ese infierno de país* (Pimentel)
ese paraíso

A Jorge Pimentel por entregarme tiempo y poesía

A Tulio Mora por su amistad, asesoramiento y obra poética sin par

A Hora Zero por su existencia

A Daniel Reedy por su guía

A Isaac Goldemberg por su escritura

Índice

Reconocimientos 7

Prefacio: Entrar y salir (de una época) es cuestión de dioses, mitos y mucha poesía 11

Capítulo I: Objetivo y corpus 19

    Método 24

    La idea de generación 36

    Precisiones sobre la idea de generación 38

    Generación decisiva y los epónimos de Hora Zero 42

Capítulo II: El sistema de vigencias de Hora Zero 51

    La cultura como compensación imaginaria 52

    El sistema de vigencias setentista 56

    La ruptura con/de la ruptura 69

    La razón teológica 76

    Significado de la rebelión 78

    Futurismo, Sturm und Drang, "Palabras urgentes" 82

Capítulo III: Del Futurismo a la hora zero de la poesía peruana 87

    Futurismo de Marinetti y eutrapelia de Hidalgo 89

    Hora Zero: de 1970 a 1978 93

    Segunda fase de Hora Zero: segunda fase del gobierno militar 99

    Desesperación, extremismo, *metanoeite* 109

Capítulo IV: La poesía en vórtice de Jorge Pimentel 121

    Fundación y ruptura 121

Capítulo V: Ópera prima 143

    Ensimismamiento, conversión, edificación 153

    La mujer, la urbe, insatisfacción 161

    Poema integral 166

Capítulo VI: *Ave soul* o de la tentación lírica 181
    En el nombre del padre y del socialismo 185
    Lengua, habla, polisemia 188
Capítulo VII: Palomino: La caída en el lugar que no existe 195
    Impostergabilidad de la muerte, vigencia de la rebelión, caída 199
    Desempleo, mancilla, evolución 208
    Ser poeta, ser desempleado 215
Capítulo VIII: Tromba de agosto 221
    Habla, escritura, transmisión de la crisis 228
    Palabra de cuerpo, palabra de espacio 232
    Del buen decir al maldecir 236
    La transmisión del maldecir a los nuevos 239
Capítulo IX: Primera muchacha en el hocico de la niebla 247
    Dictatus 250
    Senex amator 254
Capítulo X: Conclusiones 269
Bibliografía 285

ENTRAR Y SALIR (DE UNA ÉPOCA) ES CUESTIÓN DE DIOSES, MITOS Y MUCHA POESÍA

No se puede transar en el poema
cuando la vida te asalta con verdades atroces
TM

Recurrir a la mitología, como hace Marcela Valencia en el presente libro, es ya concederle una metahistoria al movimiento literario Hora Zero que, como todas las poéticas latinoamericanas de vocación tribal, tuvo una laberintosa genealogía y evolución.

Mucha calle, mucha pellejería, mucha iracundia de lo que llamaremos, alterando la disensión cívica de Henry Thoreau, una tumultuosa desobediencia a la tradición poética peruana, motivada por la búsqueda de una escritura que acompañara los júbilos y las tragedias de una colectividad en un tiempo decisivo. Esa búsqueda, asunto central en el debate nacional desde el inicio del siglo XX, en algún momento encontró concreción. El Perú de 1970 —fecha de nacimiento de HZ— dejó de serlo para redibujarse en la múltiple identidad social y estética que ahora encarna: la fusión cultural de la "hibridez" que en los años 40 mencionara un extraordinario como indefinible poeta, Gamaliel Churata; y la de "todas las sangres", frase tallada en perpetuidad que le debemos a aquel otro escritor seminal, José María Arguedas. Ese proceso, en el que HZ tiene protagonismo por excelencia, es la gesta que explica toda la historia peruana de las migraciones del campo a la ciudad, iniciada en los años 40 y existente hasta hoy. Es una larga historia, pues.

"Leyenda urbana" solemos decir a lo que trasciende la resignada biografía del anonimato ciudadano, del insignificante. Cuando eso ocurre es porque inevitablemente hay una ruptura en la cotidianidad de la masa indiferente —aquí interpreto este adjetivo en sus dos sentidos: de impasibilidad y de indiferenciación— y algo o alguien ha escapado del destino igualador para cruzar la aduana del tiempo e ingresar en el país del destiempo. ¿Cómo hacerlo? Según el poeta antillano Derek Walcott, revelando (rebelando) la memoria por la escritura. Marcela Valencia, escrutadora de esa resignificación que eligió HZ por el atajo de la poesía, se ha esmerado en hallar muchas de las correspondencias de la temporalidad conclusa/inaugural, propiciada por una crisis, cuando alude simbólicamente a los dioses latinos Abeona (de salida) y Adeona (de entrada), desvelando las claves que subyacen en el mito. No es extraño, además, que en un campo de alusiones mítico/históricas incorpore (in corpore) la opinión de un excelente poeta como José Watanabe —fallecido en 2007—, contemporáneo del grupo neovanguardista peruano, cuando afirmó que "HZ va para mito".

¿Y cómo lo hace? Ofreciéndonos una clave de don José Ortega y Gasset que es a la vez un ritual de rebelde iniciación, obstinado peregrinaje por un tiempo incierto y repliegue o retorno a lo que la autora de este estupendo trabajo, aplicando el vocabulario de Ortega y Gasset, reconoce como "ensimismamiento" (metanoia) y "construcción" (oikodomé). Ambos procesos, bajo la protección metafórica de los dioses, nos advierte, son característicos del movimiento vanguardista que aparece en un momento crítico de la historia peruana: la voluntad transformadora que surge con el velasquismo (1968-1975), finalmente truncada. Para decirlo citando apropiadamente al filósofo español: "Hay crisis histórica cuando el cambio de mundo que se produce consiste en que al mundo o sistema de convicciones de la generación anterior sucede un estado vital en que el hombre se queda sin aquellas convicciones, por tanto, sin mundo" (*El método de las generaciones en historia*, Lección VI: cambio y crisis).

En este punto es cuando uno se pregunta: ¿Por qué Marcela Valencia recurre a José Ortega y Gasset y Julián Marías —dos críticos cuya vigencia era sólida y lectura obligada en la universidad hasta los años 70— para analizar precisamente un movimiento que empezó en aquella década y se prolongó hasta el siglo presente? En ese tiempo la tesis generacional, muy en boga, acaso con notorio exceso en la literatura peruana, obligaba a la cita inevitable de los mencionados autores españoles, que en buena cuenta forman parte de los fundadores de la crítica literaria de nuestra lengua. Pero con la aparición de la escuela francesa del estructuralismo (Lévi-Strauss, Barthes, Cohen, Lacan, Foucault), de Frankfurt (Marcusse, Adorno, Benjamin), y antes de ellos del formalismo ruso (el extraordinario Viktor Sklovsky, Roman Jakobson y ese decodificador de fábulas y leyendas que fue Vladimir Propp, maestro de Mijail Bajtin, otro gran recreador de las fiestas populares), o más tarde con el posmodernismo (Lyotard, Vattimo, Zizek, Guattari y Deleuze), de muchas formas las figuras de los escritores españoles se replegó, dándole carácter de principio verificable a lo que alguna vez expresara T.S. Eliot: también en literatura funcionan las leyes de la bolsa de valores y entonces algunas acciones que hoy suben, mañana estarán de baja. Y viceversa.

"Me he propuesto realizar un breve análisis de lo que José Ortega y Gasset —durante un curso de doce lecciones pronunciado en el Instituto de Humanidades de Madrid en 1933— llamó "El método de las generaciones en la historia (Ortega 1982, 52)"— nos aclara MV en la introducción. Porque no se trata de un estudio sobre las generaciones contemporáneas al pensador español, es decir, de su obra más conocida, sino a la que dio origen al Renacimiento, entre 1550 y 1650, tomando como partida la retractación pública de Galileo ante la Santa Inquisición, agregando la advertencia de que se trata de "ideas decisivas en la evolución del pensamiento europeo", pues este evento visibiliza una crisis surgida entre ciencia y el dogma religioso, en la que Galileo asume el rol de personaje epónimo erigido sobre los hombros de una generación que marcaba la tendencia que finalmente adoptó Europa.

Este punto de partida es complementado, como agrega MV, con el de Julián Marías, "discípulo y colaborador de Ortega, [que] intentó una fundamentación epistemológica de la propuesta de su maestro en *El método histórico de las generaciones* (1949), libro cuya "Nota de la primera edición" el mismo Marías firmó en Madrid, en mayo de 1949 (Marías 1967, 9). Casi cincuenta años después de la primera edición del tratado de Marías, Gambarte, publicó *El concepto de generación literaria*, voluminoso, apasionado y erudito trabajo donde el autor deconstruye y anatematiza las ideas de Ortega y de Marías, aunque sin presentar una alternativa novedosa" (Valencia 2017, 24).

Brevemente, el crítico y novelista español Eduardo Mateo Gambarte sostiene que para el análisis de movimientos es mejor hacerlo en dos tiempos: 1) uno individual, sobre los poetas, obra y estilo de quienes conformaron un grupo y 2) cuando se trata del colectivo es mejor recurrir a la "sociología de la literatura". Incluso hay una tercera opción que le ha resultado útil a Marcela Valencia: "Si se quiere hacer ambas cosas, hágase, pero separadamente aunque aparezcan sendos análisis en la misma obra". Es lo que advertiremos en la lectura. El libro está dividido en dos grandes y minuciosos macrocapítulos: el que le da constatación histórica a la poética callejera, contestataria y parricida de HZ, con sus correspondencias histórica e ideológica, y el que sustenta esa poética en la obra de uno de sus fundadores, Jorge Pimentel, cofundador del movimiento junto con Juan Ramírez Ruiz, y autor de algunos libros mayores de la nueva poesía peruana.

Trazada la ruta desde el inicio del Renacimiento —lo que no suelen realizar los críticos minimalistas—, el libro detiene la mirada retrospectiva en el Romanticismo alemán (el movimiento Sturm und Drang) en el siglo XVIII, y luego se sitúa en el desborde de las vanguardias europeas —el futurismo y el estridentismo son los que destaca la autora— de las primeras décadas del siglo XX, alguno de los cuales dejó, además de su poesía, escabrosos y estremecedores vaticinios, transformando los gestos poéticos en trágicos eventos proféticos. Pienso en el futurismo italiano cuando calificó como un acto bello que un terrorista saliera con una ametralladora a disparar a los ciudadanos. ¿Qué opinaría hoy Marinetti —entusiasta fascista poco más tarde— de esa certeza escrita en un manifiesto provocador?

Con una parecida irreverencia, el vanguardismo latinoamericano acabó de construir el parteaguas con la poesía española, que había iniciado Rubén Darío, instalándose plenamente en la mundanidad asombrada de la inventiva constructivista en Occidente. Como sus hermanos mayores europeos, nuestro vanguardismo nació bajo el símbolo de la segunda revolución industrial, muy urbana y orgullosa de los artificios nacidos de un ingenio sin límites —el avión, el auto, el cine, la radio, el telégrafo, el teléfono—, pregonera de una época que había sepultado a dios y a sus despiadadas religiones —como anunciara 50 años antes Friedrich Nietzsche—, y segura de que nuestra prolongación casi inmortal nos alentaba a caminar por el sendero del infinito. Pero las guerras y otras miserias volvieron a recordarle a la humanidad nuestras crueles fragilidades.

El vanguardismo fue, quién va a dudar, la verdadera fundación de la literatura y el arte del continente. Además, desde entonces el escritor no sólo pretende sublevar la palabra solemne, sino también sublevarse contra las jerarquías —sociales, económicas— que la sostienen. Este es uno de los grandes aciertos de MV: haber encontrado el rastro de los antecesores de HZ que en los 70 seguían resonando, en parte por aquello que expresa Gambarte: ¿cómo no distinguir, entre el tumulto de los bárbaros que cercaron la (pobre) ciudad letrada de Lima —provincianos, para más señas, como muchos de los horazerianos—, a un puñado paradigmático: Vallejo, Oquendo de Amat, Churata? ¿Y cómo no hacerlo con los limeños Westphalen, Moro y Adán, aunque estos fueron arrojados a la hoguera horazeriana?

La primera parte de este trabajo se convierte así en la aproximación más integral que se haya dedicado a la ya abundante bibliografía sobre HZ, movimiento que a diferencia de otros clanes latinoamericanos se prolongó en el tiempo, manteniendo cierta actividad orgánica, por lo menos hasta el año 2000, fecha en que desde Cerro de Pasco —la ciudad minera más alta del Perú— se publicó la última revista colectiva. MV ha logrado explorarlo usando el transversalismo de diversas disciplinas para develarnos, con una narrativa atractiva, el empinado camino que HZ recorrió mientras por la historia transcurrían la "revolución" velasquista, el golpe restaurador de Bermúdez, las dictaduras latinoamericanas, la guerra senderista contra un Estado peruano demoledor y la revolución sandinista en el siempre mutante contexto mundial que abarca desde el hipismo, los beatniks, la guerra de Vietnam hasta la instauración del neoliberalismo con sus actuales miserias: el predominio oligopólico de las grandes corporaciones financieras, las guerras en el Medio Oriente, la crisis económica mundial, el calentamiento global.

Esta plataforma es contrastada con la escritura, con lo cual MV marca clara distancia de cierta crítica académica que aplica a la obra literaria el examen descomprometido con la realidad, de algún modo reanudando aquella visión simbolista de una poesía como resultado de la licencia que otorgan las palabras a sus artífices, ajenándolos de su contexto, y en esa condición situándolos en un espacio intermediario entre la iluminación (o el silencio) y la tribu (Mallarmé dixit); o, más complaciente con la ideología reinante, que establece una suerte de jerarquía de mercado donde el crítico asume el rol de distribuidor —y entonces es el vértice de la pirámide de poder— de una mercancía llamada poesía cuyo autor debe ser conocido más bien como productor y sus lectores como consumidores.

Al igual que Vallejo —"creo, honradamente, que el poeta tiene un sentido histórico del idioma, que a tientas busca con justeza su expresión"—, MV cree firmemente que entre la palabra fundacional de HZ y la de su colectivo de época, en especial la de las migraciones, hay una mediación filtrada por la utopía/distopía de la época que les tocó enfrentar: "Las generaciones decisivas surgen como producto de la acción de fuerzas endógenas y fuerzas exógenas. Éstas están constituidas por el conjunto de grandes acontecimientos que impulsan a los jóvenes de cualquier, varios o casi todos los campos del quehacer humano, a reformular su concepción de sí mismos, del pasado, del presente y el futuro, y a alejarse del sistema de creencias y del sistema normativo de sus antecesores inmediatos" (p. 269). Esta reinterpretación, por supuesto, también colisiona con las afirmaciones descalificadoras entonces vigentes de críticos, poetas, académicos y antólogos que HZ había estigmatizado, y con quienes sostuvo a veces muy ásperas polémicas públicas.

Luego de este muy articulado abordaje, MV pone a prueba la obra de Jorge Pimentel en su condición de "epónimo" generacional. ¿Cómo el cofundador de un movimiento parricida pudo elaborar su obra personal en una época de tantas pasiones encontradas? La pregunta ya está planteada en la introducción: "Estas proposiciones servirán de categorías de análisis cuya relativa validez se hallará en su aplicación al contraste entre el fenómeno público de Hora Zero y el fenómeno poético producido por Pimentel; es decir, el contraste entre la propuesta de un cambio radical del lenguaje poético en el Perú tal como se expresa en el manifiesto "Palabras urgentes" con que se funda el movimiento, y la plasmación textual de Pimentel" (25). Pero más adelante hay una cita explícita del filósofo Robert Audi: "Las reglas de la conducta de las personas en grupos no son deducibles de las reglas de composición o coexistencia, sino de aquellas que rigen la conducta solitaria" (148).

Entonces, ¿cómo es el proceso creativo de un poeta vanguardista cuando traslada la exposición pública a su propia individualidad (el "ensimismamiento", "conversión" o "metanoia") para construir su obra ("oikodomé")? En este punto MV retorna a un Ortega y Gasset con planta religiosa pues ambas definiciones tienen la subyacencia de un acto subversivo (o de herejía) y otro de edificación en esa pugna entre ciencia y dogma.

Para entender mejor el rol de los "epónimos" generacionales habrá que resumir el análisis de MV sobre Ortega y Gasset en cinco hitos: 1) la desesperación "que no les permite entender ni instalarse ni, menos aún, actuar positiva o negativamente"; 2) "los epónimos diseñan un plano abstracto con el cual... pretenden reflejar e interpretar sus circunstancias e imaginar las acciones teóricas y prácticas necesarias para transformar aquello con lo que están en desacuerdo"; 3) el radicalismo como visión del mundo; 4) el cotejo del plano abstracto que se imaginan "para averiguar si lo que han ideado casa con los hechos"; 5) "consiste en lo que Ortega llama metanoia —arrepentimiento y ensimismamiento— que posibilita la oikodomé o edificación de la propia obra ... Conviene relevar que en esta última fase, el epónimo habrá de enfrentarse a su realidad radical y a partir de ella erigir el edificio de su legado" (271).

En *Kenacort y Valium 10* (1970), el primer título de Pimentel, las alusiones muy visibles de un alegato poético —como más tarde lo realizaría con el mismo estilo Carmen Ollé en *Noches de adrenalina*— del desequilibrio de vivir, el cofundador de HZ aún es el poeta de los manifiestos iracundos, de la "épica callejera", pero tanto en ese libro como en su más celebrado *Ave soul* (1973, año símbolo del golpe de Estado de Pinochet en Chile), ya se insinúa la sombra de la derrota que podría interpretarse también como "la fuerza negativa" que echaba su mala vibra sobre el continente. Y aunque nuestra tradición de ingobernabilidad política tiene un linaje muy antiguo, lo cierto es que literariamente entre los 60 y 70 hay un punto de quiebre que MV traduce como "una encrucijada moral y poética en que se debatía el autor de *Ave soul* (183). Y luego agrega: "La parquedad coloquial del lenguaje le permitió a Pimentel quebrar la delicadeza de la ya exitosa elegía insertando la peripecia macabra, que otorga al texto la multidimensionalidad ["agenciamiento" la hubieran llamado Deleuze-Guattari] dramática y semántica que constituye uno de los rasgos más acusados de su obra poética" (p. 188).

Esta es una primera contradicción enriquecedora, pues lo que Pimentel desplegara tras una palabra de plaza pública, empieza a ensimismarse y en ese trance adopta también lo que podríamos llamar una renegociación con el otro cuestionado —la poética lírica—, logrando una síntesis en el tránsito hacia la consolidación de un estilo plural, adaptable a cada propuesta temática que implica el proyecto de un libro. La concisión —o reconcentración lírica— de *Palomino* (1983) y *En el hocico de la niebla* (2007), expresa acertadamente MV, ya está presente en *Ave soul*. Lo cual no niega que entre los dos libros haya surgido *Tromba de agosto* (1992), la exposición más descarnada de la palabra de Pimentel, hasta ahora, y acaso por eso su libro con mayor espesor polisémico o multidimensional, en la medida que resigna su identidad —siguiendo la estética del "poema integral"— a la de los sujetos que recorren todas las páginas de ese libro en una ceremonia de oralidad catártica irrefrenable propia de la tragedia que le tocó vivir al Perú entre los años 1980 y 2000, con el resultado de 70 mil muertos y desaparecidos.

Toda escritura poética es una actitud heroica ya que su utilidad no tiene presencia cotidiana para la absoluta mayoría del mundo. Pero lo es más en un país como el Perú donde ni siquiera los poetas más reconocidos son encomiados por el Estado o por los referentes de poder económico. No existen premios —muy recientemente el ministerio de Cultura ha creado uno—, no hay facilidades para la edición, los poetas ni siquiera cuentan con un seguro de desempleo o de atención médica. Emilio Adolfo Westphalen, Pablo Guevara, Wáshington Delgado y muchos otros han pasado por las horcas caudinas de la total indiferencia. Mueren en la vil indefensión, como Martín Adán o Juan Ramírez Ruiz, a quien arrojaron a una fosa común antes de identificarlo seis meses después de ser atropellado por un bus (2007). Y ni siquiera su memoria perecedera (sus libros) tiene mejor destino: hoy las leyes del mercado impiden la venta de libros de poesía peruana en las poquísimas (y pobrísimas) librerías que existen en Lima, salvo excepciones también heroicas. En este paisaje desolador no es muy ancho el elogio que Marcela Valencia le otorga a Jorge Pimentel, sino que calza perfectamente, en parte parafraseando a Roberto Bolaño, uno de sus admiradores, quien con frecuencia relacionaba la valentía y el heroísmo con la poesía, a veces con el abierto desafío de la tentación lumpen, como cuando escribió una breve crónica en la que aseguraba que si lo hubiera tentado asaltar un banco, habría elegido una banda de poetas por su arrojo y determinación.

Un poeta como Pimentel es heroico sobre todo en la caída, nos dice MV, concepto que debe entenderse también como el tránsito hacia el auto-exilio y la reconcentración cuando el enemigo de la cotidianidad, que es el gran tema de toda la poesía de Pimentel, ya ha avanzado hasta sosegar al sublevado. Desde *Palomino*, *Primera muchacha* y *En el hocico de la niebla*, pero en realidad desde su primer libro, la batalla ha sido únicamente suya, jaloneando además a los amotinados contra una historia de resignaciones.

No voy a extenderme más puesto que MV lo hace con la profundidad que merece una de las voces más influyentes de nuestra reciente poesía: "La obra de Pimentel se sustenta asimismo en la aplicabilidad de su discurso a un segmento diacrónico, un periodo histórico que se inició hacia 1970 y que no ha terminado aún, puesto que continúan vigentes —y en no pocos casos se han agudizado— los conflictos colectivos e individuales que deter-minaron el alzamiento de Pimentel y la transformación de su ser poético en epónimo del movimiento Hora Zero, y, acaso, en coepónimo de toda una generación de poetas, artistas y activistas latinoamericanos, europeos y norteamericanos" (190).

Tulio Mora

En Lima, 18 de abril —cumpleaños de mi padre—, de un año inmerecido que en solo cuatro meses derramó toda la furia del cielo por estas costas, recordándonos la herida original de un misterio muy parecido a la verdadera poesía.

CAPÍTULO I

OBJETIVO Y CORPUS

La meta de este estudio es examinar la obra poética publicada del escritor peruano Jorge Pimentel (Lima, 1944): *Kenacort y Valium 10* (1970), *Ave soul* (1973), *Palomino* (1983), *Tromba de agosto* (1992), *Primera muchacha* (1997) y *En el hocico de la niebla* (2007). Realizaré el examen de los libros citados en el contexto de los manifiestos y proclamas más significativos del movimiento Hora Zero, el colectivo literario que el mencionado poeta y Juan Ramírez Ruiz cofundaron en el Perú en 1970, y en relación con el corpus pertinente de la escritura de los siguientes integrantes de dicho colectivo: Juan Ramírez Ruiz, Carmen Ollé, Enrique Verástegui y Tulio Mora.

Contrastaré la escritura e ideología primigenias de Jorge Pimentel con sus publicaciones y declaraciones más recientes, a fin de establecer las diferencias y semejanzas entre los polos sincrónicos (1970 versus 2008) de su pensamiento y escritura, y a fin de formular un conjunto de hipótesis respecto a la evolución de su lenguaje y de su postura frente al mundo.

Me serviré de una invalorable entrevista que me ha concedido el poeta para recontextualizar en las actuales circunstancias el fenómeno que empezó a protagonizar en 1970. Asimismo, examinaré sus textos y los manifiestos de Hora Zero en el ámbito del movimiento gregario inicial, en la esfera del desarrollo de su obra poética como cristalización y negación de sus propuestas primigenias; y, en el campo de la vida pública, revisaré sus posturas utópicas con respecto al orden de cosas que en 1970 consideraba intolerable, comparándolas con las posturas que, casi cuarenta años después, manifiesta frente al panorama actual.

Con la ayuda de sus hijos Sebastián y Jerónimo, transgrediendo la tradición de no mostrarlo a nadie, Jorge Pimentel me ha facilitado el original de su inédito *Jardín de uñas* (*circa* 1980). De no haber leído los doscientos poemas inéditos contenidos en dicho título, algunas de las conclusiones que he formulado respecto a la evolución de la obra y del pensamiento de Pimentel habrían parecido inverosímiles.

Por otra parte, llevaré a cabo el análisis de los poemarios de Jorge Pimentel habiendo leído casi toda la producción de los otros cuatro poetas mencionados del movimiento Hora Zero, a saber:

• Juan Ramírez Ruiz (Chiclayo, 1946–2007). "Palabras urgentes" (1970), *Un par de vueltas por la realidad* (1971), *Vida perpetua* (1977), *Las armas molidas* (1996).

• Tulio Mora (Huancayo, 1948). *Mitología* (1977), *Oración frente a un plato de col* (1985), *Zoología prestada* (1987), *Cementerio general* (1989), *País interior* (1993), *Simulación de la máscara* (1998), *El valle de los fenicios* (1999), *Hora Zero, la última vanguardia latinoamericana de poesía* (2000), *Aquella madrugada sin amanecer* (2003), *Días de barbarie* (2003), *Simulación de la máscara* (2006).

• Enrique Verástegui (Cañete, 1950). *En los extramuros del mundo* (1971), *Praxis, asalto y destrucción del infierno* (1980), *Leonardo* (1988), *Angelus novus* (1989-1990), *Monte de goce* (1991), *Terceto de Lima* (1992), *Taki onqoy* (1993), *Ética* (1995), *El modelo del teorema: curso de matemáticas para ciberpunks* (1995), *Ensayo sobre ingeniería* (1999), *Teorema de Yu* (2004).

• Carmen Ollé (Lima, 1947). *Noches de adrenalina* (1981), *Todo orgullo humea en la noche* (1988) y *¿Por qué hacen tanto ruido?* (1997).

Según Tulio Mora, Hora Zero, "la última vanguardia latinoamericana de poesía", apareció en el panorama de la literatura peruana en 1970, cuando unos jóvenes "que estudiaban en la universidad más desprestigiada del país [Universidad Nacional Federico Villarreal], y de la que poco después fueron expulsados, lanzan un manifiesto parricida ('Palabras urgentes')" (Mora 2000, 8). Los signatarios de "Palabras urgentes" renegaron simbólicamente de la existencia de toda la poesía peruana anterior, con la excepción de César Vallejo. Los autores del *ukaz*, Jorge Pimentel y Juan Ramírez Ruiz, a la sazón poetas de veintiséis y veinticuatro años, conmovieron el cortijo literario limeño, afirmando: "la poesía en el Perú después de Vallejo ha sido un hábil remedo, trasplante de otras literaturas. Sin embargo, es necesario decir que en muchos casos los viejos poetas acompañaron la danza de los monigotes ocasionales escribiendo literatura de toda laya para el consumo de una espantosa clientela de cretinos" (Pimentel 1970a, 8). Dejo para el lugar pertinente el análisis de la relativa objetividad de este *tour de force*, pero adelanto que una declaración de semejante agresividad, en el contexto socioliterario del Perú de 1970, y por extensión de la América Latina, tuvo el efecto inmediato de congregar a una pléyade de poetas y artistas, muchos de ellos provincianos. Tulio Mora, integrante conspicuo de Hora Zero, ha descrito su eclosión:

> Sus nombres: Jorge Pimentel, Juan Ramírez Ruiz, Jorge Nájar y José Carlos Rodríguez. Pero detrás de ellos había una mancha ("mancha" es tumulto en peruano) de origen provinciano que se propone poblar los vacíos literarios de sus lugares de origen (Pucallpa, Huancayo, Chimbote, Chachapoyas, Cerro de Pasco). Un profesor universitario, Raúl Jurado, autor de una tesis académica sobre Hora Zero, se ha dado el trabajo de contar el número de los intrusos: no fueron menos de 70. Poetas, narradores, pintores, fotógrafos, cineastas, incluso camioneros y mochileros puros. Una versión peruana de la "Semana de artes y letras brasileñas", que en 1922 (fecha cábala de la literatura mundial, pues en aquel año se publican *Trilce* de Vallejo, *Las elegías de Duino* de Rilke, *Tierra baldía* de Eliot y *Ulises* de Joyce) arroja a los vanguardistas brasileños a la búsqueda de su propio lenguaje. (Mora 2000, 8)

El profesor universitario al que se refiere Tulio Mora es Raúl Germán Jurado Párraga. En su tesis de bachiller, Jurado Párraga establece una lista de 49 escritores peruanos que gravitaron en torno de Hora Zero, y los agrupa en las "bases de trabajo" provinciales que propició el movimiento: Chiclayo, Pucallpa, Chimbote, Cusco y Huancayo (Jurado Párraga 1988, 46-51). En un contexto marcado por los ecos de mayo de 1968 en París, y por la matanza de Tlatelolco, ocurrida el 2 de octubre de 1968 en la Plaza de las Tres Culturas de la Ciudad de México, a la eclosión limeña y provincial de Hora Zero siguió una repercusión continental:

> Casi al mismo tiempo, otros muchachos en México, Mario Santiago, José Peguero, Mara Larrosa, Roberto Bolaño y Bruno Montané (los dos últimos nacidos en Chile)... que han leído algunos textos de sus patas (léase cuates) peruanos, fundan el movimiento infrarrealista. *Infrarrealismo* procede del diccionario personal de un abuelo venerable común, Vicente Huidodro: un más abajo de la realidad (de la realidad oficial) donde se transparentan los valores de la cultura popular

> (lo visible oculto): el lenguaje cada vez más contaminado del mexica (el spanglish), del espalda mojada, de los comediantes (Resortes, Borolas, Clavillazo) que combinan con cuidadas imágenes y sus diversas lecturas (Rimbaud, Blake, los Beats). (Mora 2000, 9)

Los ecos de la floración horazeriana se escucharon en París. En una entrevista concedida a Paul Guillén, Enrique Verástegui ha relatado el papel que le cupo en la fundación de Hora Zero Internacional:

> Cuando llego a París, luego de la beca Guggenheim. . . José Carlos Rodríguez, que era uno de los miembros fundadores de Hora Zero, me consulta respecto a la posibilidad de fundar Hora Zero Internacional. . . yo le digo que se puede fundar. . . siempre y cuando los manifiestos los escriban escritores franceses. . . y André Laude, Tristan Cabral, entre otros, escriben esos manifiestos y se enfrentan a Jacques Chirac, miembro de la derecha, que organizaba festivales de poesía en París bajo la vocación de Rimbaud. . . di el consentimiento de que se fundara, sí, eso es cierto. . . ese grupo que estuvo conformado por poetas de Bélgica, de Grecia, de Portugal, de Finlandia, de Arabia, de todo el mundo. (Guillén 2007, 4)

Resulta oportuno contrastar la versión que ofreció Enrique Verástegui sobre la fundación de Hora Zero Internacional con la que ha brindado Tulio Mora:

> Pero la onda expansiva avanzó hasta París, donde otros autores de plural nacionalidad (belgas, griegos, franceses, argelinos, más mexicanos), al impulso de los horazerianos Enrique Verástegui y José Carlos Rodríguez, residentes en París, publican el manifiesto "Message d'ailleurs" (1978). Jacques Chirac, entonces alcalde de la ciudad "más literaria del mundo" (alteraremos un verso de Bolaño), les sale al paso y los llama "revolucionarios de café". Una forma de descalificar a los veteranos del 68, algunos de los cuales, como Tristan Cabral (nacido en la región occitana en 1948), ex teólogo protestante, admirador de Camilo Torres, miembro expulsado del Partido Comunista Francés por "anarquista", se había enrolado en las guerrillas de Kurdistán e Irlanda del Norte, y a los 20 años realizaba prolongados viajes por Irán, Turquía,

América Central, Perú y Bolivia. O al anarquista André Laude (nacido en 1936 y muerto en 1995), que había escrito, además de novelas, un ensayo provocador, "Liberté couleur d'homme", y en poesía el homenaje al lobo petardista del siglo pasado: *Testament de Ravachol*. (Mora 2000, 9-10)

A los ocho años de haberse fundado en la capital del Perú, Hora Zero había logrado tener alcance ultramarino. Treinta y ocho años después de la publicación de "Palabras urgentes", cuando varios de sus miembros frisan los sesenta años de edad, no son pocos los estudios y las antologías que consignan tanto el hecho de la aparición del movimiento Hora Zero como el de la maduración poética de sus integrantes (De Lima 2005, Mendiola 2005, Beltrán Peña 1995, Pfeiffer 1995, Zapata 1995, Ortega 1987, Luchting 1977, Oviedo 1972, Bellini 1985, etc.). Este caudal de información conforma un corpus historiográfico que está en proceso de construcción. A pesar del tiempo transcurrido, Hora Zero mantiene una vigencia que convierte la historia del movimiento en un lugar obligado de la crítica y de los poetas coevos.

El poeta peruano José Watanabe, en una entrevista concedida a Alonso Rabí do Carmo, comentó respecto a la trascendencia de Hora Zero: "Yo creo que en muchos aspectos sí, [los horazeristas] van para mito... Mira, Hora Zero iba a los mítines de izquierda con pancartas que no apoyaban al mitin o al candidato, eran pancartas que decían, por ejemplo, 'viva el poder joven de la poesía' " (Rabí Do Carmo). El manifiesto iconoclasta, el libelo y la confrontación, que los miembros de Hora Zero utilizaron como instrumento de propaganda, se sustentaban en vocaciones poéticas cuya materialización se ha consignado insistentemente en la historia de las últimas cuatro décadas de la literatura peruana y latinoamericana.

Por lo expuesto anteriormente, me parece necesario un estudio integral de la obra de los poetas del movimiento Hora Zero. Inicialmente, mi intención fue ocuparme de cinco de sus miembros: Jorge Pimentel, Juan Ramírez Ruiz, Tulio Mora, Enrique Verástegui y Carmen Ollé. No tardé mucho en darme cuenta que una sola tesis doctoral no iba a ser suficiente para analizar sus obras. Así que hube de circunscribirme, a la luz de la tesis de Ortega y Gasset sobre las generaciones en la historia, al estudio de los inicios del movimiento y la obra de Jorge Pimentel, cofundador de Hora Zero y, junto con Tulio Mora, centro de gravedad del movimiento a lo largo de sus cuarenta años de existencia.

Paso ahora a exponer las herramientas teóricas que utilizaré en este empeño.

Método

Habiendo Pimentel cofundado el movimiento Hora Zero y siendo éste un fenómeno que se define como "generacional", me he propuesto realizar un breve análisis de lo que José Ortega y Gasset —durante un curso de doce lecciones pronunciado en el Instituto de Humanidades de Madrid en 1933— llamó "El método de las generaciones en historia" (Ortega 1982, 52). Julián Marías, discípulo y colaborador de Ortega, intentó una fundamentación epistemológica de la propuesta de su maestro en *El método histórico de las generaciones* (1949), libro cuya "Nota de la primera edición" el mismo Marías firmó en Madrid, en mayo de 1949 (Marías 1967, 9). Casi cincuenta años después de la primera edición del tratado de Marías, Eduardo Mateo Gambarte publicó *El concepto de generación literaria,* voluminoso, apasionado y erudito trabajo donde el autor deconstruye y anatematiza las ideas de Ortega y de Marías, aunque sin presentar una alternativa novedosa:

> La escritura es un acto individual, las agrupaciones corresponden a la sociología de la literatura. Si queremos historiar modos de escritura hablemos de obras y autores, de poéticas y estilos, de lenguajes personales o de lenguajes repetidos, de estilo o de tendencia..., de trayectorias; si queremos historiar la influencia de autores y obras en cada época, hablemos de grupos, promociones o equipos (como sinónimos) y de su acceso a los medios de poder cultural de cada época. Si se quiere hacer ambas cosas, hágase, pero separadamente aunque aparezcan sendos análisis en la misma obra. Así resultará más fácil entenderse, porque como acusa Julián Marías: "la determinación de generaciones concretas... que en estos años se prodigan... casi siempre son arbitrarias".
> (Gambarte 292)

No profundizaré en la polémica que entabla Gambarte con respecto al "método histórico de las generaciones" de Ortega, que Marías hace suyo. Sin embargo, abstrayendo las imperfecciones epistemológicas que pudieran ofrecer las propuestas de Ortega y de Marías, aislaré de *En torno a Galileo* de Ortega y de *El método histórico de las generaciones* de Marías un conjunto de proposiciones. Éstas servirán de categorías de análisis cuya relativa validez se hallará en su aplicación al contraste entre el fenómeno público de Hora Zero y el fenómeno poético producido por Pimentel; es decir, al contraste entre la propuesta de un cambio radical del lenguaje poético en el Perú tal como se expresa en el manifiesto "Palabras urgentes" con que se funda el movimiento, y la plasmación textual de Pimentel durante los últimos treinta y ocho años.

Ortega concibe el pensamiento de Galileo como "la iniciación de la Edad Moderna, del sistema de ideas, valoraciones e impulsos que ha dominado y nutrido el suelo histórico que se extiende precisamente desde Galileo hasta nuestros pies" (Ortega 1982, 16). Líneas más abajo, el filósofo español afirma que a principios de la década de 1930 la Edad Moderna está en pleno declive:

> se dice, y tal vez con no escaso fundamento, que todos estos principios constitutivos [la ciencia exacta de la naturaleza, la técnica científica, el racionalismo] se hallan hoy en grave crisis. Existen, en efecto, no pocos motivos para presumir que el hombre europeo levanta sus tiendas de ese suelo moderno donde ha acampado durante tres siglos y comienza un nuevo éxodo hacia otro ámbito histórico, hacia otro modo de existencia. Esto querría decir: la tierra de la Edad Moderna que comienza bajo los pies de Galileo termina bajo nuestros pies. Éstos la han abandonado ya. (16)

La nutrida lista de vanguardias latinoamericanas, íntimamente ligada con el "éxodo a otro ámbito histórico" que señala Ortega, se inicia con el crepúsculo del Modernismo, manifestado en los escritores postmodernistas o mundonovistas (Osorio xvii, xviii). El "Manifiesto del Futurismo" de Marinetti, que, como observó Rubén Darío, "está en francés, como todo manifiesto que se respeta" (Osorio 5), constituye el acta de fundación del Vanguardismo latinoamericano. Tulio Mora publicó la antología *Hora Zero, la última vanguardia latinoamericana de poesía* en el año 2000. Con el título mismo de este libro Mora asume que Hora Zero es el último movimiento vanguardista en América Latina. Sin duda, la agresividad, violencia, iconoclasia y el carácter contestatario del manifiesto "Palabras urgentes", firmado por Pimentel y Ramírez Ruiz, echa raíces en el "Manifiesto del Futurismo" de Marinetti, y, como apunta Tulio Mora

> en las vanguardias latinoamericanas, coetáneas respecto a la fundación de Hora Zero: "el nadaísmo (Colombia); el Techo de la Ballena (Venezuela); los Tsánsicos (Ecuador); el movimiento CADA (Colectivo de Acciones de Arte, Chile) —de donde surgió Raúl Zurita; y los movimientos argentinos Nosferatu (más inclinados a la poesía barroca); La Danza del Ratón —donde colaboraron los hermanos Leónidas y Osval-

do Lamborghini, autor de un poema en prosa que es puro delirio; El Sonido y la Furia; y Xul —de donde salió Néstor Perlongher, poeta gay, que falleció de sida, probablemente el más importante poeta "barroso" del continente, [autor] de *Alambres*, un gran libro.

En el Perú, después de la fundación de Hora Zero, surgieron otros grupos que intentaron constituir vanguardias —el colectivo Kloaka de los poetas Róger Santiváñez y Mariela Dreyfus es ejemplo de ello—, pero no lograron configurar fenómenos gregarios de la importancia del colectivo horazeriano. Ahora bien, si se acepta que Hora Zero es la última vanguardia en la historia literaria del Perú, y que con este grupo se cierra un proceso histórico iniciado en 1909 con la publicación en *Le Figaro* de París del "Manifiesto del Futurismo", cabe preguntarse si los poetas de Hora Zero configuran un estadio de renovación o un estadio crepuscular. Ortega reflexiona en tal sentido:

> Porque si es cierto que vivimos una situación de profunda crisis histórica, si es cierto que salimos de una Edad para entrar en otra, nos importa mucho: 1º hacernos bien cargo, en rigurosa fórmula, de cómo era ese sistema de vida que abandonamos; 2º qué es eso de vivir en crisis histórica; 3º cómo termina una crisis histórica y se entra en [un] tiempo nuevo... Todo entrar en algún sitio, todo salir de algún recinto es un poco dramático... Los romanos creían en dioses especiales que presidían a esa condensación de enigmático destino que es el salir y es el entrar. Al dios del salir llamaban Abeona, al dios de entrar llamaban Adeona. (Ortega 1982, 17)

Para responder a esta inquisición con relación a Pimentel y Hora Zero, es decir, para determinar si él y el colectivo configuran un *Abeona* o un *Adeona*, un fenómeno de salida o uno de entrada, he examinado el contexto social en que aparecen la poesía de Pimentel y los manifiestos del movimiento, y algunos de los lenguajes poéticos que preceden y que siguen a Hora Zero. De dicho examen se desprende que Hora Zero y Jorge Pimentel han tenido éxito en sus postulados iniciales de transformar las normas poéticas en el Perú, puesto que he hallado severas diferencias entre el lenguaje de Pimentel y el de los poetas precedentes, y similitudes con los lenguajes de los poetas subsecuentes. (Esto, quizá, sea la contribución específica de este trabajo.) Paralelamente, Pimentel y Hora Zero formaron parte de una tendencia mayor de evolución de las formas poéticas y de las actitudes vitales de los creadores latinoamericanos y europeos, como se desprende de las lecturas y relaciones literarias de sus integrantes, que se convirtieron en adalides y portavoces de tal tendencia, sin una conciencia clara, al principio, de lo que históricamente estaba ocurriendo:

> they were less innovatory than they claimed. . . the real turning-point in modern Peruvian poetry was in the 1960s, when, reflecting significant changes in the world at large and looking at Anglo-Saxon poetry for their models, poets like Antonio Cisneros (1942) and Rodolfo Hinostroza (1941) gave expression to a new anti-authoritarian spirit and developed a modern poetic discourse that broke with the conservative Hispanic tradition. Thus, rather than constitute a radical break with the past, the poetry of Hora Zero was essentially a development and culmination of a process initiated in the 1960s. (Vilanova 61)

Aunque no discutiré aquí los detalles de esta afirmación, debo traer a colación lo que Nuria Vilanova sostiene a renglón seguido: "the search for a genuinely Latin American voice has a long history and can be traced at least as far as Vallejo and the avant-garde poets of the 1920s" (61-62). Esto es estrictamente cierto, porque tanto en el plano formal como en el de la actitud vital de los escritores, el lenguaje poético en el Perú sufrió una fractura singular por influjo del vanguardismo:

> el cambio de siglo. . . se remonta a 1905, año de las exposiciones cubistas de Picasso y de Braque. El cubismo en la pintura e, inmediatamente después, el futurismo y los "ismos" subsiguientes en la poesía, derrumbaron los cánones de la belleza decimonónica. El aforismo de Marinetti: "Un automóvil de carreras es más hermoso que la Victoria de Samotracia" vino a ser el emblema explosivo de la nueva sensibilidad. El lenguaje poético encontró un camino de libertad en cuya travesía se fue despojando de sus incómodas ataduras y vestimentas superfluas. Con juvenil embriaguez echó por la borda el metro y la rima, la corrección gramatical y las normas ortográficas, los encadenamientos lógicos y la razón misma. La poesía abandonó sus torres de marfil, ya fueran éstas los ateneos académicos

o las buhardillas bohemias, para correr enloquecida, bebiendo todos los vientos, por las avenidas y las plazas de las grandes urbes. Salir a la calle con una ametralladora en la mano y empezar a disparar entre la multitud ciudadana fue el acto surrealista supremo. Una de las principales revistas de la época se llamó primero *El Surrealismo y la Revolución*, para cambiar luego su nombre por otro más claro y decidido: *El Surrealismo al Servicio de la Revolución*. (Delgado 110)

Cabe mencionar que Tulio Mora, figura central de Hora Zero e historiador del movimiento, afirma que Wáshington Delgado, a principios de la década de 1980, en una entrevista, describió a Hora Zero como "una página en blanco" (Mora 2017, carta 3; inédita). Wáshington Delgado habría hecho tal afirmación más de diez años después de la publicación de *Kenacort y Valium 10* (1970) de Pimentel, de la publicación de *Los extramuros del mundo* (1971) de Enrique Verástegui—, de *Un par de vueltas por la realidad* (1971) de Juan Ramírez Ruiz y quizá de la de *Noches de adrenalina* de Carmen Ollé (1981), cuatro libros seminales de la poesía Latinoamericana; de modo que la supuesta afirmación de Delgado habría pecado de exageración.

Sin embargo, fue en parte debido a la supuesta afirmación de Delgado, que Hora Zero, como atestigua Mora (Mora 2017, carta 3; inédita), realizó su último congreso en 1983, durante el cual se tomaron "tres acuerdos literarios":

1. Escribir y publicar para demostrar que no éramos "una página en blanco".
2. Escribir bien porque si habíamos desafiado a toda la poesía peruana, teníamos que demostrar que no eran meras palabras de un manifiesto.
3. Sobrevivir a toda tentación autodestructiva (la calle, el alcohol, las drogas) porque nada era mejor para el sistema al que combatíamos que vernos indemnes, inofensivos y frágiles.

Políticamente, ya desde el [19]78 habíamos tenido enfrentamientos verbales con algunos senderistas [militantes de Sendero Luminoso], de modo que en el [19]83 ratificamos que Hora Zero apostaba por la vida y estaba en contra de la muerte.

Estos acuerdos explican por qué los años ochenta fueron los más productivos de Hora Zero. A partir de entonces cada quien fue cimentando su obra personal. Por cierto, ahora que recuerdo, fuimos muy claros en advertir que no bastaba ser de Hora Zero para ser un buen poeta, sino más bien era un desafío. En algún momento pusimos el ejemplo del surrealismo para destacar que muchos fueron sus militantes, pero pocos los que habían logrado hacer una obra significativa a partir de la estética que había propuesto.

En nuestro caso, la exigencia fue escribir libros referenciales a partir del "poema integral".

El grupo no salva a nadie, dijimos. Hora Zero no es un paraguas.

A pesar de la hipotética falta de objetividad de Delgado cuando afirmó que Hora Zero era una página en blanco a principios de la década de 1980, la descripción que hace del vanguardismo coincide, salvados el tiempo y la distancia, con algunos de los rasgos del movimiento Hora Zero, especialmente en lo que se refiere a la asunción de la urbe como materia poetizable, y al disloque de la lógica y de la sintaxis en aras de la ampliación del universo perceptual y cognitivo. Aunque, de acuerdo a lo expresado por Mora líneas arriba, Delgado no incidió en la individuación exigida durante el último congreso de Hora Zero: sus miembros no debían ampararse en el ente colectivo sino ascender (y descender) a propia soledad creativa.

Giuseppe Bellini coincide con Delgado al describir el Vanguardismo como la conjunción de

> numerosas corrientes, unidas por el común denominador del odio hacia el sentimentalismo vacío, la fácil sensualidad modernista de la imagen, la sonoridad hueca de la rima. La poesía buscaba una nueva dignidad, que sustituyese a la que habían perdido los epígonos del movimiento precedente [Modernismo]. . . Una vez más, la poesía hispanoamericana se volvió hacia Europa. (Bellini 303)

Esta descripción podría aplicarse por extrapolación al movimiento Hora Zero. Sin embargo, el Vanguardismo de principios del siglo XX no satisfizo a los integrantes de Hora Zero. Ellos descubrieron en el proceso de modernización del Perú, que se aceleró notablemente luego de la Segunda Guerra Mundial, un hecho que no había sido recogido, a pesar de los poetas y manifiestos vanguardistas precedentes. En el segundo capítulo de este trabajo, analizaré más detalladamente cómo Jorge Pimentel y Hora Zero se esforzaron por llenar ese vacío histórico trayendo a la poesía el drama del migrante y de las clases medias bajas en el nuevo espacio de la urbanización y modernización que ocurrió en el Perú durante la segunda mitad del siglo XX.

La tasa de mortalidad del Perú en 1940 era parecida a la de Europa en 1750 (Carbonetto 1983, 441). El proceso de formación de sectores urbano-marginales, que se reflejó en las expresiones poéticas de Hora Zero, se puede comprender mejor si se tiene en cuenta lo siguiente:

> el censo de 1940 indicaba la migración [a los centros urbanos] de un poco más de medio millón de personas, esto es, un 9.5% de la población total del país. Pero el censo de 1961 arrojaba casi dos millones trescientos mil migrantes, es decir, el 23 % de los peruanos de entonces... Hacia 1970, ... [los migrantes] ascendían a cerca de 3 millones y medio, es decir, más de la cuarta parte (25.8%) del total de la población peruana y 6 veces más que en 1940. (Carbonetto 1983, 442).

Cuando surgió Hora Zero en 1970, la renovación vanguardista del lenguaje poético en el Perú gozaba ya de una larga historia: "Abraham Valdelomar (1888-1919), fundador de la revista *Colónida* y el grupo del mismo nombre, fue difusor en su país del movimiento [futurista]. Pronto aparecieron entusiastas seguidores del Futurismo, como Alberto Hidalgo (1897-1967). . . [que] celebraba en la *Arenga Lírica al Emperador de Alemania* la destrucción y la guerra, la purificación de la raza" (Bellini 341). A estos nombres se suman Juan Parra del Riego (1894-1939), autor de los *Himnos del cielo y de los ferrocarriles* y Alberto Guillén (1897-1935), quienes junto con Abraham Valdelomar y Alberto Hidalgo formaron el grupo Colónida, "que fue el verdadero renovador de la poesía peruana de comienzos del siglo XX" (Bellini 342). La floración del Vanguardismo en el Perú contó también con el activismo de la escritora Magda Portal (1900-1989) que, entre 1926 y 1927, junto con Serafín Delmar, publicó en Lima las revistas *Trampolín, Hangar, Rascacielos* y *Timonel* —en realidad diferentes nombres para una misma revista. Blanca Luz Brum, viuda de Juan Parra del Riego, publicó en 1927 la revista *Guerrilla*, también de notorio carácter vanguardista (Reedy 111-120). Alejandro Peralta y Arturo Peralta (Gamaliel Churata) dirigieron entre 1926 y 1930 el *Boletín Titicaca* en Puno, donde anteriormente Arturo Peralta había dirigido la revista *Orkopata*, y en Cusco y Arequipa también se publicaron revistas vanguardistas por aquellos años (Pöppel 49-53). El cosmopolitismo y la modernidad en el Perú hallaron una tribuna de primer orden en la revista *Amauta,* dirigida por José Carlos Mariátegui entre 1926 y 1930, cuyo primer número incluyó un artículo de Sigmund Freud. Conviene mencionar también el único número de la revista *El Uso de la Palabra,* publicada por los poetas Emilio Adolfo Westphalen y César Moro en 1939, que contiene "El obispo embotellado", un manifiesto contra el poeta chileno Vicente Huidobro, que se intertextualiza con las escaramuzas entre Jorge Pimentel y el poeta peruano Antonio Cisneros. Si bien estos movimientos vanguardistas en el Perú consumaron renovaciones del lenguaje y de la ideología del quehacer poético, ninguno de ellos incidió con la intensidad de Hora Zero en la literatura producida por los jóvenes que migraban a la ciudad, acaso porque el fenómeno migratorio aún no se había hecho tan evidente, tal como se desprende de las cifras proporcionadas por Carboneto (1983, 442).

El Vanguardismo en el Perú tuvo una importancia especial porque bajo su influencia se cuajaron, entre otros, poetas de la talla de César Vallejo (1892-1938), César Moro —seudónimo de Alfredo Quíspez Asín— (1903-1956), Emilio Adolfo Westphalen (1911-2001), Carlos Oquendo de Amat (1905-1936), y los ya mencionados Magda Portal y Juan Parra del Riego.

Desde el final de la Segunda Guerra Mundial hasta los inicios de la década de 1970, otros poetas de extraordinaria calidad habían aparecido en el Perú. Por sólo mencionar a algunos cito a los siguientes: Yolanda Westphalen, Cecilia Bustamante, Javier Sologuren, Carlos Germán Belli, Blanca Varela, Jorge Eduardo Eielson, Pablo Guevara, Carmen Luz Bejarano, Arturo Corcuera, César Calvo, Antonio Cisneros, Mirko Lauer, Rodolfo Hinostroza y José Watanabe. Todos ellos eran coevos de los relativamente jóvenes Jorge Pimentel y Juan Ramírez Ruiz. Entonces, ¿por qué acaece la ruptura de Hora Zero con la producción poética inmediatamente anterior y coetánea? En el siguiente capítulo intentaré formular una respuesta más exhaustiva a este interrogante. Por lo pronto, me permito adelantar que Pimentel y Ramírez Ruiz, así como luego Tulio Mora, Carmen Ollé y Enrique Verástegui, no creían tanto en el sentido literal de los predicados de borrón y cuenta nueva, de vindicta y libelo, sino más bien en una reformulación gnoseológica del quehacer poético en relación al nuevo entorno social e ideológico al que se enfrentaban. La reformulación horazeriana coincide, *grosso modo,* con el proceso de revelación descrito por Ortega:

> La palabra con que los griegos nombraban la verdad es *alétheia*, que quiere decir descubrimiento, quitar el velo que oculta y cubre algo. Los hechos cubren la realidad y mientras estemos en medio de su pululación innumerable estamos en el caos y la confusión. Para des-cubrir la realidad es preciso que retiremos por un momento los hechos de en torno nuestro y nos quedemos solos con nuestra mente. Entonces, por nuestra propia cuenta y riesgo, imaginamos una realidad, fabricamos una realidad imaginaria, puro invento nuestro: luego, siguiendo en la soledad de nuestro íntimo imaginar, hallamos qué aspecto, qué figuras visibles, en suma, qué hechos produciría esa realidad imaginaria. Entonces es cuando salimos de nuestra soledad imaginativa, de nuestra mente pura y aislada, y comparamos esos hechos que la realidad imaginada por nosotros produciría con los hechos efectivos que nos rodean. Si casan unos con otros es que hemos descifrado el jeroglífico, que hemos descubierto la realidad que los hechos cubrían y arcanizaban. (Ortega 1982, 18-19)

Como mostraré en el siguiente capítulo, en "Palabras urgentes" y en otros manifiestos y actos públicos de la década de 1970, Jorge Pimentel y los poetas de Hora Zero se abstrajeron de lo real, imaginaron unos hechos presentes y unos hechos futuros, y volvieron al entorno de lo real para publicar sus libros y empezar a cotejar los hechos imaginados con lo que Ortega llama los "hechos efectivos", inclusive los futuros. Desde entonces hasta el día de hoy, la historia de Jorge Pimentel y la de sus personas poéticas es la del duro contraste entre lo imaginado y el curso de la historia individual, nacional y mundial. Pimentel imaginó el mundo, creó mundo, forjó horizonte —parafraseo a Ortega— en estos tres niveles. En tal sentido, Hora Zero no se aleja de las constantes generales de los movimientos de vanguardia o de los impulsos de recambio, pero se diferencia de muchos de ellos por la relativa vigencia de algunas porciones de sus manifiestos iniciales. Por ello mismo, aspiro a articular la especificidad de Pimentel y de Hora Zero en su particular predicamento contextual:

> Los historiadores para exonerarse de discutir con los filósofos suelen repetir la frase escrita por... Leopoldo de Ranke, quien a las discusiones de su tiempo sobre la ciencia histórica opuso... estas palabras: "La historia se propone averiguar *wie es eigentlich*

> *gewesen ist* —cómo efectivamente han pasado las cosas". Esta frase... tiene un significado bastante estúpido.... se quiere decir con ello que al hombre le pasan muchas cosas, infinitas cosas, y que esas cosas le pasan en el sentido de una teja que cae sobre un transeúnte y lo desnuca. En este pasar, el hombre no tendría otro papel que el de un frontón sobre el cual caen los fortuitos pelotazos de un extrínseco destino... La historia sería puro y absoluto empirismo. (Ortega 1982, 21)

A su crítica de la historia positivista, Ortega opone lo siguiente: "la historia deja de ser la simple averiguación de lo que ha pasado y se convierte en otra cosa un poco más complicada —en la investigación de cómo han sido las vidas humanas en cuanto tales" (22-23). Afirmar, pues, que en el Perú la poesía "después de Vallejo sólo ha sido un hábil remedo, trasplante de otras literaturas" (Pimentel 1970a, 11), como lo hicieron Pimentel y Ramírez Ruiz en el manifiesto "Palabras urgentes", carece de sustento histórico, pero tiene pleno sentido existencial:

> Esa faena... se llama 'vivir' y el vivir consiste en que el hombre está siempre en una circunstancia, que se encuentra de pronto y sin saber cómo sumergido, proyectado en un orbe incanjeable, en éste de ahora... En su dimensión primaria vivir es estar yo, el yo de cada cual, en la circunstancia y no tener más remedio que averiguar lo que la circunstancia es. En su primera dimensión lo que tenemos al vivir es un puro problema. En la segunda dimensión tenemos un esfuerzo o intento de resolver el problema. Pensamos sobre la circunstancia y este pensamiento nos fabrica una idea, plan o arquitectura del puro problema, del caos que es por sí, primariamente, la circunstancia. A esta arquitectura que el pensamiento pone sobre nuestro contorno, interpretándolo, llamamos mundo o universo. Ése, pues, no nos es dado, no está ahí, sin más, sino que es fabricado por nuestras convicciones. (Ortega 27-29)

Ahora, a la luz de Ortega, las afirmaciones y negaciones horazerianas pueden entenderse no como una sentencia que se propone describir *wie es eigentlich gewesen ist* sino como la arquitectura, mundo, universo u horizonte imaginario que Pimentel y Ramírez Ruiz fabricaron para habérselas con la circunstancia y averiguar lo que es la circunstancia. En el curso de esta proyección inicial y de las acciones subsecuentes, el colectivo de Hora Zero construyó el *de te fabula narratur* que aduce Julián Marías (1967, 89): "la vida es drama, con personaje, argumento y escenario: lo que cada uno de nosotros hace, después de haberse proyectado o imaginado, en su circunstancia o mundo" (Marías 1967, 93). Esto se aplica al tantas veces citado párrafo del manifiesto fundacional de Hora Zero: "Si somos iracundos es porque esto [el entorno] tiene dimensión de tragedia. A nosotros se nos ha entregado una catástrofe para poetizarla. Se nos ha dado esta coyuntura histórica para culminar una etapa lamentable y para inaugurar otras más justa, más luminosa" (Pimentel 1970a, 13).

Lo que hicieron Pimentel y Ramírez Ruiz, en términos orteguianos, fue reconocer la circunstancia inevitable que les tocaba vivir, el problema puro, y, luego, implementar un proyecto poético y vital de solución del problema heredado. Ahora bien, como acertadamente sostiene el pensador español, "cuáles sean las soluciones depende de cuáles sean los problemas", y, en segunda instancia, "una solución sólo lo es auténticamente en la medida en que sea auténtico el problema, quiero decir, en que nos sintamos efectivamente angustiados por él" (Ortega 1982, 29). En el segundo capítulo, arriesgaré una opinión respecto a la autenticidad de la representación imaginaria consignada en "Palabras urgentes" en cuanto que el entorno o circunstancia que debían poetizar los igualmente imaginarios poetas de Hora Zero tuviera realmente "dimensión de tragedia" y fuera "una catástrofe". Sin embargo, me atrevo a adelantar que por lo menos la angustia expresada en este *tour de force* era legítima; y, además, que el carácter trágico, el necesario desenlace luctuoso de la circunstancia recibida, correspondió a un sentimiento de angustia auténtico producido por el reconocimiento de un problema de la misma índole, o sea igualmente auténtico.

En el mismo ámbito de reflexión, a lo largo de este trabajo, haré un esfuerzo por replicar a la observación de Ortega pero referida a Hora Zero como colectivo y a la evolución de Pimentel: "Cuando, por uno u otro motivo, el problema deja de ser efectivamente sentido por nosotros, la solución, por muy certera que sea, pierde vigor ante nuestro espíritu, esto es, deja de cumplir su papel de solución, se convierte en una idea muerta" (1982, 29). La réplica se puede inducir mediante las siguientes preguntas: ¿en qué medida la arquitectura de Pimentel y de Hora Zero sigue teniendo vigencia o ha dejado de tenerla treinta y nueve años después de imaginada? ¿Cuáles de sus ideas siguen vivas y cuáles se pueden considerar muertas?

Al sopesar la "dimensión de tragedia" y la "catástrofe" que han heredado como sustancia poetizable, creable, representable, y plantear la ruptura en el plano del lenguaje y en la actitud existencial, Pimentel y Ramírez Ruiz estaban construyendo la arquitectura alternativa para su contorno incanjeable:

> "El pensamiento de nuestra época" entra a formar parte de nuestra circunstancia, nos envuelve, nos penetra y nos lleva. Uno de los factores constituyentes de nuestra fatalidad es el conjunto de convicciones ambientes con que nos encontramos. Sin darnos cuenta, nos hallamos instalados en esa red de soluciones ya hecha a los problemas de nuestra vida. . . De suerte que cuando brota en nosotros la efectiva angustia ante una cuestión vital y queremos de verdad hallar su solución, orientarnos con respecto a ella, no sólo tenemos que luchar con ella, sino que nos encontramos presos en las soluciones recibidas y tenemos que luchar también con éstas. El idioma mismo en que por fuerza habremos de pensar nuestros propios pensamientos es ya un pensamiento ajeno, una filosofía colectiva, una elemental interpretación de la vida, que fuertemente nos aprisiona. (Ortega 1982, 30-31)

Las "convicciones ambientes", la "red de soluciones ya hecha" y el idioma con que se expresaban las convicciones y las propuestas de solución habían hecho crisis en el Perú de Hora Zero. El poeta, el sujeto horazeriano tenía que "bracear, que nadar náufrago en el mundo" (Ortega 1982, 32). El acto de historiar "no es. . . primordialmente psicología de los hombres, sino reconstrucción de ese drama que se dispara entre el hombre y el mundo" (32), y, en el caso que me ocupa, entre Pimentel y Hora Zero y la arquitectura de representaciones que idearon para entenderlo y tratar de modificarlo.

No puedo concluir este acápite sin mencionar los otros instrumentos analíticos de que me he servido para examinar la obra de Pimentel. Fundamentalmente, he intentado conjugar, atendiendo a la naturaleza de su poesía, aspectos específicos de las visiones teóricas de Roman Jakobson, Sigmund Freud, Michel Foucault, Jean Cohen y Ferdinand de Saussure. La especificidad de la escritura de Pimentel me ha sugerido relaciones estrechas entre el *parallelismus membrorum* aducido por Jakobson como fundamento de la poesía, la *repetitio* como condición del placer según Freud, la locura concebida por Foucault como determinante oculto pero de suma importancia en la expresión lingüística y en el gobierno de los asuntos humanos, y el paroxismo como rasgo esencial de la poeticidad, según Cohen. Aunados a la teoría generacional de Ortega, dichos instrumentos teóricos me han permitido construir una visión multidimensional de la poesía de Pimentel que abarca los planos estilístico, psicológico y lingüístico situados en el proceso histórico relevante.

La idea de generación

Para abordar los manifiestos de Hora Zero como fenómeno evolutivo, es preciso detenerse en lo que Ortega entiende por *mundo* o *universo*:

> Con mayor o menor actividad, originalidad y energía el hombre hace mundo constantemente, y... mundo o universo no es sino el esquema o interpretación que arma para asegurarse la vida. Diremos, pues, que el mundo es el instrumento por excelencia que el hombre produce, y el producirlo es una misma cosa con su vida, con su ser. El hombre es un fabricante nato de universos. (Ortega 1982, 39)

Ante la circunstancia del Perú de fines de la década de 1960 y principios de la de 1970, el movimiento Hora Zero elaboró un universo imaginario y lo empezó a confrontar con el conjunto de hechos caóticos que con ese universo pretendía representar. Sus miembros estaban precariamente instalados en "un mundo, como en una casa que [el hombre] se ha hecho para abrigarse" (Ortega 1982, 40). Pero el ambiente en que buscaban cierto amparo no cumplía los mínimos requisitos de solidez: "Ese mundo le asegura frente a ciertos problemas que le plantea [al hombre] la circunstancia" (40). La sensación que impera en los manifiestos iniciales de Hora Zero es que la casa que el hombre ha construido para protegerse se está derrumbando, y los obliga por tanto a comportarse distópica y utópicamente: "los jóvenes que comienzan a vivir plenamente ahora viven en un mundo de crisis económica que hace vacilar toda seguridad en este orden, y que quien sabe qué modificaciones insospechadas, hasta increíbles, puede acarrear a la vida humana" (41). En términos de representación, de creación de universo u horizonte, la coyuntura que experimentaban los jóvenes de Hora Zero en el Perú y en la América Latina de 1970 no era mejor que aquella que enfrentaban los jóvenes en la Europa de 1933, marcada por el ascenso de Hitler, a la que se refería Ortega.

El pensador español define la ideología recibida por cualquiera de nosotros de la siguiente manera: "ese mundo de las creencias colectivas —que se suele llamar 'las ideas de la época', el 'espíritu del tiempo'— tiene un peculiar carácter que no tiene el mundo de las creencias individuales, a saber: que es vigente por sí, frente y contra nuestra aceptación de él" (42). Es justamente la vigencia *per se* del universo de convicciones que recibió Hora Zero lo que estaba en crisis irreversible en el Perú de su época. Las vigencias y certidumbres del espíritu del tiempo están "ahí, ineludiblemente, como está ahí esa pared, y yo tengo que contar con ellas en mi vida, quiera o no, como tengo que contar con esa pared que no me deja pasar a su través y me obliga a buscar dócilmente la puerta o a ocupar mi vida en demolerla" (42-43).

En *Kenacort y Valium 10*—en adelante *Kenacort*—, su primer libro, Jorge Pimentel se sitúa "en la orfandad absoluta de esta tierra" donde "nadie da nada por nadie" (Pimentel 1970b, 30). Su alternativa, aparentemente, no es la de "buscar dócilmente la puerta" sino la de dedicar la vida a demoler la pared que lo aparta del horizonte imaginado. Pimentel y Hora Zero rechazaron a los hombres "que representan la madurez de la época —y que regentan en todos los órdenes esa época: en las cátedras, en los periódicos, en el gobierno, en la vida artística y literaria" (Ortega 1982, 43). Hora Zero construyó un proyecto de realidad alternativa, y, "al proyectar un quehacer sobre las cosas, éstas, que no son sino facilidades o dificultades, se convierten en posibilidades" (Marías 1967, 97). La meta de Hora Zero era la de cambiar el mundo creando posibilidades mediante la escritura, de manera que "en el cariz de su totalidad" ese mundo fuera distinto, al cabo de cierto tiempo, de aquel con el que se hallaron antes de presentarse en la vida pública.

Prescindiré de las precisiones aritméticas que Ortega y Marías proponen, más o menos independientemente de los acontecimientos históricos, para las edades y actitudes de las generaciones. Aunque presentan plantillas reconocibles, los procesos de maduración biológica y mental de las pléyades poéticas suelen desobedecer a las generalizaciones. Sin embargo, no dejaré de relevar las coincidencias. Una de ellas es notable y se establece entre una observación de Ortega y la edad en que Jorge Pimentel se lanza a la vida pública:

> Normalmente, el hombre, hasta los veinticinco años no hace más que aprender, recibir las noticias sobre las cosas que le proporciona su contorno social... El joven se encuentra con este mundo [el de las generaciones anteriores], y a los veinticinco años se lanza a vivir en él por su cuenta, esto es, a hacer él también mundo... Cada joven actuará sobre un punto del horizonte, pero entre todos actúan sobre la totalidad del

horizonte o mundo... Había de ser mínima la modificación que en cada punto producen y, no obstante, tendremos que reconocer que ha cambiado el cariz total del mundo, de suerte que unos años después, cuando otra hornada de muchachos inicia su vida se encuentra con un mundo que *en el cariz de su totalidad* es distinto del que aquellos encontraron. (Ortega 1982, 43-44)

Pues bien, nacido en 1944, Jorge Pimentel lanza el manifiesto "Palabras urgentes" y publica *Kenacort*, su primer poemario, a los veintiséis años de edad, proponiéndose con ambos actos transformar la *Weltanschaung* heredada de generaciones anteriores. En este sentido, en el segundo capítulo, situaré el discurso panfletario y poético de Pimentel y Hora Zero dentro del sistema peruano y latinoamericano de vigencias que marcaba el paso ideológico de los estratos sociales en que se desenvolvía dicho movimiento. Así, intentaré descubrir si Pimentel y el colectivo fueron determinantes en el cambio del "cariz total del mundo" —tal como supone Ortega (1982, 44) que debe ser el resultado de la influencia de una generación decisiva en el curso de la historia— o si más bien los postulados del movimiento reflejaban y recreaban los de una unidad histórica mundial.

Precisiones sobre la idea de generación

A fin de circunscribir el campo semántico del término *generación*, Ortega diferencia la contemporaneidad de la coetaneidad. Todos los seres humanos que estamos viviendo en este momento somos contemporáneos. En la contemporaneidad conviven tres tiempos vitales distintos: la juventud, la madurez y la ancianidad. En cambio, en la relación de coetaneidad se halla la generación: "el conjunto de los que son coetáneos en un círculo actual de convivencia es una generación. El concepto de generación no implica, pues, primariamente más que estas dos notas: tener la misma edad y tener algún contacto vital... Comunidad de fecha y comunidad espacial son... los atributos primarios de una generación" (Ortega 1982, 46-47).

Conviene precisar que para Ortega la edad o comunidad de fechas no significa que todos los miembros de una generación han nacido en el mismo año, sino que sus nacimientos cronológicos comparten una "zonas de fechas" (49). Los integrantes de Hora Zero comparten la zona de fechas determinada por año de nacimiento: Jorge Pimentel (1944), Juan Ramírez Ruiz (1946), Carmen Ollé (1947), Tulio Mora (1948) y Enrique Verástegui (1950). Dichos escritores comparten asimismo un espacio de interrelación, interacción e intertextualidad, que describiré con algún detenimiento en los diferentes capítulos de esta tesis. Por último, el carácter nacional e internacional del movimiento Hora Zero concuerda con una de las premisas de Marías: "Las generaciones tienen carácter unitario dentro de las mismas *unidades históricas*, entendiendo por éstas las sociedades que están en *comunicación* —no en relación de mera noticia" (Marías 1967, 165). Es materialización de esta premisa la comunicación, en la década de 1970, entre Hora Zero y grupos literarios emergentes en las provincias del Perú, en México y en Francia.

Ortega afirma que "el hombre es substancialmente histórico; por eso... la vida es lo contrario del utopismo y el ucronismo —es tener que estar en un cierto aquí y en un insustituible y único ahora" (Ortega 1982, 55). Curiosamente, el conjunto de vigencias heredadas por Hora Zero y el mundo objetivo con que se toparon esas vigencias generó, a partir de "Palabras urgentes" y *Kenacort*, un utopismo y un sincronismo. Utopismo porque en sus inicios Hora Zero vindicó plenamente la utopía marxista, y ucronismo porque, en el instante auroral de "Palabras urgentes", Pimentel y Ramírez Ruiz operaron mentalmente en un punto relativamente estático al establecer un eje en la poesía de César Vallejo, otro eje que empezaba a rotar en la propia producción de Hora Zero, y, en el medio, la nada, vale decir, toda la producción poética que media entre la de Vallejo y la de ellos.

En "Palabras urgentes" se planteó una ficción utópica como reacción a un entorno social donde imperaban los rasgos distópicos. Por ahora basta decir que utilizaré el término *distopía* en el sentido que emana de su uso para clasificar las características de ciertos textos literarios como *Un mundo feliz* de Aldous Huxley (1932), *Fahrenheit 451* de Ray Bradbury (1953) y *La naranja mecánica* de Anthony Burgess (1962), así como un numeroso conjunto de películas recientes. El común denominador de todas estas producciones literarias y cinematográficas es una sociedad distópica, antiutópica, catatópica: un agregado humano donde imperan la miseria y el autoritarismo o donde la utopía, habiéndose realizado, se ha convertido en *societé sous control*.

Pimentel y los poetas de Hora Zero proyectaron un panorama distópico por excelencia; reconocieron el entorno social imperante no tanto como una probabilidad histórica de distopía sino como una realidad distópica cotidiana. Acaso a la descripción de esa realidad distópica que realizó Pimentel respondió el *infrarrealismo* mexicano: "un más abajo de la realidad (de la realidad oficial) donde se transparentan los valores de la cultura popular (lo visible oculto)"

(Mora 2000, 9), combinado con una batería de lecturas de sesgo cosmopolita, ecléctico, alejadas de la tradición española.

El concepto orteguiano de la continuidad de las generaciones en la historia sirve para explicar el accionar de Hora Zero como lo que sería, aparentemente, su contrario, esto es, como su inserción en una tendencia histórica mayor, donde a sus integrantes y al grupo les correspondió el papel de acelerar la velocidad histórica del cambio al asumir oportunamente su liderazgo. Respecto del papel que corresponde a las generaciones en el cambio histórico, Ortega manifiesta:

> yo las tomo [a las generaciones] no como una sucesión, sino como una polémica, siempre que no se crea que la vida de cada generación consiste formalmente en pelearse con la anterior, que es lo que han creído en estos últimos quince años los jóvenes cometiendo un error mucho más grave de lo que sospechan y que tiene raíces muy hondas, que traerá consecuencias catastróficas... La polémica no es, por fuerza, de signo negativo, sino que, al contrario, la polémica constitutiva de las generaciones tiene en la normalidad histórica la forma de secuencia, discipulado, colaboración y prolongación de la anterior por la subsecuente (1982, 54).

Pimentel y Ramírez Ruiz se pelearon con las generaciones anteriores de poetas peruanos. La secuencia, el discipulado, la colaboración y la prolongación del universo poético cumulativo desaparece para Hora Zero bajo el rótulo mismo de su nombre y de su enemistad con el resto de escritores. Sin embargo, como mostraré mediante el análisis de la producción de la poesía de Pimentel, tras la ruptura colectiva con el pasado inmediato se agazapaba el sino que había intuido Ortega:

> Es, pues, un principio indiferente que una generación nueva aplauda o silbe a la anterior —haga lo uno o haga lo otro, la lleva dentro de sí. Si no fuera tan barroca la imagen deberíamos representarnos las generaciones no horizontalmente, sino en vertical, unas sobre otras, como los acróbatas del circo cuando hacen la torre humana. Unos sobre los hombros de los otros, el que está en lo alto goza la impresión de dominar a los demás, pero debía advertir, al mismo tiempo, que es su prisionero. Esto nos llevaría a percatarnos de que el pasado no se ha ido sin más ni más, de que no estamos en el aire, sino sobre sus hombros, de que estamos en el

> pasado, en un pasado determinadísimo que ha sido la trayectoria humana hasta hoy. (1982, 55-56)

La aguda observación de Ortega se cumplió también para Hora Zero en cuanto movimiento y desarrollo individual de sus miembros. Dos pruebas documentales de esto son el primer premio que recibió el poemario *Cementerio general* de Tulio Mora en el Concurso Latinoamericano de Poesía de 1988, cuyo jurado estuvo compuesto por Carlos Germán Belli, Enrique Lihn y Alberto Escobar; y el prólogo consagratorio que escribió Pablo Guevara para *Tromba de agosto* (1992), el tercer libro de Jorge Pimentel. En ambos casos se materializó la contradicción entre la arenga primigenia de Hora Zero, pues aquellos que le dieron el premio a Tulio Mora y el poeta que escribió el prólogo para Jorge Pimentel, de acuerdo con lo estipulado en el manifiesto "Palabras urgentes", formaban parte aquiescente de la escena en que "los viejos poetas acompañaron la danza de los monigotes ocasionales, escribiendo literatura de toda laya para el consumo de una espantosa clientela de cretinos" (Pimentel 1970a, 10). De acuerdo con Julián Marías, esta colaboración de dos miembros de Hora Zero correspondería a su instancia vital de lucha por el predominio, por acceder a la gestión del poder, y defender su postura vital frente a la "innovación postulada por la generación más joven" (Marías 1967, 101). Pero la colaboración se explica también desde otro punto de vista:

> cuando un hombre empieza a actuar muy pronto, o su actuación tiene un valor superior a lo normal en su edad, funciona para los demás como alguien que, por su tiempo de existencia notoria o por su importancia, es "equivalente" de los que son mayores que él, y así queda asimilado en la estimación, en la opinión o en el simple "contar con" de sus contemporáneos a los hombres de la generación anterior, a la cual, a pesar de ello, no pertenece. (Marías 1967, 167)

Resulta pertinente, por tanto, preguntarse si el salto cualitativo y el asalto al cielo de Pimentel se convirtió, al menos en las instancias señaladas, en la torre humana de los acróbatas de circo, en la "barroca" imagen que propone Ortega para entender el devenir generacional. Más adelante trataré de averiguar si con Jorge Pimentel se produjo una transformación del quehacer poético peruano o si se cumplió la sentencia de Ortega: "lo decisivo en la vida de las generaciones no es que se sucedan, sino que se solapan o empalman" (61). Asimismo, intentaré parangonar el arrojo y la determinación de Hora Zero para emprender el trabajo poético colectivo e individual con el duro juicio de Ortega sobre los arrestos juveniles:

> En efecto, es la etapa formidablemente egoísta de la vida. El hombre joven vive para sí. No crea cosas, no se preocupa de lo colectivo. Juega a crear cosas —por ejemplo, se entretiene en publicar revistas de jóvenes—, juega a preocuparse de lo colectivo, y esto a veces con tal frenesí y aun con tal heroísmo, que a un desconocedor de los secretos de la vida humana le llevaría a creer en la autenticidad de la preocupación. Mas, en verdad, todo ello es pretexto para ocuparse de sí mismo y para que se ocupen de él. Le falta aún la necesidad substancial de entregarse verdaderamente a la obra, de dedicarse. . . a algo trascendente de él, aunque sea sólo a la humilde obra de sostener con la de uno la vida de una familia. (Ortega 1982, 58)

Al reexaminar la emergencia de Jorge Pimentel y de Hora Zero, sin embargo, habré de tener en cuenta que existen "épocas *cumulativas*, en que la nueva generación se siente homogénea con la anterior y se solidariza con los viejos, que siguen en el poder", y que existen "otras *épocas eliminatorias y polémicas*, generaciones de combate, [que] barren a los viejos e inician nuevas cosas" (Marías 1967, 100). Vale la pena, pues, inquirir si la fulgurante irrupción de Pimentel y Hora Zero en el panorama literario y político del Perú y América Latina fue el resultado del narcisismo inmaduro que atribuye Ortega a las nuevas generaciones, o si nos hallamos, como señala Marías, ante un caso específico de revolución estética, gnoseológica y perceptual conducida por un grupo de jóvenes que, haciendo borrón y cuenta nueva con el pasado mediato, no lograron construir el futuro como pregonaban, sino que, con mayor o menor conciencia de lo que estaban haciendo, se embarcaron en la tarea acaso mucho más ardua de reinventar los instrumentos sociolingüísticos que les permitieran reflejar el presente catastrófico.

Generación decisiva y los epónimos de Hora Zero

La disyunción con que concluye el apartado anterior lleva directamente a examinar otros dos conceptos esenciales en la teoría orteguiana de las generaciones históricas: el de *generación decisiva* y el de *epónimo de la generación decisiva*. Refiriéndose a la Edad Moderna y a la generación de Descartes, el pensador madrileño sostiene:

> La Edad Moderna. . . nos muestra con sobrada claridad el desarrollo insistente y continuo de ciertos principios de vida que fueron por primera vez definidos en una cierta fecha. Esta fecha es la decisiva en la serie de fechas que integran la Edad Moderna. En ella se vive una generación que por primera vez piensa los nuevos pensamientos con plena claridad y completa posesión de su sentido: una generación, pues, que ni es precursora, ni es ya continuadora. A esa generación llamo generación decisiva. (Ortega 1982, 63-64)

Desde este punto de vista, resulta inevitable inquirir si Pimentel constituye un Abeona —dios del salir— o un Adeona —dios del entrar—; si respondió a una crisis histórica, esto es, a un periodo en que los ideólogos se habían quedado "sin convicciones —y por tanto sin mundo" (Marías 1967, 104); si, al tratar de llenar estos *leere Stellen* o lugares vacíos, Pimentel y los horazerianos conformaron una generación decisiva, es decir, que no es fundadora ni epigonal sino que *piensa los nuevos pensamientos con plena claridad y completa posesión de su sentido*. En el desarrollo de esta inquisición, trataré de situar a Pimentel y al movimiento Hora Zero en relación con una diversidad relevante de referentes sincrónicos y diacrónicos, aplicando el principio epistemológico que propone Julián Marías:

> no se va a ninguna parte intentando hacer una teoría de las generaciones en política, arte o literatura; las generaciones afectan a la vida en su totalidad; se pueden acotar, ciertamente, estos campos de la realidad, pero a condición de tener plena conciencia de que son abstractos y no reales. Las generaciones, como se sabe desde Stuart Mill y se ha olvidado cien veces, proceden de la sociedad entera, y de una sociedad abstracta. (Marías 1967, 105)

Líneas arriba, al referirme al premio otorgado al *Cementerio general* de Tulio Mora por un jurado que componían no sus coetáneos sino sus contemporáneos, y al prólogo consagratorio que Pablo Guevara escribió para el poemario *Tromba de agosto* de Jorge Pimentel, sugerí que estos dos hechos se ajustaban a la imagen orteguiana de la torre humana de los acróbatas de circo: el acróbata que está en la cima de la torre humana intuye que domina a los otros pero, al mismo tiempo, advierte que es su prisionero, que el horizonte del futuro que ha creado para sí y para los espectadores se encuentra esencialmente enraizado en el mundo de abajo, en el pretérito: las generaciones no se suceden sino que se solapan y se empalman. El hecho de que los poemarios citados hayan sido reconocidos por miembros de las generaciones anteriores implica que éstos comulgaban con la sensibilidad vital de Jorge Pimentel y de Tulio Mora. Esta aparente incongruencia lleva al problema de aislar analíticamente dos generaciones distintas a pesar del solapamiento y el empalme entre ellas. Al respecto, Ortega proporciona un ejemplo histórico:

> El automatismo matemático nos insinúa que Hobbes pertenece a otra generación [que la de Descartes], pero representa la linde misma, que confina con el modo de pensar cartesiano. . . Hobbes llega casi a ver las cosas como Descartes —pero ese casi es sintomático. Su distancia a Descartes es mínima y es la misma en todas las cuestiones. No es, pues, que coincida con Descartes en tal punto y discrepe en tal otro —no—; diríamos, para expresar con rigor la curiosísima relación entre ambos, que coinciden un poco en todo y en todo discrepan un poco. Como si dos hombres mirasen un mismo paisaje situado el uno algunos metros más arriba que el otro. *Se trata, pues, de una diferencia de altitud en la colocación. Pues esa diferencia de nivel vital es lo que yo llamo una generación.* (Ortega 1982, 66, cursiva mía)

Ortega define el término *generación* como una "diferencia de altitud en la colocación" o "diferencia de nivel vital". Esta definición me parece suficientemente sutil y porosa para reconstruir el horizonte y la arquitectura de Hora Zero, teniendo en cuenta el siguiente juicio limitativo de Julián Marías:

> Hay en la historia. . . una *estructura múltiple, dinámica y tensa*. Toda sección histórica, aun siendo instantánea, es ya móvil, nunca estática. . . es intrínsecamente móvil. Hay que eliminar el eleatismo histórico, la tenaz idea de que el movimiento se puede componer con reposos. La creencia de que el ente es inmóvil tiene una última repercusión en la creencia en las formas rígidas de la historia, que en nuestro tiempo ha tenido un brote —por lo demás espléndido— en la interpretación de la historia como una *morfología*. Las formas históricas no son resultados, sino resultantes, en un sentido análogo al del físico cuando habla de la resultante de una composición de fuerzas que actúan sobre un punto. (Marías 1967, 107)

Las precisiones metodológicas y epistemológicas que, fundándome en Ortega y Marías, pueda trazar respecto al tema de Pimentel y Hora Zero tienen "un valor de insegura sospecha" (Ortega 1982, 67). Sin ánimo de excluir otras interpretaciones, resulta de suma importancia dar cuenta de la perspectiva que tenía Ortega en 1933 con respecto a la *estructura múltiple, dinámica y tensa* de su escenario generacional, pues es evidente que lo que describe se intersecta con la sensibilidad vital de Hora Zero y de la generación decisiva que incluye a dicho movimiento:

> yo me atrevería a afirmar. . . que en 1917 comenzó una generación, un tipo de vida, el cual habría, *en lo esencial*, finiquitado en 1932. No sería difícil dibujar la fisonomía de esa existencia que ha coincidido con el período llamado —y a mi juicio mal llamado— de la posguerra. Pero si alguien se interesa por un cierto modo vital —por ejemplo, una cierta manera de pensar en filosofía o en física, o un cierto modo de estilos artísticos o unos ciertos movimientos políticos— y quiere orientarse hacia su porvenir, debería, según mi insegura hipótesis, fijar bien la fecha de su origen y ponerla en relación con 1917. Por ejemplo, es curioso que en esa fecha broten las formas políticas llamadas "fascismo" y "bolchevismo". En esa fecha se inicia el cubismo pictórico y la poesía pariente de él, etc., etc. ¿Obligaría esto a sospechar que todo ello es ya inexorablemente pasado? (Ortega 1982, 67)

Las opciones iniciales de Jorge Pimentel y del movimiento Hora Zero se engarzan con el "Manifiesto del Futurismo" (1909) de Filippo Tomasso Marinetti —poeta que integraría luego las filas del fascismo italiano—, con la formación de los subsecuentes vanguardismos europeos y latinoamericanos, y con la captura del poder por parte de los bolcheviques rusos. Sin despreciar otras interpretaciones, propongo una respuesta a la pregunta que Ortega, instigadoramente, deja suspensa: en el caso de Hora Zero, "la última vanguardia latinoamericana de poesía" según Tulio Mora, el entronque con el 1917 que marca el siglo XX es pertinente. No sólo porque los integrantes de Hora Zero se declararon marxistas-leninistas en la década de 1970 y a principios de la de 1980, sino también porque su declaratoria de adhesión al conglomerado ideológico del campo socialista implicaba e implica aún un acto de disidencia, expresado en los manifiestos, libelos y acciones públicas de Hora Zero, y en las obras poéticas de sus miembros.

La situación política y económica del Perú y de América Latina durante las décadas de 1970 y 1980 —que traeré a colación en el tercer capítulo del presente estudio—, ayudará a mostrar algunos detalles de la disidencia de Pimentel y de Hora Zero dentro del campo socialista de aquellos años. La pregunta que Ortega deja suspensa halla su respuesta en el Perú, donde los vanguardismos de diversa índole, la Revolución Bolchevique, el ascenso del fascismo, la Guerra Fría, las guerrillas de la década de 1960, el gobierno reformista de Juan Velasco Alvarado (1968-1975), el fenómeno de Sendero Luminoso y la implosión de los socialismos reales contribuyeron respectivamente a generar, problematizar y cuajar la escritura de Jorge Pimentel. Éste sería epónimo, junto con otros autores contemporáneos y coetáneos, de lo que Ortega llama una generación decisiva. Se trata, pues, tal como afirma Marías citando a Ortega, de reconstruir " 'la sensación radical ante la vida. . . la existencia en su integridad indiferenciada. . . [la] *sensibilidad vital*. . . [como] el fenómeno primario en historia y lo primero que habríamos de definir para comprender una época' " (Marías 1967, 98). La percepción crítica de la sensibilidad vital para comprender un periodo histórico es fundamental porque

> en cada acto humano gravita la historia entera. Hay que apelar, pues, a la historia en su integridad para saber qué nos ha pasado a cada uno de nosotros: la forma concreta de la razón vital es la *razón histórica*. . . para vivir hace falta una razón superior: la razón vital, o, si se quiere, la *razón histórica*. . . Se trata, pues, de una razón *narrativa*. . . Pero hay que advertir que el relato concreto supone una analítica abstracta; no se puede entender la vida humana o la historia en su concreción real sin su componente *irreal* y *a priori* que es la analítica o teoría abstracta de la vida, cuyas tesis son universales y necesarias, pero sólo adquieren carácter real al circunstancializarse. Es decir, tienen carácter *funcional*, son *leere Stellen* o "lugares vacíos", destinados a "llenarse", a adquirir implección significativa con su concreción circunstancial e histórica. (Marías 1967, 85)

De acuerdo con Marías, me propongo describir y sintetizar el resultado del choque entre la experiencia y el bagaje ideológico heredado que determinó la elaboración de una razón histórico-narrativa y de una *praxis* poética por parte de Pimentel y Hora Zero, con las cuales ocuparon los "lugares vacíos" dejados por las generaciones poéticas anteriores. Estos lugares vacíos no eran otra cosa que la falta o ausencia de una respuesta discursiva frente a los cambios históricos sin precedente que experimentaban los jóvenes escritores de entonces.

No debo concluir esta introducción sin referirme a la relación dialéctica que Marías, siguiendo a Ortega, establece entre una élite y una mayoría en cualquier formación social, porque atañe directamente a la arquitectura existencial de los inicios del movimiento Hora Zero:

> Se trata de la existencia en toda sociedad de una masa y una minoría rectora; no es ésta una abstracción, como la distinción de una "vida" política, literaria o artística, y por tanto, de otras tantas "sociedades" abstractas, desgajadas de la sociedad total, y a las cuales... no se puede aplicar la teoría de las generaciones, a no ser como ejemplificación o simplificación didáctica, y con plena conciencia de su abstracción. La distinción entre minoría y masa es perfectamente real, es una estructura funcional del cuerpo colectivo. Y hasta tal punto es funcional, que no se es hombre de la masa o se pertenece a la minoría selecta *a nativitate*, sino que acontece una u otra cosa según el papel o función que se desempeña. (Marías 1967, 108-109)

El mismo término *vanguardia*, de origen militar, supone una élite seguida del común de las gentes. En una entrevista concedida en 1995, que lleva el título de "Jorge Pimentel, un poeta que supo guardar pan para mayo", el cofundador de Hora Zero declaró respecto al aporte de dicho movimiento a la literatura peruana: "Gracias a Hora Zero la poesía en el Perú se democratiza. Ahora los poetas pueden escribir de lo que les dé la gana. Cuando nosotros en el 70 escribimos lo hicimos desde la calle. En los 50 y 60 uno tenía que pasar mil exámenes para que siquiera te saluden. Nosotros abrimos las puertas y ventanas para todos". En una entrevista concedida —presumiblemente en 1990— a Ricardo Delgado Rossi, Tulio Mora especificó parcialmente la democratización de la poesía peruana a que aludió Pimentel:

> hemos hecho... una poesía que se reconoce en el país, en un escenario, en una forma de hablar... el Perú era inmigrante, el Perú era mestizo, era cholo y tenía una forma de hablar. A ello habría que agregarle la renovación que hace Hora Zero en provincias, que se habían quedado aletargadas en la poesía indigenista, surrealista. De pronto Hora Zero subvierte eso: las provincias hablan por primera vez en el país y eso es un

orgullo nuestro. Se hace por primera vez un movimiento poético que tiene una dimensión nacional. (Delgado Rossi)

Si al abrir de puertas y ventanas para todos que reivindica Pimentel, y a la poesía que se reconoce en el país que reclama Mora como realización del movimiento, se agregan las bases de trabajo en provincias de Hora Zero y el ejercicio de la poesía que promovió el grupo en sectores sociales como la clase media baja y la clase obrera, tradicionalmente alejados del elitismo contra el que insurge el manifiesto "Palabras urgentes", resulta claro lo siguiente: Pimentel y Hora Zero son epónimos que intentaron romper con la eponimia, con la "escasa minoría de corazones de vanguardia, de almas alerta que vislumbran a lo lejos zonas de piel aún intacta" (Ortega 1975, 12). En este sentido específico, Marías se pregunta: "¿No serán de distinta generación las masas y las minorías coetáneas?" E inmediatamente responde: "Hay, en efecto, una *discronía* entre minoría y masa" (Marías 1967, 109). Traigo esto a colación porque el esfuerzo inicial de Pimentel consistió en poetizar desde sectores sociales poco comunes en la poesía peruana de entonces y llevar a ellos su propio reflejo, reverberante en los novísimos textos, a objeto de reducir la discronía y la brecha entre la élite y las masas. Es oportuno, pues, preguntarse si Hora Zero es la última vanguardia o la primera antivanguardia de la poesía latinoamericana.

Pimentel y Ramírez Ruiz inauguraron los "militantes años 70" con tres sentencias memorables: "Si somos iracundos es porque esto tiene dimensión de tragedia. A nosotros se nos ha entregado una catástrofe para poetizarla. Se nos ha dado esta coyuntura histórica para culminar una etapa lamentable y para inaugurar otras más justa, más luminosa" (Pimentel 1970a, 13) Treinta y siete años antes, en 1933, Ortega advertía que la estéril rebelión de las nuevas generaciones podían acarrear consecuencias desastrosas (1982, 54). En 1949, veintiún años antes de la circulación del manifiesto "Palabras urgentes" de Hora Zero, Julián Marías meditaba sobre el período inmediatamente futuro:

> Al acabar de trazar, hace algún tiempo, un "esquema de nuestra situación", hablé de ese hecho tremendo que se podría llamar "la vocación de nuestro tiempo para la pena de muerte y el asesinato"; esa atroz vocación, iniciada hacia 1931 o 1932, habría dominado una generación entera; y si la hipótesis que vengo manejando fuese cierta, habría terminado hacia 1946: tal vez podamos abrirnos hoy a la esperanza. (Marías 1967, 185)

La iracundia de los manifiestos de Hora Zero debida a la percepción del sino trágico o luctuoso del entorno de 1970 se corresponde con la advertencia, hecha por Ortega en 1933, sobre las consecuencias catastróficas de la rebeldía gratuita de los jóvenes. La iracundia y el sino trágico horazeriano y el catastrofismo de Ortega se vinculan con la esperanza, formulada por Marías un año después del final de la Segunda Guerra Mundial, en el fin de la "vocación para la pena de muerte y el asesinato". Y estos cinco predicados —iracundia, tragedia, catástrofe, vocación tanática y esperanza— se engarzan con la afirmación horazeriana de que la distopía reinante en el Perú de 1970 era lo que se había heredado de las generaciones anteriores, y que a partir de su destrucción podrían iniciar el camino hacia la utopía.

Pese a hallarnos frente a tres grupos generacionales distintos —el de Ortega, el de Julián Marías, y el de Pimentel—, el análisis detecta un conjunto de predicados que, de acuerdo con la teoría orteguiana, forjan horizonte y crean mundo con *diferencia de altitud en la colocación*, y que al mismo tiempo se intersectan unos con otros, se siguen unos a otros, se empalman y se solapan, como si en el fondo los epónimos de tres generaciones distintas percibieran peligros y oportunidades semánticamente parecidos e históricamente encadenados: para Ortega, el ascenso del fascismo, la Guerra Civil Española y la Segunda Guerra Mundial; para Julián Marías, el *boom* de la posguerra y la Guerra Fría; y, para Hora Zero, el desarrollo de los conflictos internos en el Perú y en América Latina, que se venían gestando desde las insurgencias guerrilleras de la década de 1960, y que para América Latina han sido los más trágicos desde las guerras de la Independencia y la Conquista. Conviene, por lo tanto, reconstruir el drama de la iracundia y la insurgencia de Hora Zero frente a su circunstancia, y narrar la transformación de Pimentel en epónimo de una generación. Ésta, como queda sugerido, a pesar de la diferencia de altitud en las colocaciones históricas, compartía y comparte varios de los temas que angustiaban a las generaciones anteriores y que, sin duda, atribulan a las hoy emergentes y afectarán a las venideras.

CAPÍTULO II

EL SISTEMA DE VIGENCIAS DE HORA ZERO

Para comprender la irrupción de Hora Zero en el panorama cultural y social del Perú de 1970 es necesario resumir los antecedentes históricos que posibilitaron la cristalización de su parricidio simbólico-poético, que tiene precedentes abundantes y no menos estentóreos en la historia de los vanguardismos peruano, latinoamericano, español y europeo. Seguiré para ello el principio de que cada acto humano es la síntesis de toda la historia anterior, que influye en la configuración de "la forma concreta de la razón vital" o "la razón histórica" de eminente carácter narrativo (Marías 1967, 85). Emprenderé, pues, el relato de la formulación horazeriana sobre su propia "diferencia de altitud en la colocación" frente a la historia heredada y al porvenir. Esta diferencia de "nivel vital" supone la descripción del "componente *irreal* y *a priori* que es la analítica o teoría abstracta de la vida, cuyas tesis son universales y necesarias, pero sólo adquieren carácter real al circunstancializarse" (Marías 1967, 85). La narrativa del nivel vital contenida en los manifiestos de Hora Zero es el acto de ocupación abstracta de los *leere Stellen* —lugares vacíos— que la circunstancia histórica ofrecía a los poetas de dicho movimiento. En el proceso de llenar los lugares vacíos, el discurso colectivo e individual de estos poetas habría de adquirir "impleción significativa con su concreción circunstancial e histórica" (Marías 1967, 85).

En primer lugar, por lo tanto, debo concentrarme en describir el conjunto de vigencias que influyeron en la elaboración de la arquitectura abstracta con que Jorge Pimentel y el movimiento Hora Zero intentaron interpretar su papel y ocupar un espacio en la historia. Una vez que haya realizado el somero examen del sistema de vigencias ideológicas de la segunda mitad del siglo XX, en lo que resta de este capítulo situaré al colectivo de Hora Zero en el macrotexto que lo incluye, e intentaré plantear su relación con "Le Futurisme"

(1909) de Filippo Tommaso Marinetti, porque existe una línea de continuidad entre el manifiesto de Marinetti, el Vanguardismo hispanoamericano y la actitud vital de Hora Zero. Hacia el final del presente capítulo, cotejaré el poema "Ya se acerca la viuda de moda" de Mario Luna —poema que inaugura la existencia literaria de Hora Zero— con los predicados generales atribuidos al movimiento Sturm und Drang de Herder, Goethe y Schiller, con el fin de mostrar sumariamente la existencia de un vector que conecta, dentro de una unidad evolutiva mayor, al romanticismo alemán con el movimiento Hora Zero. Tal vector es una cristalización de la teoría de Ortega, puesto que produce una rebelión generacional semejante frente a dos estadios históricos que, aunque alejados temporalmente y con características específicas, tenían en común el agotamiento del discurso literario respecto de la evolución histórica.

En el tercer capítulo, teniendo en cuenta que el ser humano "es un fabricante nato de universos" (Ortega 1982, 39), revisaré el "Manifiesto del Futurismo" (1909) de Filippo Tomasso Marinetti, "La nueva poesía: Manifiesto" (1917) del poeta peruano Alberto Hidalgo, y los compararé con los manifiestos pertinentes de Hora Zero, con el objeto de mostrar por un lado los rasgos que los diferencian y, por otro, las semejanzas que los adscriben a la dialéctica del recambio generacional expuesta por Ortega. En el cuarto capítulo empezaré a analizar la obra de Pimentel en relación con los manifiestos del movimiento Hora Zero, teniendo en cuenta el requisito de maduración que Ortega atribuye a las generaciones emergentes como "la necesidad substancial de entregarse verdaderamente a la obra, de dedicarse... a algo trascendente" (Ortega 1982, 58) en el escenario dramático del proceso de individuación. Realizaré el análisis de la obra de Pimentel dedicando especial atención a la tensión dialéctica, dramática, que necesariamente se establece entre el acto íntimo de poetizar y el aparato ideológico-poético con que Hora Zero, movimiento de ruptura, se había lanzado al ruedo histórico de la literatura peruana.

La cultura como compensación imaginaria

Mirko Lauer (1947) —poeta peruano que mantiene, como Antonio Cisneros, una relación conflictiva con Hora Zero—, partiendo de que los "fracasos de transferencia de la modernidad al país [al Perú] en otros terrenos, sobre todo en la producción, han sido remitidos casi siempre a fracasos administrativos", atribuye una connotación de "autoengaño" a la compleja relación entre el Perú y la modernidad en el ámbito de la creación estética y el pensamiento. "En el Perú", afirma Lauer, "la cultura se ha convertido desde mediados del siglo pasado [XIX] en un espacio de compensación imaginaria de los fracasos administrativos [gubernativos] y las insuficiencias sociales" (Lauer 1999, 174). De este mecanismo imaginario del colectivo ilustrado, que compensa con el prestigio estético la precariedad, depresión y sobresalto permanentes de la existencia social, Lauer infiere el siguiente *dictum*: "En la cultura se jugó nuestra identidad" (174). Tras la "compensación imaginaria de los fracasos administrativos" que intuye Lauer, funcionan los mecanismos de desidentificación erótica con las figuras patriarcales o matriarcales sistematizados por Wilhelm Reich. Discípulo de Freud, expulsado del Partido Comunista Alemán, perseguido por el régimen de Hitler a causa de la publicación de *Massenpsychologie des Faschismus*, y exiliado en Estados Unidos —donde también sufrió persecución y censura por parte del gobierno—, Reich se preguntó en la obra antedicha cómo superar la represión sexual de las masas teniendo en cuenta que no existe una técnica como el psicoanálisis individual aplicable a ellas (Reich 1970, 186). Ante la ausencia de autoridades patriarcales y maternales suficientemente numerosas y respetables como para identificarse con el Estado —personalizado por ellas—, someterse al Estado e incorporarse al *continuum* histórico nacional, el "mito de la salvación por la cultura" no constituye, como supone Lauer, un mecanismo de defensa, sino más bien un acto erótico contra la represión de la sexualidad y de la estética. Dicho acto, en un país como el Perú, otorga

> a tongue to silent suffering and creates new contradictions while intensifying the contradictions that exist already. It puts a man in a position where he is no longer able to tolerate his situation. At the same time, however, it provides a means of liberation, namely the possibility of a fight against the social causes of suffering. . . social dynamite lies buried here, dynamite capable of bringing this self-destructive world to its senses. (Reich 1970, 188)

La caracterización que hace Reich de la afloración a la conciencia de las masas de las causas de su situación desesperada, parte de la lucha contra la supresión de la sexualidad que el psiquiatra alemán señaló como factor básico de la psicología de masas que el fascismo —el alemán en particular— aplicaba con el objeto de controlarlas. Al misticismo fascista, que por extensión incluye los misticismos de todos los estados que utilizan la religión y la cultura como instrumento de supresión y/o represión de eros, Reich opuso su teoría de la economía del sexo, cuyo objetivo es "making suppression conscious... dragging the fight between sexuality and mysticism into the light of consciousness... bringing it to a head under the pressure of a mass ideology and translating it into social action" (1970, 187).

El parricidio y el matricidio catárticos de Jorge Pimentel y de Hora Zero contra lo que consideraban las débiles figuras patriarcales y matriarcales de la poesía peruana posterior a la de César Vallejo, y asimismo su juicio y prognosis sumarios sobre la coyuntura peruana en 1970, funcionaron sin duda como un acto trágico que tendía a liberar a la poesía del peso académico y oficial que ejercían sobre ella las generaciones contemporáneas y precedentes, para devolverle las cualidades que permitieran asociarla a la revolución erótico-social que se consideraba inminente. Tras la apariencia poética, generacional y política, la rebelión de Pimentel y Hora Zero apuntaba pues a la realización erótica a través de la estética nacida consciente e inconscientemente del seno de los sectores emergentes y postergados. Dicha realización implicaba obligadamente una reapropiación del cuerpo, la vida y la muerte hasta entonces alienados al misticismo dominante. La realización sexual individual y colectiva conducía a la desalienación y recreación de las figuraciones del cuerpo, la vida y la muerte. Esta liberación corría parejas con lo que Reich entendía como "social action" (187), puesto que no iba a ser otorgada por nadie sino conquistada mediante el ejercicio de la violencia textual, psicológica y social.

En términos generales, el movimiento Hora Zero contribuyó a propagar la percepción y la sensación de la cultura como compensación imaginaria de la distopía social —concepción que corresponde al mito de la salvación por la cultura esbozado por Lauer. Aludiendo a la década de 1970 y observando el fenómeno desde una perspectiva local y aparencial, el crítico peruano Miguel Ángel Huamán reconoce al movimiento Hora Zero como "el primer fenómeno significativo de la poesía peruana de esos años" (1994, 267). Huamán advierte que el parricidio simbólico de Hora Zero sirvió para que sus integrantes utilizaran el protagonismo y el activismo a guisa de herramientas para ocupar un espacio en "el sistema literario nacional" (269). La rebelión propiciada por Pimentel obedeció, según Huamán, al fin del Estado oligárquico y al auge del populismo reformista del gobierno militar de Juan Velasco Alvarado (1968-1975):

> Los poetas de esos años como consecuencia. . . de la pérdida de un centro articulador, buscarán la construcción de uno nuevo, a partir del convencimiento de que el Perú no deber ser Lima ni la oligarquía, ni todo aquello que represente el antiguo régimen, llegando a asumir una actitud muy crítica desde la escritura y la práctica. . . [los poetas] lucharán por conocer, relacionarse o integrarse a expresiones poéticas desarrolladas fuera de ese circuito, descentralizando sus búsquedas internamente y abriéndose ávidamente a un cosmopolitismo cuestionador del marcado centralismo e hispanismo de la tradición dominante. . . la práctica poética oscila entre esta apertura. . . y un cierre hacia la reivindicación regional y descentralizada. (Huamán 1994, 270)

El "hispanismo de la tradición dominante" es un predicado impugnable. Poetas como Martín Adán, Yolanda Westphalen, Blanca Varela, Pablo Guevara, Carlos Germán Belli, Rodolfo Hinostroza, Antonio Cisneros, Mirko Lauer, José Watanabe y Cesáreo Martínez, contemporáneos y coetáneos de Pimentel, Hora Zero y de los poetas que aparecen en la década de 1970, no pueden ser incluidos en un círculo donde el hispanismo sea la tradición dominante. Por el contrario, las lecturas de los poetas mencionados de autores no hispánicos se intersectan muchas veces con aquellas realizadas por los miembros de Hora Zero.

La rebelión de Hora Zero trascendía el plano literario y respondía a un impulso transnacional. Sin embargo, Huamán circunscribe al plano local la razón vital y la altitud en la colocación de Hora Zero y de los poetas coetáneos: "en esos años se produce en la tradición literaria nacional y particularmente en la poesía una crisis de legitimidad que ponía en cuestionamiento la hegemonía de la práctica discursiva dominante" (270). El problema de esta afirmación no es que sea falsa o inexacta sino que peca de la limitación de no situar la "crisis de legitimidad" dentro de una unidad histórica mucho más amplia y efectivamente intercomunicada —aparte de que no define la extensión de "práctica discursiva dominante".

Ahora bien, en el contexto de una razón histórica transnacional, conviene preguntarse si la arquitectura apriorística de Hora Zero obedecía a un diagnóstico objetivo, o si, por el contrario, se trataba del diseño de un proyecto irrealizable. Ortega insiste en que la autenticidad de las soluciones depende de la autenticidad de los problemas, pero añade que la validez del problema depende de una condición subjetiva: "una solución sólo lo es auténticamente en la medida en que sea auténtico el problema, quiero decir, en que nos sintamos efectivamente *angustiados por él*" (Ortega 1982, 29, cursiva mía). La solución poética a la angustia legítima de Hora Zero se relaciona con la "compensación imaginaria" que Lauer propone para la cultura en un país como el Perú de 1970, donde la inestabilidad, la crisis y los golpes militares habían definido la marcha material de la nación y de los sucesivos gobiernos, como en casi todos los países latinoamericanos.

A la compensación imaginaria se asocia el concepto de "héroe cultural", una distinción subjetiva ganada por ciertos creadores. En el Perú, por ejemplo, héroes culturales son José Carlos Mariátegui, César Vallejo y José María Arguedas: sus iconos y nombres se han internado en el imaginario colectivo al extremo de que forman parte activa de la iconografía y la toponimia nacional. No obstante que las aseveraciones de Lauer y de Huamán puedan ser local o regionalmente acertadas, en el siguiente acápite mostraré que la altitud en la colocación de Hora Zero constituyó un fenómeno concomitante respecto a una visión del mundo que no sólo abarcaba el ámbito peruano.

El sistema de vigencias setentista

Ortega sostiene que la ideología heredada por una generación, "ese mundo de las creencias colectivas —que se suele llamar 'las ideas de la época', el 'espíritu del tiempo'— tiene un peculiar carácter que no tiene el mundo de las creencias individuales, a saber: que es vigente por sí, frente y contra nuestra aceptación de él" (Ortega 1982, 42). En 1970, Hora Zero se situaba en el sistema de vigencias del "campo socialista". Al respecto, la declaración en el manifiesto "Palabras urgentes" es aparentemente unívoca: "compartimos los postulados del marxismo-leninismo, celebramos la revolución cubana. *Estamos atentos a lo que se está haciendo en el país*". (Pimentel 1970a, 7; cursiva suya) Otro indicio de lo mismo es que el manifiesto fundacional de Hora Zero está dedicado

        A
        CARLOS MARX
        A
        ERNESTO GUEVARA
        EZRA POUND
        JEAN PAUL SARTRE
        Y

> CESAR ABRAHAM VALLEJO
> A
> TODOS LOS OBREROS Y CAMPESINOS
> A
> TODOS LOS POLÍTICOS
> LITERATOS
> CRITICOS
> REVOLUCIONARIOS
> ESCRITORES HONESTOS DEL PERU Y EL
> MUNDO
> A
> LOS NOVISIMOS POETAS
> DEL PERU, AMERICA, Y EL MUNDO.
> (Pimentel 1970a)

La colocación, entre Marx y el Che Guevara, de Ezra Pound, un escritor que militó en las filas del fascismo italiano, es un signo de amplitud poética que, junto con el adjetivo inclusivo "todos" —limitado al conjunto de los seres "honestos"—, señala el carácter subyacentemente abierto del movimiento. Este carácter ecléctico, contradictorio, heterodoxo, fue lo que permitió a Hora Zero, desde el inicio de sus actuaciones, albergar a poetas, poéticas y estilos poéticos diversos y cambiantes. La ortodoxia política se contradijo con la heterodoxia y el eclecticismo poéticos.

Hora Zero toleraba subliminalmente la disidencia y la pluralidad en un ambiente de convicciones parcialmente intolerante respecto a las desviaciones de la matriz del "pensamiento marxista", del "campo socialista" y otras ideas-fuerza imperantes. No obstante, es innegable que los jóvenes de Hora Zero se nutrieron de un sistema de vigencias influido por el hecho de que en la década de 1950 mil millones de seres humanos —el 60 por ciento de los cuales eran chinos— vivían en el campo socialista (Harnecker, 13). A pesar de su disidencia potencial, el manifiesto "Palabras urgentes" evidencia la impronta del triunfo de la revolución cubana (1 de enero de 1959), que contribuyó a difundir la idea de un cambio profundo en el mapa geopolítico del orbe:

> [la] correlación de fuerzas a nivel mundial. . . ha ido cambiando a favor del llamado "campo socialista" y de los movimientos de liberación nacional en el Tercer Mundo, producto de la segunda ola revolucionaria mundial surgida como consecuencia de la segunda guerra mundial. Los

movimientos revolucionarios de esta ola se apoyan en la URSS, que sale de la guerra transformada en la segunda potencia mundial, y luego en los países de Europa del Este que se van adhiriendo al socialismo. (Harnecker 2001, 11)

Según Carlos Franco, en el plano nacional, durante las décadas de 1950 y 1960, muchos intelectuales concebían "un 'Perú defectivo', un país "que 'no fue' históricamente o. . . que 'no era' contemporáneamente. El Perú visible tendía a revelarse para esos análisis como una suerte de defecto histórico, de posibilidad perdida, de fruto indeseado de circunstancias poderosas y enajenadas del control de los peruanos" (Franco 1983, II, 267). La actualidad de esta observación sobre la razón vital o histórica de la generación que ingresaba a la vida poética y política en 1970 no deja de ser actual treinta y ocho años después: hoy en día, el número de jóvenes peruanos y latinoamericanos que legal o ilegalmente migra a los países desarrollados alcanza proporciones que eran inimaginables en los años en que florecía el movimiento Hora Zero. El sufrimiento que acompaña a este acto masivo de migración encuentra expresión en el poema "Zarpazos: animales desprovistos de desierto / grandes ciudades de ilusión" de Miguel Ildefonso, poeta peruano nacido justamente en 1970:

>el desierto era el insomnio de las tribus – era pues el sol atrapado en esa
>malla eléctrica
>era el coyote que se tiró del puente – no me dejes ahogar en el río
>gritaba
>no pues no seas gacho reía antes de ser – comido por las turbias aguas
>del Grande
>porque el desierto es maldito – y no te juntes
>llévate agua y júrate que lo cruzarás – y esta noche estarás a mi diestra
>por dios las tribus creían en la bondad – del desierto de Guadalupe
>mijo – decía – esta vela te llevará – y te limpiará no te [pierdas ahora
>los países abajo hacían fila para cruzar – dejando casas [dejando lenguas

leguas atrás
y pocos vivían para contarlo (Ildefonso 2003, 290-291)

El testimonio de Miguel Ildefonso, un poeta veintiséis años menor que Jorge Pimentel (1944), constituye una sinécdoque del fracaso del proyecto social implicado en el proceso histórico que enmarcó y determinó la urgencia del movimiento Hora Zero. En 1970, el horizonte vital de los peruanos de clase media, influido por las reformas del gobierno nacionalista de Juan Velasco Alvarado (1968-1975) y por la razón histórica del campo socialista, hallaba todavía un espacio, un presente y un futuro posibles —aunque duramente conflictivos— dentro del país. El panorama geopolítico reciente fortalecía los nacionalismos:

> el imperio colonial europeo había comenzado a desmoronarse primero en Asia y luego en África. . . los franceses fueron derrotados en Vietnam [1954], pero la intervención de Estados Unidos impidió la unificación del país, instalándose un régimen satélite en el sur e iniciándose una heroica y larga guerra de liberación nacional en ese territorio, apoyada por Vietnam del Norte y los países socialistas. . . Mientras esto ocurría en Asia, en la zona islámica del norte de África cundía la efervescencia revolucionaria. . . Uno de los procesos más destacados fue el de los Oficiales Libres dirigido por Gamal Abdel Nasser en Egipto, en 1952, quien . . . nacionalizó el Canal de Suez en 1956 y se transformó en la cabeza del llamado "socialismo árabe" y en presidente de la República Árabe Unida (RAU), fundada en. . . 1958 a iniciativa de Siria, que había logrado su independencia por esos años junto con Irak. Antes del triunfo de la revolución cubana se habían desarrollado procesos descolonizadores en Libia, Sudán, Marruecos, Túnez, Ghana, y existían luchas anticoloniales en muchos otros países. . . Patrice Lumumba en el Congo Belga; Ben Bella en Argelia; S. Touré en Guinea; Nkrumah en Ghana; Burguibas en Túnez, Julius Nyerere en Tanzania y Senghor en Senegal. Casi todas las colonias británicas, francesas y belgas de África obtuvieron la independencia entre 1960 y 1962. (Harnecker 2001, 12)

Mientras se desarrollaba el proceso de descolonización en África, Asia y el Medio Oriente, Estados Unidos se consolidaba como la potencia rectora del destino de América Latina,

> apelando a la fuerza [o] aprovechándose de la actitud entreguista de [las] castas gobernantes [de los países latinoamericanos], que habían aceptado integrar la Unión Panamericana... que más tarde, en 1948, había derivado en la Organización de Estados Americanos (OEA) —"Ministerio de Colonias de Estados Unidos", como la denominaría el entonces canciller cubano Raúl Roa—, precedida un año antes por el Tratado Interamericano de Asistencia Recíproca (TIAR) que, bajo el supuesto de defender al continente de agresiones externas, serviría de instrumento para aplicar la política estadounidense en el resto de América. (Harnecker 2001, 15)

El sentimiento antiimperialista, más o menos generalizado en los sectores juveniles universitarios de las nuevas clases medias urbanas de América Latina, se expresó en el manifiesto "Palabras urgentes": "De un lado jaleos políticos, domésticos, con sus líderes torpes e ignorantes, y de otro lado la sucia y poderosa mano del imperialismo norteamericano manejando a éstos y desquiciando la voluntad del pueblo" (Pimentel 1970a, 7). Al no particularizar quiénes eran los sujetos de los "jaleos políticos, domésticos", Pimentel y Ramírez Ruiz realizaron un acto performativo de inclusión. Este acto implicaba al "gobierno revolucionario de la fuerza armada" que, conducido por el general Juan Velasco Alvarado, preconizaba "la tercera vía" —"ni comunismo ni capitalismo"—, la alternativa de "el nuevo hombre peruano", una sociedad "de participación plena", y que les repetía a los beneficiarios de la reforma agraria que el patrón no comería más de su pobreza. La protesta citada de "Palabras urgentes" implicaba asimismo el escenario inquietante del campo socialista, que padecía el síndrome de la atomización facciosa, del caciquismo y caudillaje (Letts 1981, 57-67) —síndrome que le costaría su cuasi desaparición del espectro político electoral (mas no subliminal) hacia fines de la década de 1980.

A la revolución cubana de 1959 la habían precedido acontecimientos que alentaban la actitud antiimperialista en las capas medias del Perú y América Latina:

> la revolución mexicana... que dejó un saldo de casi un millón de muertos, realizada bajo la consigna de "Tierra y Libertad";

> la rebelión de los jóvenes oficiales brasileños que ocuparon la ciudad de São Paulo durante un mes (1924) y que, una vez sofocada la insurrección, integran una columna integrada por el teniente Luis Carlos Prestes, líder comunista... la lucha guerrillera de Sandino contra las tropas de ocupación estadounidense en Nicaragua (1927-1933); la insurrección boliviana de 1952... que instaló en el poder a Víctor Paz Estenssoro e inició un proceso revolucionario... el varguismo en Brasil (1934-1945), y el peronismo en Argentina (1945-1955), fenómenos populistas que dieron a los sectores populares conciencia de su dignidad y de su fuerza; los gobiernos antiimperialistas de José Arévalo (1945-1950) y de Jacobo Arbenz en Guatemala (1951-1954), que expropiaron los latifundios pertenecientes a grandes consorcios estadounidenses, especialmente de la United Fruit, y provocaron la intervención de la CIA —una invasión encabezada por el coronel Castillo Armas y financiada por esta institución se introdujo en el país, bombardeó la capital y a Arbenz no le quedó otro camino que renunciar a su mandato... (Harnecker 2001, 15-16)

Dirk Kruijt describe técnicamente una parte de la herencia política que, como integrantes de una generación y de una capa social nueva y emergente, recibían los poetas de Hora Zero y, *grosso modo*, los jóvenes universitarios a fines de la década de 1960 en el Perú:

> Statistically speaking, an officer's training is the surest way to the presidency of Peru. The libertador José de San Martín declared the nation's independence on June 28, 1821. Seventy-two presidents came and went since then. Three liberation armies in succession saw their commander invested with presidential authority. Twice a president rose to power through a civilian revolt. No less than 26 times a member of the military managed to become a president by staging a coup. But even in the occasional constitutional elections —genuine or fixed— the population proved to prefer military leadership. Of the 72 presidents 51 were officers: 8 marshals, 34 generals, 6 colonels and 2 lieutenant

> colonels. The navy, boasting but one presidential rear admiral, is the poor relation. (Kruijt 1994, 9)

A principios del siglo XX, "el Perú era un país... predominantemente rural. Setenta por ciento de su población vivía en el campo y hablaba el quechua, que no era aceptado como idioma oficial" (Béjar 1983, 167). Pese a los intentos de modernización de los gobiernos de Augusto B. Leguía (1919-1930) —que coincidió con el Vanguardismo—, de Manuel Prado Ugarteche (1939-1945 y 1956-1962) y de Fernando Belaúnde Terry (1963-1968), hacia fines de la década de 1960, el Perú se hallaba relativamente atrasado:

> compared with larger Latin American countries such as Argentina, Brazil and Mexico, the [Peruvian] nation was lagging far behind. Mexico, a paragon of law and order during the forty-year rule of Porfirio Díaz, experienced a revolution from 1910 to 1917 which brought radical change ... The social class of the great landowners was gone. Power was in the hands of provincial peasant armies. In Argentina and Brazil the oligarchic society ended in the 1930s... Coups by Vargas and Peron effectuated structural reforms in economy, society and national politics... These political models, in turn, greatly affected the course of national development in Argentina, Brazil and Mexico. Supported by the masses organized by them, charismatic presidents removed the remaining barriers of the *ancien régime*, modernized the state, stimulated industrialization and created a new societal structure. (Kruijt 1994, 15-16)

Durante el primer tercio del siglo XX, tres pensadores y activistas ejercieron una influencia importante sobre el sector progresista peruano: Manuel González Prada (1840-1918), José Carlos Mariátegui (1895-1930) y Víctor Raúl Haya de la Torre (1894-1979). González Prada, pensador de raigambre anarquista, reconoció el problema indígena, y su obra inspiró la corriente indigenista que llegaría a su cúspide con José María Arguedas. Mariátegui dirigió la revista *Amauta* (1926-1930) —estrechamente relacionada con el Vanguardismo y el Indigenismo—, fundó el Partido Socialista —del que se escindiría una facción para fundar el Partido Comunista—, y contribuyó a redactar el estatuto y el programa de la Central General de Trabajadores del Perú (CGTP), que fueron aprobados en 1929 por el comité organizador de dicha institución. Mariátegui postulaba la revolución socialista en el Perú como un proceso que, determinado por la especificidad nacional, no debía calcar lo ocurrido en Rusia. El programa mínimo de Mariátegui, tal como lo resume Guerra García, contemplaba las siguientes medidas:

> reconocimiento amplio de la libertad de asociación, reunión y prensa obreras; reconocimiento del derecho de huelga. . . seguros sociales. . . asistencia social del Estado. . . leyes de accidentes de trabajo, de protección de las mujeres y menores y de la jornada de ocho horas en las faenas de la agricultura. . . jornada de siete horas en las minas y en los trabajos insalubres. . . . abolición efectiva de todo trabajo forzado o gratuito y abolición y punición del régimen semiesclavista de la montaña [selva]. . . dotación a las comunidades [indígenas] de tierras de latifundios . . . implantación del salario y sueldo mínimos; ratificación de la libertad de cultos y enseñanza religiosa; gratuidad de la enseñanza en todos sus grados, etc. (Guerra García 1983, 34-35)

Por su parte, Haya de la Torre fundó el Partido Aprista Peruano (APRA) en 1931 y la Central de Trabajadores del Perú (CTP). El programa mínimo del APRA incluía, entre otras, las siguientes medidas:

> autonomía administrativa y económica de las regiones del país; educación gratuita, seguro social. . . reconocimiento de los derechos políticos de la mujer y de su independencia en el ejercicio de sus derechos civiles dentro del matrimonio; separación de la Iglesia y el Estado. . . pacto con los pueblos latinoamericanos para la defensa ante cualquier peligro imperialista. . . anulación de los monopolios concedidos a los particulares y de los contratos lesivos para la soberanía nacional; fomento de las cooperativas de crédito, producción y consumo; nacionalización progresiva de los medios de transporte. . . revisión de la cuestión de la Brea y Pariñas; efectividad de la jornada máxima de ocho horas, salario y sueldos mínimos. . . incorporación del indio a la vida del país. (Guerra García 1983 1936-37)

A pesar de ciertas coincidencias programáticas, la antinomia entre el pensamiento de Mariátegui y el de Haya de la Torre divorció la vida política peruana a partir de fines de la década de 1920. Tanto es así, que durante los dos gobiernos de Alan García Pérez (1985-90, 2006-11), discípulo de Haya de la Torre, la Central General de Trabajadores (CGTP) seguía reivindicando a Mariátegui y seguía siendo influida por el Partido Comunista Peruano.

En 1970, el movimiento Hora Zero surgió en las aulas de "la universidad más desprestigiada del país" (Mora 2000, 8), la Universidad Nacional Federico Villarreal, por entonces bastión del APRA. Este partido había perdido su influencia en el estamento estudiantil de la Universidad Nacional Mayor de San Marcos durante la década de 1960, que pasó a ser controlado por el comunismo pro soviético y pro chino, y, en menor medida, por los grupos foquistas. Dos de los integrantes epónimos de Hora Zero, Tulio Mora y Enrique Verástegui, provenían de los claustros sanmarquinos.

La eclosión horazeriana se vinculó literariamente con el Vanguardismo latinoamericano y español de principios del siglo XX, y se vinculó políticamente con la lucha entre el APRA y el Partido Comunista pro soviético, lucha a la que ya habían entrado a tallar los grupos maoístas y foquistas. Esta pugna reflejaba aquella que se estableció entre la Segunda Internacional —a la que pertenece el APRA—, organización formada en 1889 por los partidos socialistas que deseaban coordinar la actividad internacional de los movimientos obreros, y la Tercera Internacional o Internacional Comunista o Komintern, fundada en marzo de 1919 por iniciativa del Partido Comunista de Rusia (bolchevique). La Tercera Internacional nucleaba a los partidos comunistas de los distintos países, y su objetivo era luchar por la instauración de la dictadura del proletariado y la República Internacional de los Soviets, la abolición de las clases sociales y la construcción del socialismo como tránsito hacia la sociedad comunista. La "diferencia de altitud en la colocación" de los poetas de Hora Zero se nutrió de la discordia entre las dos tendencias mencionadas, y asimismo se vio influida por los varios guerrillerismos foquistas, como el del Ejército de Liberación Nacional (ELN) en que militó Tulio Mora, y por los guerrillerismos maoístas que, como ha quedado dicho, planteaban la guerra prolongada del campo a la ciudad.

Concomitantemente, la perspectiva vital o razón histórica de Hora Zero se inspiraba en la primera reforma universitaria de Córdoba (1918), y en lo que Marta Harnecker llama segunda ola o "movimiento de reforma universitaria (segundo quinquenio de los sesenta)", cuando

> coincidiendo con el movimiento estudiantil norteamericano en demanda del desarme nuclear y en oposición a ser reclutados para la guerra de Vietnam. . . [y] con el mayo francés de 1968. . . en varios países de América Latina se

producen movimientos estudiantiles de gran envergadura. Su máxima expresión fue el mexicano, que logró movilizar a cientos de miles de jóvenes —las manifestaciones más grandes después de la Revolución de 1910—, y terminó con la cruenta masacre de Tlatelolco el 2 de octubre de 1968, en la que murieron centenares de jóvenes. (Harnecker 2001, 30)

Al relatar la aparición en el Perú de los "novísimos" en la década de 1970, José Miguel Oviedo enumeró los acontecimientos que, según su parecer, condicionaron la emergencia de Hora Zero:

la muerte del Che Guevara en Bolivia (octubre del 67); los acontecimientos de París en mayo del 68; el "caso Padilla" en Cuba (abril del 71) con su tempestuosa secuela de polémicas, escisiones intelectuales y reajustes en la organización cultural cubana; la Primavera de Praga, iniciada y sofocada en el mismo 68. . . los últimos coletazos de la Revolución Cultural China (1966-69). . . la aparición de Marcuse como el nuevo profeta e ideólogo de una juventud en permanente y universal estado de revuelta. . . el auge del estructuralismo, ese nuevo horizonte científico del hombre. . . el surgimiento de nuevas formas de cultura y de expresión artística —*pop art*, *midcult*, *kitsch*, *camp*, arte programado... —que son, a la vez, la contradicción y la excrecencia del medio en el que aparecen, su condensación y su disolución en los paraísos privados de la droga, el sexo y el gesto individual; el fin de la guerrilla peruana y la prolongación exitosa del terrorismo urbano a nivel mundial; la toma del poder en el Perú (3 de octubre de 1968) por un grupo de militares que inician uno de los procesos más desconcertantes y controvertidos hoy en América Latina. (Oviedo 1972, 10)

La onda expansiva del estallido estudiantil explica la génesis literariamente cosmopolita de Hora Zero y su relación orgánica con Hora Zero Internacional (París) y con el Infrarrealismo mexicano:

Esta multitud de jóvenes era un factor nuevo tanto en la cultura como en la política. Eran. . . transnacionales, por su capacidad de desplazarse y comunicar con facilidad y rapidez sus ideas. . . más allá de las fronteras de sus respectivos países. Y no sólo eran políticamente radicales y explosivos, sino que poseían una gran eficacia para lograr hacer trascender a nivel nacional, e incluso internacional, el descontento político y social que encarnaban. En países sometidos a dictaduras militares [como el Perú de 1970] —pero que respetaban la autonomía universitaria— eran a menudo el grupo social más apto para "emprender acciones políticas colectivas". (Harnecker 2001, 31)

La ascensión de Hora Zero a la altitud de colocación del movimiento estudiantil europeo y latinoamericano constituye una cristalización de la teoría de Ortega interpretada por Marías, en el sentido de que las "generaciones tienen carácter unitario" en el interior de "unidades históricas" (Marías 1967, 165) eficientemente intercomunicadas. El estallido estudiantil se generalizó en una unidad histórica que abarcaba América Latina, Estados Unidos y Europa. Una de sus causas fue el proceso de urbanización que se había iniciado a principios del siglo XX:

> mientras... el campo se vaciaba y crecían en forma acelerada las ciudades, se producía... un rápido crecimiento de la población universitaria. En los países avanzados la cifra, que alcanzaba a decenas de miles antes de la segunda guerra mundial, se eleva a millones en sólo veinte años. Los *campus* universitarios... pasaron a representar espacios estratégicos en la lucha por los cambios sociales. Algo similar, aunque en menor escala, ocurría en la mayor parte de los países de América Latina. (Harnecker 2001, 31)

La crisis del bloque soviético comienza "tras la muerte de Stalin en 1953, y se agudiza luego del XX Congreso del PCUS en 1956" (Harnecker 2001, 13) en el que se esboza la tesis de la coexistencia pacífica. "El Partido Comunista Chino no aceptaba el planeamiento del carácter duradero de la coexistencia pacífica... La tesis china sostenía que lo que podía debilitar al imperialismo era el triunfo creciente de revoluciones antimperialistas en el Tercer Mundo... Reivindicaba, también, la vía armada contra la vía pacífica que propiciaban los soviéticos" (14). La revolución cubana de 1959 sugirió a los sectores medios y obreros de América Latina que se podía llegar al poder por la vía armada en un área de influencia de los Estados Unidos. La crisis entre Moscú y Beijing llegó a su clímax en 1967 con la división del campo socialista entre los partidos comunistas leales a Moscú y los partidos marxistas-leninistas (maoístas) leales a Beijing. Paralelamente, según Harnecker,

> las organizaciones armadas se dividieron entre organizaciones de tendencia pro cubana —cuya táctica buscaba un desenlace más rápido de la guerra— y aquellas que defendían la tesis maoísta de la guerra popular prolongada [del campo a la ciudad]. Estas últimas se preocupaban más por hacer un trabajo de masas, ya que concebían la guerra con una mayor participación del pueblo. (2001, 29)

Los dos extremos de esta polarización los representan en Chile el golpe de Estado contra Salvador Allende (1973), que para los sectores radicalizados de izquierda fue el resultado luctuoso de la vía pacífica al socialismo de la Unidad Popular, y en Perú el fenómeno de Sendero Luminoso (1980-1992), consecuencia de la aplicación polpotiana de las tesis de Mao sobre la guerra prolongada. Los movimientos armados foquistas revisten cierta importancia para este trabajo puesto que Tulio Mora, el poeta con mayor carga ideológica de Hora Zero, militó en el Ejército de Liberación Nacional (ELN), organización a la que, con el seudónimo de Rodrigo Machado, había pertenecido el poeta peruano Javier Heraud.

El 15 de mayo de 1963, a los veinte años de edad, Heraud murió acribillado en Puerto Maldonado, adonde había viajado, después de prepararse en Cuba, para iniciar la lucha armada en el Perú. La muerte de Heraud motivó textos de protesta de los poetas peruanos Gustavo Valcárcel, Alejandro Romualdo, Wáshington Delgado, Arturo Corcuera, César Calvo, Reynaldo Naranjo, y textos solidarios del poeta chileno Pablo Neruda y del cubano Nicolás Guillén. Todos los poetas peruanos mencionados se agrupaban dentro del amplio campo socialista y al menos cuatro de ellos —Valcárcel, Romualdo, Delgado, Corcuera— tenían una marcada influencia del Partido Comunista Peruano (pro soviético). Pablo Neruda y Nicolás Guillén fueron militantes del Partido Comunista de Chile y del Partido Comunista de Cuba respectivamente.

La dedicatoria de "Palabras urgentes", el manifiesto fundacional de Hora Zero, no excluye el nombre de Javier Heraud e incluye cinco: Marx, Guevara, Pound, Sartre y Vallejo. En esta lista hay sólo dos poetas, Pound y Vallejo, cuya incompatibilidad política —fascismo versus marxismo— Jorge Pimentel y Juan Ramírez Ruiz abstrajeron —inexplicablemente desde el punto de vista del sistema de vigencias de los poetas contemporáneos que habían protestado por la muerte de Javier Heraud. Sin embargo, en el cuerpo mismo del citado manifiesto, Javier Heraud y Rodolfo Hinostroza —que también estudió en Cuba, se identificó con su revolución y luego tomó distancia de ella— son los únicos poetas, aparte de Vallejo, que merecen los elogios de Pimentel y Ramírez Ruiz: "Heraud entregó convincentes muestras de un talento en pleno despegue. Un creador auténtico detenido por la violencia irracional e injusta del sistema" (Pimentel 1970a, 8). Y, más adelante, respecto a Hinostroza: "*Consejero de lobo*, su libro primigenio, anuncia la posibilidad de una voz importante" (9).

Desde su acto fundacional, en Hora Zero se amalgamaron la iconoclasia, el fervor revolucionario marxista y el eclecticismo estético: la poesía, como todo acto efectivo de comunicación, transgredía las fronteras espaciales e ideológicas. Esta porosidad de Hora Zero, por momentos, acercaba el movimiento a sus enemigos declarados y lo alejaba de los poetas que ideológicamente podían coincidir con muchos de sus postulados políticos. Ejemplo de esto es el hecho textual de que los seis poetas peruanos que protestaron por la muerte de Javier Heraud —hecho al que se suma la ausencia de Pablo Neruda— son literariamente condenados en "Palabras urgentes":

> los viejos poetas acompañaron la danza de los monigotes ocasionales, escribiendo literatura de toda laya para el consumo de una espantosa clientela de cretinos. . . Sabiendo esto —y ya es necesario que alguien lo diga— es posible entender la deserción por parte de varios poetas de la generación del 50 (*W. Delgado*, Eielson, etc., etc.) . . . es posible el surgimiento de **formas poéticas incipientes**, débiles o arcaicas de gentes como: *Corcuera*, Orrillo, Lauer, *Naranjo*, *Calvo*, Ortega, Martos, P. Guevara, *Valcárcel*, Rose, Scorza, Bendezú, *Romualdo*, etc. . . . Todo esto nos lleva a una conclusión: ellos no escribieron nada auténtico, no emprendieron ninguna investigación, no descubrieron ni renovaron nada. (Pimentel 1970a, 8, cursiva mía)

El perfil ecléctico, sincrético, heterodoxo, asimilativo y supranacional de Hora Zero correspondía a la aceleración del proceso de globalización, cuyo más cercano antecedente literario era el Vanguardismo literario transnacional del primer tercio del siglo XX. En este escenario, "Palabras urgentes" postulaba una nebulosa de contradicciones aparentemente irresolubles entre sus propios términos poéticos, entre sus propios términos ideológicos, y entre sus términos poéticos e ideológicos. Las contradicciones, no obstante, se neutralizaron en el espacio de la escritura: la antinomia entre los epónimos Pound y Vallejo se suspendió en el ámbito textual del primer manifiesto de Hora Zero.

Tras la aparente unidad del movimiento habitaban los gérmenes de la pluralidad de los primeros años, de la disgregación que siguió, y de su vigencia como colectivo hasta el día de hoy: el 17 de abril de 2007, se anunciaba en Lima que el 19 del mismo mes Raúl Silva, escritor y editor mexicano, presentaría en el Centro Cultural de España la revista mexicana *Nomedites*, "dedicada al Movimiento [mexicano] Infrarrealista, que en los años 70 mantuvo contacto con el movimiento peruano Hora Zero" (Mora 2007), y que durante la presentación leerían poemas Tulio Mora, Jorge Pimentel, Enrique Verástegui, Eloy Jáuregui, Jorge Nájar, Ángel Garrido Espinoza y Miguel Burga —todos miembros o amigos del movimiento Hora Zero. La nota de prensa definía a estos escritores como "patas" (amigos, cuates) de Hora Zero, subrayando así su ligazón con el Infrarrealismo mexicano —que mantiene activa una página en internet— y su vigencia como movimiento. El boletín de prensa, además, consignaba un epígrafe que estrecha el vínculo entre el Infrarrealismo y Hora Zero: " 'La poesía mexicana se divide en 2: la poesía mexicana y el Infrarrealismo' " (Mora 2007). En 1970, aunque no se fraseó de esa manera, el manifiesto "Palabras urgentes", al cancelar toda la poesía peruana después de César Vallejo y anunciar la eclosión de Hora Zero, dividía de hecho la historia de la poesía peruana entre un antes y un después.

La ruptura con/de la ruptura

La neutralización de los rasgos opuestos en la primera proclama de Hora Zero respondía a la formación de un archiparadigma estético universalizante, cuyo origen en América Latina se remonta al Vanguardismo. Un antecedente de este fenómeno se halla en la reacción de Rubén Darío ante la publicación en *Le Figaro* de París de "Le Futurisme" (1909) del acaudalado poeta italiano Filippo Tommaso Marinetti, que fue la piedra de toque del Futurismo y que sin duda ejerció una influencia notoria en el Vanguardismo hispanoamericano. Rubén Darío publicó en *La Nación* de Buenos Aires (5 de abril de 1909) un artículo titulado "Marinetti y el Futurismo", en el que reconocía la calidad de los escritos del italiano y desconfiaba de las proclamas poéticas en general:

> lo único que yo encuentro inútil es el manifiesto. Si Marinetti con sus obras vehementes ha probado que tiene un admirable talento y que sabe llenar su misión de Belleza, no creo que su manifiesto haga más que animar a un buen número de imitadores a hacer "futurismo" a ultranza. . . En la buena época del simbolismo hubo también manifiestos de jefes de escuela, desde Moreás hasta Ghil. ¿En qué quedó todo eso? Los naturistas [sic] también "manifestaron" y la pasajera capilla tuvo resonancia, como el positivismo, en el Brasil. Los más viejos de todos esos revolucionarios de la literatura no han tenido treinta años. (Citado en Osorio 1989, 6)

En efecto, el Vanguardismo hispanoamericano generó un numeroso conjunto de proclamas, manifiestos y acaloradas polémicas, fundamentales para entender el espíritu de la época, aunque más o menos inútiles desde el punto de vista estrictamente literario. Pero también es verdad que en torno al Vanguardismo giraron poetas y escritores de la talla de Jorge Luis Borges, Alberto Hidalgo, Vicente Huidobro, César Vallejo, José Carlos Mariátegui y Magda Portal.

El Vanguardismo hispanoamericano floreció entre las dos guerras más cruentas que registra la historia de la humanidad (1914-1918, 1939-1945), y, desde el punto de vista geopolítico, se situó en un proceso dentro del cual América Latina iba "pasando a depender de las mismas determinantes básicas, en la medida en que sus economías y su vida política y social ingresan al sistema hegemónico de los Estados Unidos" (Osorio, xxiii). El ocaso del Vanguardismo coincidió con la crisis económica mundial de 1929, que determinó el cambio violento de

> las condiciones políticas que se habían creado en el anterior decenio [1920-1930]. En efecto, una de las consecuencias políticas de la gran crisis mundial del 29 fue la consolidación de una nueva alianza entre las burguesías y oligarquías locales, que, en defensa del sistema amagado por dicha crisis, recurren al golpe militar y a la represión interna para consolidar su dominio. . . La utilización del recurso militar se generaliza tanto que un historiador conservador como el español José Belmonte puede constatar que "en vísperas de la segunda guerra mundial todos los países de Iberoamérica, a

excepción de cuatro, tenían gobiernos militares". (Osorio 1989, xxvii)

En 1970, el cuadro político no había variado sustancialmente: de veinte países latinoamericanos sólo ocho contaban con gobiernos democráticos. Chile y Uruguay serían gobernados por dictaduras militares a partir de 1973. El panorama era similar al que se inició en la década de 1930. La diferencia era que en la década de 1970 la hegemonía estadounidense en América Latina experimentaba la competencia del bloque Soviético, de Cuba y China, y esto daba un cariz distinto a los jóvenes de clase media —muchos de ellos de origen provinciano— que ingresaban a la vida política nacional.

Para el campo socialista peruano y latinoamericano, el peligro de la Guerra Fría era la derrota de los movimientos populares y nacionalistas y el triunfo del bloque capitalista. La esperanza abstracta compartida por dicho campo —ya irremediablemente dividido entre Moscú, Beijing y los guerrillerismos foquistas y maoístas— era que la Guerra Fría desembocara en la revolución mundial: *socialismo o barbarie* era una disyunción de uso común cuando se gestaba el movimiento Hora Zero. La desconfianza de sus integrantes respecto a la literatura oficial, limeña y académica por un lado, y por otro respecto a las opciones ideológicas y políticas que les ofrecía el pasado inmediato y el presente, era el resultado de un proceso complejo tanto en el panorama nacional como internacional.

En América Latina, el crecimiento de las ciudades y de las universidades no corría parejas con el crecimiento de la oferta de empleo:

> Descontentos con las condiciones físicas que encontraban en las universidades, cuyos recintos no estaban preparados para asumir tal avalancha de alumnos, inquietos por el incierto horizonte laboral que les presentaba una sociedad que tampoco estaba preparada para acoger a tal número de egresados; sensibilizados con las desigualdades sociales existentes en sus países y, en muchos casos, admiradores de la revolución cubana, estos jóvenes se tornaron un factor potencialmente explosivo, en la medida en que constituían un frente común con el movimiento de masas urbano y campesino en ascenso. (Harnecker 2001, 31)

Entre los años 1940 y 1945, la tasa de crecimiento anual de la población peruana se había incrementado en más del 70 %, "pasando de 1.74% en 1940 a 3.0 % a mediados de la década del 60, momento en que alcanza su nivel más alto" (Carbonetto 1983, 439). La causa de este crecimiento poblacional fue la reducción drástica de la tasa de mortalidad y el consecuente aumento de la tasa de natalidad: "La esperanza de vida al nacer, que no llegaba a los 36 años en 1940, alcanza 51 años en 1961" (Carbonetto, 440). La población rural del Perú se redujo radicalmente en setenta años: a fines del siglo XIX, representaba el 80% de los habitantes del Perú; en 1940, representaba el 64%; en el 1960, constituía el 51%; y, en 1970, se había reducido al 40% (Carbonetto, 443).

No es de extrañar, en este marco histórico, que tres de los cinco integrantes principales de Hora Zero tengan origen provinciano: Tulio Mora nació en Huancayo, capital del departamento de Junín, situada en los Andes centrales del Perú; Juan Ramírez Ruiz nació en Chiclayo, capital del departamento de Lambayeque, en la costa noroccidental del Perú; y Enrique Verástegui es oriundo de San Vicente de Cañete, capital de la provincia de Cañete del departamento de Lima, ciento cincuenta kilómetros al sur de esta ciudad. Geográficamente, el origen de estos tres poetas forma un triángulo que, al incluir la ciudad de Lima, simboliza el proceso migratorio hacia la capital.

El gobierno militar de Juan Velasco Alvarado había iniciado en 1968 un radical proceso de reformas. La bibliografía sobre el tema es ubérrima. No es éste el lugar para desarrollar un análisis detallado de su gobierno. Lo que nos interesa es señalar la pertinencia de las reformas de Velasco como cumplimiento de una parte esencial de los programas de gobierno esbozados tanto por José Carlos Mariátegui como por Víctor Raúl Haya de la Torre a fines de la década de 1920 y principios de la de 1930.

El gobierno de Velasco llevó a cabo la reforma agraria, creó la propiedad social y la propiedad cooperativa en importantes sectores del agro, decretó la participación de los trabajadores en las utilidades de las empresas, asumió el control de los bancos privados, estatizó sectores de la industria y las telecomunicaciones que habían estado en poder de capitales extranjeros —lo que implicó un enfrentamiento con el gobierno de los Estados Unidos—, estableció relaciones diplomáticas con los países socialistas, reconoció el carácter multiétnico del Perú, declaró al quechua lengua oficial, impulsó el Pacto Andino, fortaleció la participación del Perú en el Grupo de Países No Alineados, equipó al ejército con material soviético, legalizó el Partido Comunista Peruano (pro soviético), incorporó a la vida política a algunos ex guerrilleros de la década de 1960 (Letts 1981, 15), legalizó un número sin precedente de sindicatos y organizaciones campesinas, y, finalmente, estatizó los medios de comunicación (Harnecker 2001, Pease 1995, Vargas Gavilano 1989, Franco 1983, Velasco 1973, Cánepa Sardón 1971).

En 1970, pues, el gobierno del general Velasco estaba llevando a cabo buena parte de las reformas contenidas, cuarenta años antes, en los programas de Mariátegui y Haya de la Torre. Dichas reformas, la masiva migración a las ciudades, la constante agitación social y el panorama geopolítico determinaron que los jóvenes de Hora Zero afirmaran el divorcio entre la realidad y la poesía peruana anterior a ellos, y que elaboraran un discurso poético-político de carácter utópico: "Nuestra respuesta. . . es afirmar que sólo una gran poesía, una poesía que no invite a la conciliación ni al pacto con las fuerzas negativas, una creación absoluta contrarrestará la debacle de la poesía peruana contemporánea" (Pimentel 1970a, 8). Siguiendo a Karl Mannheim, Francisco Guerra García —que participó en el gobierno de Velasco—, entiende la razón vital de las generaciones que confluían en las décadas de 1960 y 1970 como

> orientaciones que trascienden la realidad y. . . tienden a destruir parcial o totalmente el orden de cosas predominante. . . entre la utopía y el orden social existente se produce una correlación de carácter "dialéctico": cada época permite la aparición de aquellas ideas y valores en los que están contenidas. . . las tendencias no realizadas y consumadas, que representan las necesidades de la época; esos elementos intelectuales, a su vez, se convierten luego en los detonadores que hacen estallar los límites del orden existente. (Guerra García 1983, 37)

Hasta cierto punto despojándolo del predicado de necesidad dialéctica que reconoce Guerra García con relación al presente histórico, Ortega había descrito el utopismo en 1923 —en pleno Vanguardismo literario y en plena génesis del pensamiento utópico en el Perú y América Latina— como constante defectuosa del pensamiento occidental:

> La propensión utópica ha dominado en la mente europea toda la época moderna: en ciencia, en moral, en religión, en arte. Ha sido menester de todo el contrapeso que el enorme afán de dominar lo real, específico del europeo, oponía, para que la civilización occidental no haya concluido en un gigantesco fracaso. Porque lo más grave del utopismo no es que dé solu-

>ciones falsas a los problemas —científicos o políticos—, sino algo peor: es que no acepta el problema —lo real— según se presenta, antes bien, desde luego —*a priori*— le impone una caprichosa forma... La desviación utopista de la inteligencia humana comienza en Grecia y se produce dondequiera llegue a exacerbación el racionalismo. La razón pura construye un mundo ejemplar —cosmos físico o cosmos político— con la creencia de que él es la verdadera realidad y, por tanto, debe suplantar a la efectiva. La divergencia entre las cosas es tal, que no puede evitarse el conflicto. (Ortega 1975, 149-150)

El filósofo madrileño suponía que el cambio histórico producido por las nuevas generaciones era mínimo. Es decir, Ortega suponía exactamente lo contrario de aquello que deseaban y de aquello en lo que creían Pimentel, sus colegas de Hora Zero y un sector significativo de la juventud peruana, latinoamericana, norteamericana y europea: la inminencia de un cambio revolucionario global, relativamente rápido, en todos los órdenes de la existencia. El peruano Carlos Franco, quien, como Guerra García, formó parte del gobierno de Velasco, ha realizado una descripción de la altitud en la colocación de la generación que irrumpió en la vida política y cultural peruana durante las décadas de 1960 y 1970:

> si la ideología cegaba... fue porque el discurso marxista-leninista fue funcional al mantenimiento entre los intelectuales de dos paradigmas dentro de los cuales fueron cultural y psicológicamente moldeados; en primer lugar, al paradigma que estatuyó desde la década del 20 [siglo XX] en el Perú la fusión de los roles de "intelectual" y "político"... en segundo lugar, el paradigma, surgido también en los años 20, según el cual a los "intelectuales de izquierda" les está reservada la condición de "directores o jefes políticos" (ver los escritos de Valcárcel, Castro Pozo, Mariátegui, Haya, Uriel García, intelectuales cusqueños, etc.) o, en el lenguaje de los 60, "dirigentes políticos". (Franco 1983, 274-275)

La pertinencia de la apreciación de Carlos Franco respecto de nuestro tema es clara: Hora Zero nació como un movimiento constituido por diversos frentes regionales, descentralizados, autónomos, que asumían un "programa" poético y político partiendo del distanciamiento entre la poesía al uso y la realidad. Parafraseando los términos de Ortega, la divergencia entre las cosas era tal, que no podía evitarse el conflicto. Carlos Franco atribuye una "disonancia cognoscitiva" a los intelectuales "de izquierda" —*latu sensu*— que se oponían o se situaban al margen del gobierno del general Velasco. Los siguientes rasgos habrían definido esta disonancia cognoscitiva:

> 1) una crítica constante, intensa y amarga contra las posiciones y conductas *políticas* distintas a las suyas; 2) sucesivos pasajes del activismo y el protagonismo a la reflexión académica y la investigación científica; 3) elaboración constante de previsiones del curso *político*, frecuentemente desmentidas por la realidad, y formulación normativa y moralizante de los patrones a los cuales debería sujetarse la acción de los actores *políticos* y sociales; 4) combinaciones complejas de actitudes basadas en una suerte de "pesimismo histórico", expresadas en visiones sombrías o catastróficas del futuro del país, y en un "voluntarismo político", más bien retórico, expresado en esperanzadas expectativas acerca de la "inminencia" de cambios políticos y la "vecindad" histórica de una revolución socialista en el Perú. (Franco 1983, 275)

Si en el extracto citado se reemplaza el adjetivo *político/s* por *poético/s*, se obtiene una descripción aproximada del movimiento Hora Zero en cuanto proyecto literario-político basado en una utopía de carácter disidente con respecto a la planteada por el gobierno de la fuerza armada y por el atomizado campo socialista. Hora Zero disidía de un gobierno que reivindicaba el arte y la cultura como elementos de un proceso de identificación nacional, porque dicho movimiento insurgió postulando una apertura poética, un *archiparadigma estético* que trascendía las ideologías y los estados nacionales; y disidía del campo socialista y del Vanguardismo —de los que se desprendía como movimiento— porque "Palabras urgentes" contenía una recusación implícita de los vanguardismos y del propio movimiento Hora Zero. La recusación de su propio ser grupal es lo que ha permitido al movimiento mantener su actividad y vigencia hasta el día de hoy. Se puede aducir que ciertos predicados de las proclamas, manifiestos y volantes de Hora Zero son tan generales que pueden aplicarse a casi cualquier período de la historia contemporánea de América Latina. Pero esta acotación no puede desligarse del hecho de que esos predicados generales nacían de una percepción particular y local, de un examen del mundo circundante; o, dicho de otro modo, que no se inferían de axiomas sino de la experiencia, y que más bien se hallaban en conflicto con el sistema ideológico setentista. Finalmente, la vigencia del colectivo Hora Zero no habría sido posible si en los últimos treinta y siete años sus escritores no hubieran plasmado obras de valía.

La razón teológica

No puedo cerrar el esbozo del sistema de vigencias que heredaron Pimentel y los poetas de Hora Zero sin incluir la esfera teológica. Durante el Encuentro Nacional del Movimiento Sacerdotal ONIS en Chimbote —la ciudad de *El zorro de arriba y el zorro de abajo* de José María Arguedas—, en julio de 1968 —tres meses antes del golpe militar de Juan Velasco, que se realizó el 3 de octubre, al día siguiente de la masacre de Tlatelolco—, el sacerdote dominico peruano Gustavo Gutiérrez presentó una ponencia, "Hacia una teología de la liberación", en la que se planteaba el problema de orientar la fe hacia el encuentro de

> un lenguaje sobre Dios que nazca de la situación y sufrimiento creados por la pobreza injusta en que viven las grandes mayorías (razas despreciadas, clases sociales explotadas, culturas marginadas, discriminación de la mujer). Pero que sea, al mismo tiempo, un discurso alimentado por la esperanza que levanta un pueblo en lucha por su liberación. (Harnecker 2001, 34-35)

En 1971, a dos años del inicio de las reformas del general Velasco, el padre Gutiérrez publicó en Lima *Teología de la liberación: perspectivas*, donde a manera de conclusión afirmaba:

> La teología de la liberación, que busca partir del compromiso por abolir la actual situación de injusticia y por construir una sociedad nueva, debe ser verificada por la práctica de ese compromiso; por la participación activa y eficaz en la lucha que las clases sociales explotadas han emprendido contra sus opresores. La liberación de toda forma de explotación, la posibilidad de una vida más humana y más digna, la creación de un hombre nuevo, pasan por esa lucha. . . no tendremos una auténtica teología de la liberación sino cuando los oprimidos mismos puedan alzar libremente su voz y expresarse directa y creadoramente en la sociedad y en el seno del Pueblo de Dios. Cuando ellos mismos "den cuenta de la esperanza" de que son portadores. Cuando ellos sean los

gestores de su propia liberación. Por ahora será necesario limitarse a los esfuerzos que deben contribuir a que ese proceso apenas iniciado se ahonde y afiance. . . Si la reflexión teológica. . . en América Latina no lleva a la iglesia a colocarse tajantemente y sin cortapisas mediatizantes del lado de las clases oprimidas y de los pueblos dominados, esa reflexión habrá servido de poco. (Gutiérrez 1971, 373)

A la visión religiosa del padre Gustavo Gutiérrez se sumó la del dominico brasilero Leonardo Boff, que proponía "la inserción del cristiano en un movimiento concreto, sea una comunidad de base, en un centro de defensa de los derechos humanos, en un sindicato" (Harnecker 2001, 35). Así, la teología de la liberación jugó un papel crucial en la historia de la izquierda latinoamericana: "Bajo el alero de los sectores más progresistas de la Iglesia católica [los militantes revolucionarios] se protegieron de la dura represión de las dictaduras. . . Estas comunidades eclesiales de base cobran también mucha fuerza —en la década de los setenta— en Perú, Chile, El Salvador, Nicaragua" (36).

El movimiento Hora Zero toma su nombre del poema "Hora 0" de Ernesto Cardenal, poeta nicaragüense y también sacerdote dominico que, junto con Gustavo Gutiérrez, se ha convertido en símbolo viviente de los sectores de la iglesia católica comprometidos con el cambio social en favor de los pobres. El título del citado poema de Cardenal tiene por lo menos un antecedente en el poema "La hora cero" (1928) del vanguardista peruano Alberto Hidalgo (1897-1967), según informa Tamayo Vargas (1974, II, 474), poema que se incluyó sin título en el *Índice de la poesía americana*, antología elaborada por Alberto Hidalgo, Jorge Luis Borges y Vicente Huidobro (Hidalgo 1926, 16).

La teología de la liberación del padre Gustavo Gutiérrez y en general la actividad del catolicismo progresista en América Latina se remontan a las primeras décadas del periodo colonial. El dominico Bartolomé de las Casas, según apunta Henríquez Ureña,

contribuyó a producir dos grandes acontecimientos: uno, las Nuevas Leyes de 1542, que determinaron finalmente la situación de los indios; el otro, las doctrinas jurídicas expuestas en la Universidad de Salamanca por Fray Francisco de Vitoria, el reformador de la teología y de la teoría política. . . la doctrina de Vitoria afirma los derechos de todos los pueblos a la libertad, aun cuando no sean cristianos, o aun cuando vivan en pecado; y su descreimiento, si se debe a ignorancia, no es pecado. Los indios eran los "verdaderos dueños" del territorio que ocupaban; no eran súbditos naturales del "Emperador", pero el rey de España podía gobernarlos, siempre y cuando lo hiciera por el propio bien de ellos. Ningún hombre es esclavo por naturaleza. (Henríquez Ureña 1969, 23-24)

Tomando como punto de partida la *Utopía* de Moro, "Vasco de Quiroga (*c*. 1470-1565), obispo de Michoacán, organizó a sus feligreses por aldeas, cada una con su oficio distintivo; las tierras eran de propiedad comunal" (Henríquez Ureña 1969, 36). Entre los siglos XVII y XVIII —hasta su expulsión de las colonias portuguesas y españolas en 1767—, los jesuitas organizaron a un sector de los guaraníes en una sociedad teocrática, basada en el cristianismo primitivo, en la cual no existía la propiedad privada (Henríquez Ureña, 37).

La historia reciente de la iglesia católica latinoamericana muestra una pugna entre los sectores conservadores, que básicamente siguen los postulados del Opus Dei, y los sectores progresistas, que abrazan la teología de la liberación. En diferentes momentos y países de América Latina, el ala progresista ha sufrido represalias por su solidaridad con las clases oprimidas. El 23 de marzo de 1980, en San Salvador, murió asesinado monseñor Óscar Arnulfo Romero (jesuita), poco después de pronunciar una homilía en la que pidió el cese de la represión en El Salvador. Antes de él habían sido asesinados en dicho país otros seis sacerdotes. El 2 de diciembre de 1980, ex guardias nacionales de El Salvador violaron y asesinaron a las monjas estadounidenses Ita Ford, Maura Clarke, Dorothy Kazel y a la laica Jean Donovan, de la congregación Maryknoll.

Significado de la rebelión

La ruptura del movimiento de Jorge Pimentel y de Hora Zero en 1970 y la ruptura con su propia ruptura —entendidas como diferencia de altitud en la colocación— respondían a una macroperspectiva histórica de origen judeocristiano que se extendía a la sazón por Europa, Norteamérica, América Latina y África, y que incluía las esferas filosófica, teológica, psicoanalítica, política, estética y económica del pensamiento utópico occidental. El Vanguardismo latinoamericano de principios del siglo XX se enmarca en el proceso general del paso de América Latina a la esfera de influencia del sistema hegemónico de los Estados Unidos (Osorio 1989, xxiii). El movimiento Hora Zero se situó en un momento histórico en que para América Latina el fiel de la balanza de la Guerra Fría parecía inclinarse hacia el campo socialista, dados los procesos sociales, políticos y culturales que acaecían en Perú, Chile, Argentina, Uruguay, Cuba, Nicaragua, Panamá, El Salvador y Guatemala. Los desenlaces de estos procesos —salvo el cubano, que es caso aparte— causaron una mortandad sin precedentes en la historia republicana de América Latina.

La ruptura consignada en el manifiesto "Palabras urgentes" con la tradición poética peruana inmediatamente anterior se expresó de modo beligerante: "Se nos ha entregado mucho para construir, pero la medida de nuestra construcción está dada por la cantidad de escombros que podamos aniquilar" (Pimentel 1970a, 7). Entre las ruinas a demoler estaba toda la poesía después de Vallejo, "hábil remedo, trasplante de otras literaturas" (8). La contradicción flagrante de "Palabras urgentes" consistió en la cancelación sumaria de una tradición literaria contaminada por la influencia extranjera, para inmediatamente vindicar otra influencia extranjera, ejemplificada en el propio manifiesto por la dedicatoria a Pound y Sartre. La contradicción se puede atribuir a una ligereza juvenil, al "yo detesto la vida y el tiempo en que me tocó nacer" de Rubén Darío (Osorio, xiii), o sencillamente a la inconciencia. Sin embargo, prefiero interpretarla como la dialéctica del movimiento Hora Zero. Enrique Verástegui no deseaba romper con los poetas peruanos contemporáneos. Jorge Pimentel, Tulio Mora y Enrique Verástegui compartían lecturas de poetas anteriores como Pablo Guevara, Rodolfo Hinostroza y Antonio Cisneros —enemigo señalado por Pimentel y Mora—, que se habían apartado de la tradición española. Por otro lado, no me eximo de interpretar la deducción de esta aparente *contradictio in terminis* como un oxímoron intencional, como un meditado signo propagandístico:

> La poesía del 70 y Hora Zero han ocupado la atención de los medios de comunicación mucho más de lo imaginado. . . desplazando a otros autores como nunca en la historia de la literatura peruana; ello no se debe sólo al crecimiento natural demográfico y espacial del campo cultural, correlato del crecimiento del. . . país en el nuevo intento de modernización, ni al auge de la crítica periodística. . . Hay principalmente una responsabilidad de esta crítica en la configuración de un

mercado que requería en gran medida la legitimación de la postura gestual y vital de los usuarios (en desmedro de la calidad o creatividad), la loa a la cuantificación o masificación (fácil elogio a lo desmesurado) y al consumo acrítico, descartable o estandarizado propio de la cultura de masas del desarrollismo capitalista. (Huamán 1994, 275-276)

Si bien obedecía al esfuerzo crático por ganar poder, espacio y voz en el panorama de la literatura peruana y latinoamericana sin pasar por los filtros tradicionales, el oxímoron de "Palabras urgentes" —que se puede satirizar como el rechazo de la imitación de la literatura extranjera y el reemplazo de ésta por otra literatura extranjera— fue la manifestación perceptible de un conflicto no plenamente consciente, común en el trágico escenario de América Latina, que implicaba disidir de las proposiciones del manifiesto y del sistema de vigencias de la época. Tras el oxímoron aparente, pulsaba una ambición poética y filosófica que Enrique Verástegui, en su *Ensayo de ingeniería* (1999), rememora con una mezcla de pesar y optimismo:

>Verástegui dice
>que se va con Soller & Kristeva,
>*Tel Quel* —un aviso luminoso guiñando sus párpados
>desde el cielo de Europa— es su adolescencia,
>la revolución lingüística, una belleza romántica
>eternamente renovándose como Bourbaki
>relevó a Bertrand Russel & Whitehead.
>Claude Simon maravilloso, o la precisión de Robert Grillet.
>En general, todos los franceses de esa generación
>esparcieron por el mundo el nombre de Francia como no ocurría
>desde Descartes.
>El apoyo teórico fue fundamental: Barthes,
>Foucault, Deleuze, Guattari. Cierta izquierda
>los llamó, despectivamente, *escritores tecnocráticos*.
>Toda la derecha los consideró, inequívocamente,
>izquierdistas. El tiempo de la bohemia había pasado:
>los escritores, aquellos años, eran la razón
>de las fuerzas productivas. ¿Qué queda?
>Escombros.

>...

> Sin embargo, la historia avanza
> como un espiral: en algún lado de la noche
> florecemos. (Verástegui 1999, 24-25)

Este extracto de *Ensayo de ingeniería* de Enrique Verástegui revela que Hora Zero, más allá de los rasgos futuristas y dadaístas de "Palabras urgentes", pugnaba por colocarse en la cúspide del pensamiento de los *philosophes* de la segunda mitad del siglo XX, que encarnaban una síntesis de los roles de intelectual y de político (Franco 1983, 274-275). Este pensamiento reunía marxismo, existencialismo, estructuralismo, lingüística, feminismo, teología de la liberación, psicoanálisis, semiótica, militantismo, maoísmo y foquismo. En lo poético, este corpus de conocimiento se conectaba directamente con el Vanguardismo de principios de aquel siglo. El mismo Verástegui se ha encargado de narrar el colapso de las ilusiones que albergaron las generaciones contemporáneas que compartían aquel corpus gnoseológico:

> ... Estos años de
> guerra, sangre y represión pertenecen a un pasado
> donde nada florece. La Inquisición está
> en crisis, persigue porque está perdida.
> Silvestre II estudia en árabe lo que sólo
> Toledo puede darle. Oh pueblos de piel quemada
> en el desierto: musulmanes, judíos, africanos
> tienen el poder del conocimiento, esta felicidad
> de jaquear fabulosamente a quien persigue el arte.
> ....
> Una lluvia de espadas se clavó en sus entrañas.
> El sol se apagó, no floreció más el Mediodía.
> Ni cenizas quedaron de la libertad, la poesía.
> Años de sangre aún no filmada en Hollywood.
> (Verástegui 1999, 36-38)

El vocablo textualmente final de "Palabras urgentes" es *ruptura* (Pimentel 1970a, 10), pero el sema subyacente es *disidencia de la propia disidencia*. La profundidad que implica esta negación de la negación y por tanto afirmación, y la falsabilidad de los axiomas, lleva necesariamente no a la afirmación sino a la precariedad y a la heroicidad de la escritura. Esa misma profundidad desvirtúa el protagonismo licencioso aducido por Miguel Ángel Huamán para explicar la floración de los poetas de Hora Zero, y desdice la asunción de la cultura como un mecanismo imaginario de compensación, que Mirko Lauer achaca a las comunidades letradas de naciones como la peruana. El rompimiento consigo mismos de los jóvenes poetas de Hora Zero —su asunción del grado cero de la escritura (Barthes)— obliga a una lectura paciente y detallada de su significación como movimiento y como individuación poética de sus miembros. El fenómeno aparentemente local de Hora Zero acaso constituye la versión hispanoamericana de la conjunción de Abeona y Adeona (Ortega 1982, 17), del salir de una época y entrar en otra. La relación de atracción y evitación de los poetas de Hora Zero con las grandes narrativas del siglo XX y comienzos del XXI, vale decir, con el marxismo, el fascismo y el neoconservadorismo, conduce naturalmente a pensar en la asunción, desconfiada, de los discursos antitotalizantes de la posmodernidad.

Futurismo, Sturm und Drang, "Palabras urgentes"

Existe cierto consenso en señalar el "Manifiesto del futurismo", escrito por el poeta italiano F.T. Marinetti —publicado en 1909, en *Le Figaro* de París, con el título de "Le Futurisme"— como uno de los hitos fundamentales del origen del Vanguardismo hispanoamericano (Osorio 1989, xx; Fernández 1987, 35; Delgado 1980, 110; Bellini 1997, 308-309; Henríquez Ureña 1969, 194). Dicho manifiesto se tradujo al castellano y se publicó por primera vez en América Latina en 1909, en Tegucigalpa, en la *Revista de la Universidad*, dirigida por Rómulo E. Durón, que incluyó al manifiesto en un artículo suyo titulado "Una nueva escuela literaria". Aunque Bellini (1997, 309) ha señalado que Vicente Huidobro reclamó la paternidad del Futurismo para el uruguayo Álvaro Armando Vasseur (1878-1979), los diferentes *ismos* del Vanguardismo latinoamericano no tuvieron en cuenta a Vasseur sino "Le Futurisme" de Marinetti para identificarse con sus axiomas o distanciarse de ellos.

La proliferación de manifiestos vanguardistas en América Latina se relaciona también con el movimiento Sturm und Drang, cuyos epónimos fueron, entre otros, Goethe y Schiller. Enrique Verástegui ha señalado la relación de dicho movimiento con Hora Zero:

> a los quince años, leyendo los textos de colegio, me planteé fundar un movimiento que se asemejara al Sturm und Drang. . . al modo del romanticismo alemán. . . cuando llegué a Lima a los diecinueve años . . . encontré que ese movimiento. . . se

> había formado un mes antes, bajo la firma de Jorge Pimentel y Juan Ramírez Ruiz ["Palabras urgentes"]. . . mi diferencia está en que yo. . . pensé que no era correcto enfrentarse a la tradición, a las generaciones anteriores, sino simplemente. . . pensé que. . . debería ser un movimiento de agitación, de. . . pura creación, de pura agitación. . . de la sociedad peruana. . . y de la sociedad literaria. (Guillén 2007, 2)

En 1773, se antologaron sendos ensayos de Herder, Goethe, Frisi y Möser, bajo el título *Von Deutscher Art und Kunst: einige fliegende Blätter*, que funcionó como manifiesto del movimiento Sturm und Drang. Herder, Goethe, Schiller y otros autores fomentaron una revuelta contra el culto al racionalismo de la Ilustración y la imitación estéril de la literatura francesa. Hora Zero comparte con Sturm und Drang los rasgos abstractos de una revuelta contra una tradición poética anterior. Comparte asimismo el rescate de una figura epónima precedente: Shakespeare —recién traducido al alemán— en el caso de Sturm und Drang, y Ezra Pound en el caso de Hora Zero. Los rasgos generales del movimiento Sturm und Drang son semejantes a los de la poética temprana de Hora Zero:

> Works of Sturm und Drang movement typically are loosely constructed, written in direct language, and marked by rousing action and high emotionalism. They frequently deal with the individual revolt against the injustices of society. The exponents of Sturm und Drang were profoundly influenced by the philosophy of Jean-Jacques Rousseau and Johann Georg Hamann, who held that the basic verities of existence were to be apprehended through faith and the experience of the senses. The young writers also found inspiration in the works. . . of William Shakespeare (which had just been translated into German).

A manera de ejercicio, me permito aquí aislar los siguientes predicados atribuidos a Sturm und Drang: *loosely constructed, direct language, rousing action and high emotionalism, individual revolt against the injustices of society, the basic verities of existence were to be apprehended through faith and the experience of the senses*. En seguida —por extrapolación— contrasto estos predicados con el poema "Ya se acerca la viuda de moda" de Mario Luna, el primero de la antología que sigue al manifiesto horazeriano "Palabras urgentes" de 1970:

> Entre tanto
> a solas entre multitudes
> pronuncio mi beso destruido de todas las mañanas.
> Con la lluvia crispando mis adjetivos
> ahogo el grito invisible de tardes cruentas y
> tras la húmeda caricia, reviento mi garganta
> a punta de cocacolas extranjeras.
> A solas:
>> (Anoche: milo sin azúcar. Tv. barata, corriendo
>> tras las noticias últimas, mueren estudiantes.
>> Golpes a la carcomida diplomática. Balazo en el ojo.
>> Prostituta entra en huelga de hambre. Verduras con
>>> folidol.
> El pasaje cuesta S/. 2.40 si no bájese. Pollos a la brasa
> "Buen Amigo". Tomo con mi plata carajo. Agua y desague.
> Se necesita muchacha, cama adentro. Un café, pan solo.
>> Amor, amor.
> Discurso al héroe muerto en la paz. Damas, maestro,
>> filósofo.
> Amor, amor, amor. Sálvese quien pueda. Te amo menos cada
>> día más
> Unamuno)
> Entre multitudes, mis hermanitos enemigos plagios de dos
>> ociosos
> me abren paso: caras de papel, dientes de té.
> La viuda me coquetea insinuante.
> Tenemos que hacer algo: entrar en las bibliotecas, en las
> farmacias, matar, besar a los negros, y recoger con nuestro
> sombrero agujereado la lluvia andariega que cae a la tierra.
>> Pan con aceituna. (Pimentel 1970a, 12)

El resultado del contraste entre los predicados enciclopédicos que sirven para describir a Sturm und Drang como movimiento se aplican efectivamente a una descripción del poema citado de Mario Luna —poema que inaugura la existencia literaria de Hora Zero. Con este pequeño experimento he querido ejemplificar el cumplimiento del axioma que Ortega postula para el análisis del devenir generacional. Éste no debe percibirse como una línea horizontal sino vertical, como la torre humana de los acróbatas del circo: "Unos sobre los hombros de los otros, el que está en lo alto goza la impresión de dominar a los demás, pero debía advertir, al mismo tiempo, que es su prisionero" (1982, 55). La diferencia de altitud del acróbata que se equilibra dificultosamente en la cúspide de la torre humana estaría dada por el poema "Ya se acerca la viuda de moda" de Mario Luna —publicado en el primer año del último tercio del siglo XX—, mientras que la diferencia de altitud del acróbata que sustenta la torre estaría dada por los predicados del movimiento Sturm und Drang del último tercio del siglo XVIII, tal como se manifestaron en la antología *Von Deutscher Art und Kunst: einige fliegende Blätter*.

He resumido apretadamente el sistema de vigencias en que surgió Hora Zero y, dentro de este sistema, la razón vital y la diferencia de altitud en la colocación de los poetas de dicho movimiento como parte de un fenómeno mayor. He bosquejado asimismo los vínculos más evidentes entre tres manifiestos literarios publicados en dos continentes: Sturm und Drang de Herder y Goethe (Alemania, 1773), Futurismo de Marinetti (Francia, 1909) y "Palabras urgentes" de Pimentel y Ramírez Ruiz (Perú, 1970). A este último manifiesto lo separan del primero ciento noventa y siete años y un océano que no fue un obstáculo mayor para el tránsito de las ideas, como lo prueba la aparición del Romanticismo, del Vanguardismo y del mismo movimiento Hora Zero en la literatura hispanoamericana. Es, pues, el momento analítico de visitar el estadio intermedio. Utilizaré para ello el manifiesto futurista del poeta italiano Filippo Tomasso Marinetti y "La nueva poesía: Manifiesto" (1917) del poeta peruano Alberto Hidalgo, y en seguida los parangonaré con los manifiestos y antologías pertinentes del movimiento Hora Zero, como preludio al análisis de la poesía de Jorge Pimentel.

CAPÍTULO III

DEL FUTURISMO A LA HORA ZERO DE LA POESÍA PERUANA

La bibliografía del Vanguardismo y sobre el Vanguardismo hispanoamericano es vasta. En 1999, Hubert Pöppel publicó *Las vanguardias literarias en Bolivia, Colombia, Ecuador y Perú: bibliografía y antología crítica*. Pöppel registra 949 títulos de obras vanguardistas, ensayos, artículos, exposiciones y otros eventos sobre el Vanguardismo, que tan sólo se refieren a aquellos cuatro países. La acumulación de acervo literario, crítico y cultural que ha producido el Vanguardismo se explica por la importancia del cambio de paradigma geopolítico y estético de principios del siglo XX.

En 1970 —sesenta y un años después del manifiesto de Marinetti—, la irrupción de Hora Zero como fenómeno de vanguardia ocurrió en el marco del proceso de modernización del gobierno militar de Juan Velasco Alvarado (1968-1975), y su maduración se dio en el contexto del cambio de paradigma económico que a la sazón ocurría en América Latina y en el mundo. En el Perú, dicho cambio empezó durante la segunda fase (1975-1980) del gobierno militar (1968-1980), bajo la presidencia del general Francisco Morales Bermúdez, que había depuesto al general Juan Velasco Alvarado, hasta entonces el "líder indiscutible" de la "revolución peruana".

En la primera parte de *Direcciones del vanguardismo hispanoamericano* (1994), Gloria Videla de Rivero formula una hipótesis de síntesis interpretativa que ayuda a sustentar la perspectiva histórica de mi propio análisis en cuanto que concibo el Vanguardismo y el movimiento Hora Zero como factores relativamente autónomos integrados en una línea evolutiva mayor:

> No hay muros infranqueables entre la hipótesis de un vanguardismo americanizado o americano, resultado de una "recepción transformadora o recreadora" y la de un van-

guardismo americano "variante específica" del internacional, resultante de un proceso interno socio-político-literario. El cosmopolitismo que signa el arte americano como una característica fundamental, es un puente entre las dos hipótesis. (Videla de Rivero 1994, 29-30)

    Nelson Osorio ha publicado una valiosa compilación de los manifiestos y polémicas del Vanguardismo latinoamericano. Según dicho estudioso, el Modernismo —fenómeno que precedió al Vanguardismo— fue la "propuesta estético-ideológica articulada al proceso de incorporación de América Latina al sistema económico de la civilización industrial de Occidente, el capitalismo" (Osorio 1989, xii). Este proceso implicaba la decadencia de la casta criolla, "el crecimiento de las ciudades capitales y el estancamiento de las provincias" (xii). La modernización afectaba a toda América Latina y se caracterizaba por "el crecimiento de la burguesía urbana, de las capas medias y del proletariado y sus organizaciones" (xxv). En la esfera política, la modernización se distinguía "por el auge de los movimientos antioligárquicos y populares, y por la incorporación activa en estas luchas de las capas medias y el proletariado" (xxv). El período estuvo decisivamente influido por el movimiento de la Reforma Universitaria de Córdoba, Argentina (1918). Ésta, según José Carlos Mariátegui,

> señala el nacimiento de una nueva generación latinoamericana. . . El proceso de agitación universitaria en la Argentina, el Uruguay, Chile, Perú, etc., acusa el mismo origen y el mismo impulso. La chispa de la agitación es casi siempre un incidente secundario; pero la fuerza que la propaga viene de ese estado de ánimo, de esa corriente de ideas que se designa —no sin riesgo de equívoco— con el nombre de "nuevo espíritu". Por esto, el anhelo de reforma se presenta, con idénticos caracteres, en todas las universidades latinoamericanas. Los estudiantes de toda la América Latina, aunque movidos a la lucha por protestas peculiares de su propia vida, parecen hablar el mismo lenguaje. (Mariátegui 1959, 105).

    El Vanguardismo hispanoamericano —cuyos hitos relativos se establecen entre 1920 y 1930— tiene una similitud notable con el panorama de la segúnda mitad de la década de 1960 en América Latina, al que Marta Harnecker (2001, 30) caracteriza como segundo impulso del "movimiento de reforma universitaria", durante el cual se incubó y eclosionó el movimiento Hora Zero.

Con la modernización de fines del siglo XIX y principios del XX, se inició un proceso ininterrumpido de migración del campo a la ciudad, durante el cual se empezaron a constituir las actuales aglomeraciones urbanas de América Latina. El fenómeno de quiebra del orden anterior produjo un disgusto estético por lo real y cotidiano, que Rubén Darío sintetizó en "Palabras liminares" de *Prosas profanas* (1896): " 'mas he aquí que veréis en mis versos princesas, reyes, cosas imperiales, visiones de países lejanos e imposibles... ¡qué queréis!, yo detesto la vida y el tiempo en que me tocó nacer' " (Osorio xiii). Es pertinente comparar esta afirmación de Darío con uno de los párrafos del manifiesto "Palabras urgentes" de Hora Zero, publicado setenta y cuatro años después de *Prosas profanas*: "Hemos nacido en el Perú, país latinoamericano, subdesarrollado, hemos encontrado ágiles ruinas, valores enclenques, una incertidumbre fabulosa y la mierda extendiéndose vertiginosamente" (Pimentel 1970a, 7). Casi ocho décadas median entre el repudio dariano de la realidad circundante y la descripción escatológica de la cotidianidad del espacio y la cultura urbanos que efectuaron Jorge Pimentel y Juan Ramírez Ruiz. La diferencia entre ambas expresiones es que en "Palabras urgentes" no se propone la elusión como respuesta a la distopía sino su poetización: "No queremos que escape nada en nuestro trayecto de hombres momentáneos en la tierra. Todo lo que late y se agita tiene derecho al rastro" (9). La arquitectura imaginaria de Pimentel y Ramírez Ruiz se generaba a partir de la distopía producida por el proceso de modernización, que puso fin transitorio al Estado oligárquico, emprendido por el gobierno militar del general Velasco Alvarado en 1968, y que implicó un crecimiento compulsivo y violento de la capital del Perú y de sus principales ciudades. La "catástrofe" épica que los jóvenes poetas de Hora Zero intentaban poetizar se entroncaba con la sensación de rechazo de Rubén Darío ante la modernización de fines del siglo XIX y comienzos del XX. El nicaragüense sublimó dicha sensación optando por el exotismo de un universo paralelo, mientras que Hora Zero diseñó la arquitectura poética del *inferno* contemporáneo, colocando la ciudad como su círculo más conspicuo.

Futurismo de Marinetti y eutrapelia de Hidalgo

El texto que inauguró el primer movimiento *d'avant-garde* europeo, escrito por Filippo Tommaso Marinetti, se publicó en *Le Figaro* de París, el 20 de febrero de 1909, con el título de "Le futurisme". Jean-Pierre A. de Villers ha dado a conocer en edición facsimilar el manuscrito original, cuyo título es "La fondation du Futurisme et son manifest" (1986, 40). El 15 de noviembre del mismo año, con el título de "Manifiesto del Futurismo", el texto aparecido en *Le Figaro* se reprodujo traducido al español en la *Revista de la Universidad* (Año I, no. 11), en Tegucigalpa, dirigida por Rómulo E. Durón (Osorio1989, 21-23). Algunos de los elementos del Vanguardismo hispanoamericano, y por extensión del movimiento Hora Zero, se hallaban en el texto de Marinetti. Lo citaré siguiendo la edición de *Le Figaro*, tal como la presenta De Villers.

    Marinetti reclamaba para la poesía " "l'amour du danger, l'habitude de l'energie et de la temerité" (De Villers 120). Consideraba que los elementos esenciales de la poesía "seront le courage, l'audace, et la revolte". Exaltaba "le mouvement agressif, l'insomnie fiévreuse, le pas gymnastique, le saut périlleux, la gifle et le coup de poing". La modernidad enriquecía al mundo con un nuevo elemento estético: "la beauté de la vitesse", al extremo de que "une automobile rugissante, qui a l'air de courir sur de la mitraille, est plus belle que la *Victoire de Samothrace*". El arte se convertía en beligerancia: "Il n'y a plus de beauté que dans la lutte. Pas de chef-d'oeuvre sans un caractère agressif". A la línea diacrónica la reemplazaba el imperio del sincronismo juvenil: "Le Temps et l'Espace sont morts hier. Nous vivons déjà dans l'absolu, puisque nous avons déjà créé l'eternelle vitesse omniprésente". Tánatos adquiría proporciones de genocidio catártico y edificante: "Nous voulons glorifier la guerre, —seule hygiéne du monde— le militarisme, le patriotisme, le geste destructeur des anarchistes, les belles idées qui tuent, et le mépris de la femme". Se hacía imperioso renegar del acervo cultural y de la mujer liberada: "Nous voulons démolir les musées, les bibliothèques, combattre le moralisme, le féminisme et toutes les làchetés opportunistes et utilitaires". (De Villers 120). Se prefiguraban los tópicos y metáforas que fonologizaría la poesía vanguardista hispanoamericana:

> Nous chanterons les grandes foules agitées par le travail, le plaisir ou la révolte; les ressacs multicolores et polyphoniques des révolutions dans les capitales modernes; la vibration nocturne des arsenaux et des chantiers sous leur violentes lunes électriques; les gares gloutonnes avaleuses de serpents qui fument; les usines suspendues aux nuages par les ficelles de leurs fumées; les ponts aux bons de gymnastes lancés sur la contellerie diabolique des fleuves ensoleillés; les paquebots aventureux flairant l'horizon; les locomotives au grand poitrail . . . et le vol glissant des aéroplanes. . . (De Villers 120)

El arte institucionalizado merecía toda la ira del artista joven: "Nous voulons délivrer l'Italie de sa gangrène de professeurs, d'archéologues, de cicérones et d'antiquaires". Los museos equivalían a cementerios. De la contemplación del pasado los artistas salían "épuisés, amoindris, piétinés". Tal era la animadversión por el pasado que Marinetti, simbólicamente, decía a los jóvenes artistas: "boutez donc le feu aux rayons des bibliothèques! Détournez les cours des cannaux pour innonder les caveaux des musées!... Sapez les fondements des villes vénérables!" La fugacidad de la juventud y de la rebeldía quedaban anteladas para los miembros del movimiento: "Les plus âgés d'entre nous ont trente ans; nous avons donc au moins dix ans pour accomplir notre tâche". El recambio generacional se concebía como una escena de caza: "Ils s'ameuteront autour de nous, haletants d'angoisse et de dépit, et tous exaspérés par notre fier courage infatigable, s'élanceront pour nous tuer, avec d'autant plus de haîne que leur coeur sera ivre d'amour et d'admiration pour nous". A la visión tanática de la historia correspondía una nueva poética: "l'art ne peut être que violence, cruauté et injustice" (De Villers 120-121). Sin embargo, Marinetti, como Pimentel y Ramírez Ruiz en "Palabras urgentes", de acuerdo con la metáfora de la torre humana de Ortega, concedió su propia inconsistencia:

> Vos objections? Assez! Assez! Je les connais!... Nous savons bien ce que notre belle et fausse intelligence nous affirme. — Nous ne sommes, dit-elle, que le résumé et de prolongement de nos ancêtres. — Peut-être!... Mais nous ne voulons pas entendre! Gardez-vous de répéter ces mots infâmes! Levez plutôt la tête! (De Villers, 121)

El alcance de la influencia del Futurismo de Marinetti encuentra un ejemplo en el poema "La nueva poesía: Manifiesto" del peruano Alberto Hidalgo, editor y prologuista —junto con Jorge Luis Borges y Vicente Huidobro— del *Índice de la nueva poesía americana* (1926), uno de los libros fundacionales del Vanguardismo. El "Manifiesto" de Hidalgo se publicó en su segundo poemario, *Panoplia lírica* (1917), ocho años después de la aparición del "Manifiesto del Futurismo" de Marinetti en español. Es proverbial la *imitatio* que realizó Hidalgo —a los veinte años de edad— de los predicados de "Le Futurisme" de Marinetti. Hidalgo llamaba a los poetas a cantar "al Músculo, a la Fuerza, al Vigor"; a hacer "la gimnasia de nuestro propio espíritu"; a matar "las escuelas, los moldes i los métodos". La poesía era la "roja sonrisa del Cañón", el "brazo musculoso del Hombre", "la fuerza que produce el Motor", el "acero brillante de la Locomotora", el "veloz aeroplano, magnífico y potente", "las Naves Trasatlánticas pletóricas de gracia / i obesas de Progreso, de Calor, de Salud". Y los poetas eran "los hombres de este siglo de Guerra i Valor" (Osorio 1989, 48-49).

Al igual que Marinetti, Hidalgo asumió la represión de eros mediante el misticismo guerrerista —al que he aludido a propósito de Wilhelm Reich en el capítulo segundo de este trabajo: "Es un enorme triunfo derrotar la Lujuria; / no es Carne sino Templo de Vida la Mujer" (Osorio, 48). A la represión de libido correspondía inexorablemente el culto a la tiranía patriarcal. Hidalgo publicó en Buenos Aires (1945) un libro entero dedicado a dicha figura, con el título de *Oda a Stalin*:

> Cuando quedemos huérfanos de Stalin, cuando perdamos nuestro
> padre,
> pues su carne, cual la de todos, es perecedera
> —no lo olvidemos: ni ustedes, pétalos de la estrella,
> ni los demás, beneficiarios de sus cinco llamas—,
> han de llorar con miel de caña
> todas las tierras áridas ajenas a la magia de sus bigotes de
> cristal. (Hidalgo 1945, 9)

En la misma vertiente, Hidalgo produjo otro poema, "Arenga lírica al emperador de Alemania" (1916). El referente de aquel texto era Wilhelm II (Guillermo II), cuyo nombre completo es Friedrich Wilhelm Viktor Albert von Preußen, y cuyos cargos fueron *Deutscher Kaiser* (del lat. *Caesar*, que se traduce como *emperador alemán*) y König von Preußen (rey de Prusia), entre 1888 y 1918. La idealización que hace Hidalgo de la figura patriarcal de Wilhelm II merece, junto con la de Stalin, un estudio aparte. Me limitaré a traer a colación los predicados, pertinentes para mi argumentación, que el poeta peruano atribuyó al *Kaiser*: "nota brava de tu viril mostacho"; "fiereza altiva de tu mirada audaz"; "tus torpes enemigos, fanfarrones i vanos / que para no olvidarse que son hijos de can, / cuando pasas altivo con tu orquesta de pólvora, / incansables i hambrientos, no cesan de ladrar"; "castigaremos con ejemplar castigo / las negras desvergüenzas del invertido inglés, / i el senegal salvaje, i el inconsciente ruso, / i el archicerdo yanqui, negociante y soez"; I en la ciudad del Vicio, del Incesto i la Orjía, / del hombre sin vergüenza e impúdica mujer, / danzaremos cancanes, voluptuosos i locos / sobre los vientres sucios de sus *madmoiselles*"; "redimirás las razas, les quitarás la pus"; "Hombre Fuerte";

"Hombre de Hoi"; "has superado al Diablo i has igualado a Dios!" (Hidalgo 1997, 32-33)

Los manifiestos de Marinetti e Hidalgo coinciden con los de Hora Zero en el sesgo desafiante, altanero e iconoclasta, característico de toda rebelión. La diferencia radica en el cariz específico de la ruptura de Hora Zero, determinada por su carácter abierto, heterodoxo y ecléctico.

Hora Zero: de 1970 a 1978

En 1970, se publicó en Lima *Hora Zero: materiales para una nueva época*, panfleto que contiene el manifiesto "Palabras urgentes", firmado por Jorge Pimentel y Juan Ramírez Ruiz, al que siguen poemas de Mario Luna (Chimbote, 1948-1984), Jorge Nájar (Pucallpa, 1944), Jorge Pimentel (Lima, 1944), Julio Polar (Callao, 1945), Juan Ramírez Ruiz (Chiclayo, 1946-2007) y José Carlos Rodríguez (Iquitos, 1945).

Sesenta y un años después de la publicación del manifiesto futurista de Marinetti, cincuenta y cuatro años después de "Arenga lírica al emperador de Alemania" de Hidalgo, y veinticinco después de "Oda a Stalin" de dicho autor, la diferencia de altitud en la colocación que se expresa en "Palabras urgentes" de Hora Zero contiene, sin embargo, elementos que se remontan al futurismo de Marinetti y al vanguardismo eutrapélico de Huidobro. Los dos epígrafes de *Hora Zero: materiales para una nueva época* ilustran esta conexión. El primero se atribuye al poeta antiesclavista americano James R. Lowell (1819-1891): "No hay tiempo para acomodarse / a las cosas pequeñas / cuando son las grandes las que esperan nuestra acción". Y el segundo aparece sin atribución autoral: "La edad más viril está con nosotros. / Y no hay dominio para el desaliento / en este tiempo de batallas" (Pimentel 1970a). La dedicatoria incluye a Carlos Marx, al Che Guevara y a César Vallejo. Pero a diferencia de los ideales de héroe que presentan Marinetti y Huidobro, el manifiesto primigenio de Hora Zero vindicó tres figuras epónimas cuyo común denominador es la derrota parcial, en cuanto que los tres individuos murieron sin haber accedido al poder ni haber visto materializadas sus proyecciones máximas: Marx no presenció la revolución socialista en los países desarrollados de Europa occidental, Vallejo asistió a la derrota de la república española, y Ernesto Guevara fue asesinado después de rendirse. En los tres casos se configura la imagen del héroe cultural inmolado, capaz de sobrevivir al infortunio, a la muerte y a la liquidación de la utopía, para convertirse en capital simbólico, en icono de la derrota mundana y del triunfo en el imaginario y el inconsciente colectivos, o sea en fuente de pensamiento utópico.

Cabe preguntarse por qué Pimentel y Ramírez Ruiz, pese a que en el cuerpo de "Palabras urgentes" celebraban la revolución cubana, no consignaron a Fidel Castro en la dedicatoria. En 1970 Fidel Castro ofrecía, desde el punto de vista del campo socialista, la apariencia del liderazgo viril, heroico y consecuente de un proceso revolucionario en plena marcha. Quizá parte de la respuesta a esta inquisición se halle en el hecho de que, no obstante la vindicación de la virilidad, la potencia juvenil y la beligerancia, Pimentel y Ramírez Ruiz translucían debilidad y remordimiento: "Todo aquello ha hecho la hora irrespirable, ha sofocado a muchos hombres, ha hecho cómplices a otros de muertes innecesarias. Y ha convertido este lugar en un país de culpables" (Pimentel 1970a, 7). Las muertes innecesarias pueden aludir a Vallejo, Heraud y Guevara, tres héroes culturales —los dos últimos abatidos por las balas de ejércitos regulares y el primero muerto en la pobreza.

La exultancia guerrerista de Marinetti y de Hidalgo fue reemplazada por la esperanza abstracta: "el curso de la historia es incontenible y América Latina y los países del tercer mundo se encaminan hacia su total liberación" (Pimentel 1970a, 7). Pero, en el imaginario de Hora Zero, persistía la ausencia de figuras patriarcales fuertes. Marinetti e Hidalgo no se distinguieron por el reconocimiento de la culpa sino por la confianza en el superhombre. Pablo Neruda glorificó a Stalin: "Stalin alza, limpia, construye, fortifica, / preserva, mira, protege, alimenta, / pero también castiga. / Y esto es cuanto quería deciros, camaradas: / hace falta el castigo" (Neruda 1967, I, 570). Años después, en *Confieso que he vivido* (1974), Neruda explicó su culto a Stalin como un resultado de la ignorancia y de la pasión revolucionaria. Pero lo pertinente aquí es que el poeta chileno actualizó el tópico futurista del superhombre, mientras que Hora Zero vindicó la debilidad del héroe cultural inmolado.

En 1977 y 1978, la consolidación de la dictadura de Pinochet en Chile, la derrota en la Argentina y en el Uruguay del Ejército Montonero y de los tupamaros respectivamente, y el desmantelamiento de las reformas del gobierno de Juan Velasco Alvarado en el Perú, colocaban a Hora Zero en una perspectiva que no favorecía la lógica dicotómica. Se avecinaba lo que Gareth Williams define como "the economic collapse of the 1980s, the fall of the Berlin Wall, and the end of the so-called revolutionary era" (2002, 178). No obstante reconocerse "como un movimiento cultural revolucionario marxista-leninista y vanguardia —en el campo de la cultura— del proletariado y de todas las capas oprimidas del pueblo peruano" (Pimentel 1977, 3), los integrantes del movimiento criticaron el realismo socialista "porque fue incapaz de descubrir la estrecha correspondencia que existe entre la denuncia social y el lenguaje popular, en lo que se manifiesta su inautenticidad y desprecio por el lenguaje del proletariado peruano" (Pimentel 1977, 5). La propuesta de Hora Zero se centraba en el vehículo de su oficio, el lenguaje:

> HZ trae al escenario de la literatura peruana el lenguaje del proletariado y del campesinado que se manifiesta en los poemas a través de la "Sintaxis Callejera" y de la recuperación de los valores culturales de estas clases sociales (danzas, mitos, folklore, religión, magia, slang, etc.). . . HZ inaugura. . . la concepción del texto poético como totalidad ("Poema Integral"), como sistema total y dialéctico de los propios recursos surgidos en la actividad del trabajo poético. . . HZ reconoce el método de Poesía Conversacional [sic] como una de las formas colectivas y revolucionarias de elaborar un texto. (Pimentel 1977, 7-8)

En 1977 y 1978, el movimiento Hora Zero se situaba en la cúspide de la trastabillante torre humana del campo socialista. Condenaba "la política cultural del Estalinismo" (Pimentel 1977, 7); reivindicaba el Futurismo ruso, el surrealismo francés, el marxismo-leninismo, el feminismo, la homosexualidad, la teología de la liberación, la etnicidad, lo popular, la lucha de clases y la lucha armada; apoyaba "la Revolución Cubana por su permanente conducta internacionalista en América Latina, Asia y África"; y condenaba "la política exterior China por mostrarse reticente a comprender que el revisionismo no es el enemigo fundamental, sino secundario, mientras el imperialismo no desaparezca del escenario mundial" (Pimentel 1977, 4). Pero al renegar de los circuitos académicos oficiales, de la cultura burguesa y de las oportunidades que ofrecía el campo socialista de aquel entonces, Hora Zero adoptaba una actitud de disidencia más cercana al sentido común de las masas grises o *kleine Leute* que a los ideologemas. A pesar de que formalmente Hora Zero incorporaba la gran narrativa del marxismo, su antiestalinismo condenaba al movimiento a la marginalidad en el campo socialista, y su discurso antihegemónico lo convertía en disfuncional para la gran narrativa del campo imperialista, a la sazón en proceso ascendente.

El precoz posicionamiento de Hora Zero en tierra de nadie coincide con la definición de sujeto subalterno o subalternidad que Gareth Williams comparte con Dipesh Chakrabarty, en cuanto que Hora Zero no es "a given subaltern cultural identity, but a disruptive site that 'fractures from within' the unitary signs underlying national and global narratives of capitalist development within the time horizon of capital itself" (Williams 2002, 225). La fractura desde dentro de los discursos socialista, posmoderno y neoliberal es uno de los signos constitutivos del llenar los *leere Stellen* —"ocupar los espacios", en jerga setentista— que Ortega entendía como actos pasajeros de transformación. La duración y la vigencia de Hora Zero, que han resultado atípicas en la historia de los vanguardismos, se deben a su dinámica disfuncional respecto a los discursos polares de los campos ideológicos en pugna, y al ejercicio de la fractura como método dentro del movimiento.

El poeta peruano Federico Bolaños, protagonista del Vanguardismo de la tercera década del siglo XX, describió la razón vital de aquellos años: "la guerra mundial [1914-1918]. . . cancela íntegramente el pasado y pinta sobre el mundo una nueva aurora de reverberantes proyecciones porveniristas" (Osorio 1989, 328). Uno de los predicados del componente "porvenirista" del manifiesto "Palabras urgentes" —incluido en *Hora Zero: materiales para una nueva época* (1970)— era el imperativo categórico de la liberación de América Latina. El método para lograr la liberación seguía la lección futurista: "Que se cojan entonces las segadoras, que se limpien los escombros" (Pimentel 1970a, 7). Pero Hora Zero estaba muy lejos de plantear la guerra como la "seule hygiéne du monde", reivindicada por Marinetti. Hora Zero adoptó desde sus comienzos el semblante antibélico compatible con la diferencia de altitud en la colocación de su generación:

> También mayo del 68 y la masacre de Tlatelolco. También el Che y Vietnam. . . la del 70 era otra historia: desaprensiva y orgiástica, al borde de una fractura inminente. Sexo, flores y música, la poesía de los sentidos escribe la saga colectiva de su discrepancia contra la resignación, la opacidad, en una palabra, la in-significancia. . . los más desesperados usan las flores para adornar la boca de sus armas. El resto lo sabemos. El sistema se defiende renovando la guía telefónica del horror que treinta años después —en un juicio que ya es sólo de la memoria— aún delata a sus verdugos. (Mora 2000, 7)

La heroicidad cultural que planteaba Hora Zero tenía que ver con la culpa histórica heredada y asumida merced a la madurez y responsabilidad precoces. Pimentel y Ramírez Ruiz trataron de superar su desesperación mediante una arquitectura abstracta, mediante una proyección estético-política para América Latina, y, por lo tanto, asumieron una conducta sustancialmente constructiva, emanada de la responsabilidad que habían asumido frente a la coyuntura nacional e internacional: "Nuestra sólida respuesta a las omisiones y a la farsa es afirmar que la literatura, en especial la poesía, consolida la posibilidad de comunicación entre los hombres y fundamentalmente en estas épocas su papel más honesto y más responsable es proponer, esclarecer y 'Difundir la fuerza y la alegría' " (Pimentel 1970a, 9). Al confiar en la epicidad del oficio poético, los escritores horazerianos superaban la provocación eutrapélica de Hidalgo, tan cercana al ludismo que practicaba Borges respecto de la historia universal, y tributaria de la supremacía y el racismo de algunos sectores ilustrados de la Argentina (donde residió Hidalgo buena parte de su vida):

> los mexicanos y centro-americanos son intrusos donde están . . . Los Estados Unidos están creciendo, creciendo. Lógicamente tendrán que extenderse sobre México, sobre Guatemala, sobre Nicaragua, sobre... (¿cuántas aún? ¿cómo se llaman las otras republiquetas?). . . Nuestro continente. . . está formado de tal modo que toda una parte debe ser sajona; toda la otra latina. . . no opondré ninguna resistencia a que los yanquis se apoderen de México. (Osorio 1989, 197-198)

La *contradictio in terminis* y la coexistencia de polos ideológico-poéticos incompatibles es uno de los rasgos distintivos de la poesía de Alberto Hidalgo: deseaba que el *Kaiser* de Alemania castigara "las negras desvergüenzas del invertido inglés" y del "archicerdo yanqui, negociante y soez", pero hacía votos por que Estados Unidos sajonizara México y Centroamérica hasta el Canal de Panamá, e idolatraba las figuras paternales de Wilhelm II y Stalin. Hora Zero, como ya he advertido, separaba el grano de la espiga al distinguir el plano literario del plano político: leer la poesía de Pound o Marinetti no implicaba empatía con el fascismo italiano, sino la reivindicación de la estética como un archiparadigma donde las antinomias inter e intrageneracionales se suspenden.

En 1928, el poeta peruano Federico Bolaños publicó, en los números 53 (9 de agosto) y 54 (16 de agosto) de la *Revista Semanal* de Lima una explicación del Vanguardismo bajo el título "Inventario de Vanguardia" (Osorio 1989, 329-335; Videla de Rivero 1994, 205-207). Bolaños consideró fundadores del Vanguardismo, llamándolos "audaces independizadores descubridores", "geniales Colones y Bolívares del verso", a Tristán Tzara, Apollinaire, Max Jacob, Reverdy, Aragón, Sopault, Marinetti, Picabia, Cendrars, Cocteau, etc. (Osorio 1989, 330; Videla de Rivero, 207). Destacó Bolaños el origen francés del Vanguardismo hispanoamericano y lo vinculó con la revolución bolchevique: "mientras. . . la estupenda Rusia de Andreief [sic] y Lenin realizaba su revolución vital y política, Francia acaudillaba la revolución del espíritu por los caminos del arte suscitando en el mundo entero el mago prodigio: el nacimiento de hombres nuevos liberados de la paquidérmica piel del pasado" (Osorio, 330; Videla de Rivero, 207).

El cisma viril entre el pasado y el presente, uno de los tópicos del Vanguardismo, se reprodujo nítidamente en "Palabras urgentes": "Y somos jóvenes, pero tenemos los testículos y la lucidez que no tuvieron los viejos. Tenemos también un poderoso deseo de permanecer libres, con una libertad sin alternativas, que no vacile en ir más allá, para que esto siga siendo lo que es: un solitario y franco proceso de / *ruptura*" (Pimentel 1970a, 10). A diferencia de la rebelión conscientemente efímera de Marinetti, Hora Zero se propuso perdurar y persistir mostrándose consistente con el axioma épico y romántico de la libertad irrenunciable. De allí que la disidencia horazeriana se haya manifestado también con respecto a la "poesía social" y, por tanto, con el realismo socialista: "La poesía mal denominada social practicada hasta la fatiga por una ruma de histéricos insustanciales, perdidos en gritos inconsecuentes, y negada totalmente por sus formas de vida" (Pimentel 1970a, 8).

Observando el fenómeno vanguardista que él mismo protagonizaba, Federico Bolaños, en 1928, distinguía dos instancias:

> una demoledora y otra constructiva. Análisis iconoclasta y creación auroral. Se levanta una redentora guillotina y. . . se decapita el yo estético antiguo y con él la vieja poesía hinchada de retórica y purulenta de esclavitud. . . Se renueva de raíz la dinámica funcional de la inteligencia frente a la creación estética y, simultáneamente, se plantean las nuevas leyes normativas del hecho artístico. (Osorio 1989, 328)

En el manifiesto "Palabras urgentes" de Hora Zero —correspondiente a la etapa de demolición—, se definió a los poetas anteriores como "histéricos insustanciales, perdidos en gritos inconsecuentes". La eutrapelia (donaire o jocosidad urbana e inofensiva) que reclamaba para sí Alberto Hidalgo, la ironía y el insulto mondo y lirondo que pululan en los manifiestos y proclamas y polémicas del Vanguardismo, y que no están ausentes de los documentos programáticos de Hora Zero, remiten a la violenta dinámica del parricidio y parrifagia originales. Ambos fenómenos, según la hipótesis de Sigmund Freud, se remontan al tránsito de la horda patriarcal, en la cual imperaba "un padre violento y celoso, que se reserva para sí todas las hembras y expulsa a sus hijos conforme van creciendo", a *"las asociaciones de hombres*, que gozan de iguales derechos y se hallan sometidos a las limitaciones del sistema totémico, ajustándose a la herencia por línea materna" (Freud 1975, 185):

> Los hermanos expulsados [de la horda patriarcal] se reunieron un día, mataron al padre y devoraron su cadáver, poniendo así un fin a la existencia de la horda paterna. Unidos, emprendieron y llevaron a cabo lo que individualmente les hubiera sido imposible... Tratándose de salvajes caníbales, era natural que devorasen el cadáver. Además, el violento y tiránico padre constituía seguramente el modelo envidiado y temido de cada uno de los miembros de la asociación fraternal, y al devorarlo, se identificaban con él y se apropiaban de una parte de su fuerza. La comida totémica, quizá la primera fiesta de la humanidad, sería la reproducción conmemorativa de este acto criminal y memorable, que constituyó el punto de partida de las organizaciones sociales, de las restricciones morales y de la religión. (Freud 1975, 185-186)

No obstante el riesgo que implica la extrapolación, conviene señalar que en el manifiesto "Palabras urgentes" (1970) todos los poetas simbólicamente matados y devorados eran varones. Asimismo eran todos varones los poetas consignados en la antología que sigue al manifiesto —estando éste y la antología incluidos en el título *Hora Zero: materiales para una nueva época*. El parricidio y la parrifagia auguraban la apertura de Hora Zero a la voz femenina plenamente sexuada. El asesinato y la deglución simbólicos de todos los poetas peruanos posteriores a Vallejo no era sino la incorporación del espíritu de sus textos al sistema simbólico del movimiento.

Segunda fase de Hora Zero: segunda fase del gobierno militar

En 1977, el segundo manifiesto del movimiento, *Hora Zero: nuevas respuestas*, incluía las firmas de dos mujeres entre las de escritores de Chile, Perú y México: la mexicana Mara Larrosa y la peruana Carmen Ollé. Luego del parricidio y parrifagia rituales de 1970, el movimiento Hora Zero vindicaba el feminismo: "la mujer está tristemente marginada. . . sus producciones son recibidas con silencio, indiferencia, burla y hasta desprecio como consecuencia del machismo que los críticos literarios. . . ejercen implacablemente" (Pimentel 1977, 8). Hora Zero vindicaba la homosexualidad al afirmar que "la realización sexual" se da "a través de la identificación de la pareja (bajo sus dos formas: heterosexual y homosexual)" (8). El "derrotar la Lujuria" concibiendo a la mujer no como "Carne sino Templo de Vida" de Alberto Hidalgo (Osorio, 48), la misoginia de Marinetti, la virilidad y la timidez con que lo erótico aparecía en la textualidad de un sector del Vanguardismo de la década de 1920, fueron superados por la razón histórica de Hora Zero:

> la burguesía peruana, como producto de su dependencia y formación dentro de la religión católica burguesa, reprime constantemente el aspecto sexual de la poesía y en todo el arte en general. . . la sexualidad asumida en toda su magnitud. . . está inscrita en todos los campos de la práctica social. . . la sexualidad no tiene por qué marginarse de la literatura o ser calificada de obscena, pornográfica, grosera, aberrante. . . (Pimentel 1977, 8-9)

En el plano religioso, el segundo manifiesto (1977) del movimiento Hora Zero exhibía una radicalización que reflejaba la situación de los sectores medios y obreros de la sociedad peruana:

> la religión católica se manifiesta en dos niveles diferenciados dentro de la lucha de clases: 1) religión católica burguesa; 2) religión católica revolucionaria. Dentro de esta dicotomía HZ reclama para esta última su adscripción plena a los movimientos revolucionarios del proletariado, e invita a todos los jóvenes católicos a nuclearse en torno a nuestro Movimiento escribiendo revolucionariamente y según sus creencias para la consecución del socialismo que todos anhelamos y que está cerca de nuestra patria latinoamericana. (Pimentel 1977, 9)

En el año crucial de 1977, los poetas de Hora Zero habían iniciado ya su proceso de individuación. Jorge Pimentel había publicado *Kenacort* (1970) en el Perú y *Ave soul* en España (1973); Juan Ramírez Ruiz había publicado *Un par de vueltas por la realidad* (1971) y *Vida perpetua* (1977); Tulio Mora, *Mitología* (1977); Enrique Verástegui, *En los extramuros del mundo* (1971).

José Miguel Oviedo había consignado, en *Estos 13* (1972), como muestra de la nueva sensibilidad, poemas de los siguientes miembros de Hora Zero:

Manuel Morales, Feliciano Mejía, Jorge Nájar, Juan Ramírez Ruiz, Tulio Mora y Enrique Verástegui. Por su parte, Wolfang Luchting incluyó, en su libro *Escritores peruanos que dicen que piensan* (1977) —coincidiendo con el año de la publicación del segundo manifiesto del movimiento, *Hora Zero: nuevas respuestas*— entrevistas con Jorge Pimentel, Juan Ramírez Ruiz y Enrique Verástegui. En el libro de Luchting, estos tres escritores de Hora Zero alternaban, siete años después de irrumpir a fuerza de soflamas y voluntarismo en la literatura peruana, con epónimos, entre otros, de la talla de Luis Alberto Sánchez, Julio Ramón Ribeyro, Alonso Alegría, Alfredo Bryce Echenique y César Calvo. Los horazeristas, pues, habían empezado a instalarse en los lugares que no se les habían ofrecido vacíos sino que ellos mismos habían inventado.

Comparado con el primer manifiesto del movimiento —*Hora Zero: materiales para una nueva época* (1970)—, el segundo manifiesto —*Hora Zero: nuevas respuestas* (1977)— mostraba la internacionalización del movimiento con la inclusión de escritores y escritoras de México y Chile, y con la fundación de Hora Zero Internacional, alentada en París por Enrique Verástegui y José Carlos Rodríguez; no incluía una antología ligada al *corpus* del manifiesto —como fue el caso en 1970—; y evidenciaba una radicalización poético-política en consonancia con la coyuntura nacional.

El general Juan Velasco Alvarado, luego de la crisis económica de 1974, y de la movilización del ejército hacia la frontera sur con la intención de invadir Chile —a la sazón gobernado por el general Augusto Pinochet—, había sido depuesto en 1975 por el general Francisco Morales Bermúdez. Siendo este último presidente de la república, a principios de 1977, el gobierno militar "publica el texto del proyecto de plan de gobierno 'Túpac Amaru', que planteaba "Formular una nueva Constitución del Estado que contemple. . . la institucionalización de las reformas estructurales" [llevadas a cabo durante el mandato de su predecesor]. . . 'Convocar a elecciones generales y elecciones municipales' " (Tuesta Soldevilla 1979, 1). Aunque la intención aparente del gobierno de Morales Bermúdez era la de garantizar la irreversibilidad de las reformas de Velasco, la realidad de la crisis económica, las presiones internacionales e internas determinaron la elaboración de un cronograma de retorno a la democracia, que se inició con la instalación de la Asamblea Constituyente, en 1978, bajo la presidencia de Víctor Raúl Haya de la Torre, y que se materializó con la celebración de elecciones generales en 1980, dando fin a doce años de gobierno militar e inicio a una larga marcha de contrarreformas.

Éstas serían profundizadas durante el gobierno dictatorial del ingeniero Alberto Fujimori (1990-2000), que instauró en el Perú el modelo económico neoliberal.

Considerando que en su manifiesto de 1970 Hora Zero había compartido postulados del marxismo-leninismo, celebrado la revolución cubana, y se había mostrado atento "a lo que se está haciendo en el país" (Pimentel 1970a, 7), el año de 1977 resultó crucial para el movimiento. Desde 1975 —año en que asumió la presidencia el general Morales Bermúdez—, "los trabajadores estaban sufriendo la reducción del salario real" y "una represión muy fuerte", cuyos aspectos más saltantes fueron "varios meses de toque de queda y alrededor de un año de estado de emergencia" (Tuesta Soldevilla, 1979, 2). Se había iniciado una época de "ajuste fiscal, con el consiguiente alto costo social", instrumentado a través de la "pavorosa devaluación de la década que siguió al gobierno militar" (Pease 1995, 261).

Los sectores organizados del pueblo peruano iniciaron medidas de lucha para contrarrestar la reducción drástica de sus niveles de vida. Los integrantes de Hora Zero eran testigos de la reversión de todas las reformas realizadas y de las expectativas de bienestar sembradas por el gobierno de Velasco. De allí el claro sentido político-organizativo de *Hora Zero: nuevas respuestas*, el segundo manifiesto del movimiento, que se publicó en el año crucial de 1977. A la radicalización en el tema religioso y de género, correspondió un llamamiento a las escritoras y a los escritores católicos progresistas a nuclearse en torno al movimiento como si se tratara de un partido político, de un proyecto nacional y continental. Esta actitud se cristalizó poéticamente un año más tarde con la publicación de *Hora Zero FOCEP* —Frente Obrero Campesino Estudiantil y Popular, que hasta el día de hoy preside el legendario Genaro Ledesma Izquieta.

La ligazón de Hora Zero con el FOCEP, sin embargo, no se dio mediante una proclama sustancialmente política —como lo fue *Hora Zero: nuevas respuestas* (1977)— sino a través de una antología de poemas de Tulio Mora, Mario Luna, Enrique Verástegui, Eloy Jáuregui, Ricardo Paredes, Feliciano Mejía y Jorge Pimentel. Los poemas, bajo el título *Hora Zero FOCEP*, hacían directa alusión a las jornadas huelguísticas y a la represión de 1977. La escena trágica de aquel año desafiaba la propuesta hecha siete años antes en el manifiesto "Palabras urgentes", contenido en *Hora Zero: materiales para una nueva época*: "Todo lo que late y se agita tiene derecho al rastro" (Pimentel 1970a, 9).

El 7 de junio de 1977, el gobierno del general Morales Bermúdez "aplicó una serie de medidas económicas... Se reducía el Presupuesto de la República, se incrementaba el precio de la gasolina en 45%, los pasajes y el kerosene en porcentajes parecidos, trayendo como consecuencia una tremenda alza de los artículos de primera necesidad, de manera especial los alimentos" (Tuesta Soldevilla 1979, 2). En el Perú, un ajuste de semejante severidad implicaba el deterioro inmediato de la expectativa de vida.

El movimiento sindical realizó dos paros nacionales (19 de julio y 20 de setiembre de 1977) intentando contrarrestar las medidas económicas, y el gobierno respondió con una fuerte represión y con el "despido de 5,000 trabajadores, muchos de ellos dirigentes sindicales" (Tuesta Soldevilla, 5). Los poemas consignados en *Hora Zero FOCEP*, que se publicó en 1978, acusaban, desde diversos puntos de vista, el impacto del aciago período. En el poema titulado "Escrito en el Río Napo", datado en mayo de 1978 en la "C. [Comunidad] Quechua de San Juan de Miraflores", Tulio Mora, con el germen del estilo que luego articularía *Cementerio general*, relataba desde lejos la trágica situación de la capital del Perú:

> Y esto es aún el Perú, aunque
> nadie mencione a los muertos en Lima
> (¿Estudiantes? ¿Obreros?)
> Lima arde como un leño mojado
> mientras escribo al pie de dos velas
> en la escuela de una Comunidad Nativa
> cuyo nombre es también Miraflores
> pero distinta de la cueva de los burgueses
> que los huelguistas intentaron saquear hace días
> (según comentario de Radio Cauca en Colombia)
> ....
> Otra vez más toque de queda, deportación, muertos.
> Hablo de esto con los quechuas y el profesor
> pero ellos sólo quieren saber de precios.
> La lluvia ahora se mete en mi propio texto
> impidiéndome continuar.
> Pensando en Lima y en lo ocurrido
> ....
> yo grabo los nombres de los que han muerto (Mora 1978)

En su "Poema para mis 30 años", Mario Luna —el poeta que en 1970 había inaugurado textualmente la existencia del colectivo Hora Zero— acusaba precozmente el peso de la edad y de la época: "A los 30 años llevo un hueco en la pisada /... / Entiendo esta agonía /... / Y qué hacer para tener la correa en el ojal planificado / pese al estómago y a las obligaciones que tenemos en la cintura? / La vida no está al alcance de nuestras manos ni de nuestros bolsillos" (Mora 1978).

Enrique Verástegui publicó su "Comentario de Vitarte", en referencia a un distrito de Lima que desde fines del siglo XIX albergaba al proletariado textil y sus organizaciones sindicales. Verástegui identificó y refundió temporalmente las jornadas contra el ajuste fiscal del gobierno del general Morales Bermúdez en 1977 con las luchas por la jornada laboral de ocho horas, por el abaratamiento de las subsistencias y contra la reducción de los jornales y el pago en bonos, que se había desarrollado en la zona industrial de Vitarte y Callao (Lima) durante el segundo gobierno de José Pardo Barreda entre 1915 y 1919 (Pease 1995, 160; Portocarrero 1987): "Hay más impuestos, todo cuesta más. / El hombre que trabaja ya no puede ni hablar. / Los dirigentes ruedan en la cárcel, / extrañados del país sin documentos, reprimidos. / La policía viola domicilios, cartas, / intercepta teléfonos, dispara y quema libros" (Mora 1978).

Ricardo Paredes, en "Poema", tocó también el tema del proletariado textil aludiendo al infortunio individual: "El hecho es que el / obrero textil / cinco hijos / un año de cárcel / sindicalista /... / sin más que decir se despide / con L.E. Part. de Nac. 28 años / con antecedentes / con exper. de 8 años en / mantención de máquinas / con mucha hambre, despedido y etc" (Mora 1978). Feliciano Mejía, en "Para matar han venido", reflexionó sobre el encuentro entre la fuerzas represivas y los huelguistas:

¿Qué sentirán cuando saben
que sus disparos destrozan
un vientre que respiraba
como respiran sus hijos?
Fiera huye la tanqueta
por las calles de los gritos, mientras
piedras inocentes corren por detrás
pero pocas las alcanzan.
Y jamás le llegarán, al General que los manda,
los lamentos desgarrados
de los ataúdes negros.
El General ya no escucha
....
porque habla en otra lengua

> en la Embajada estirada
> donde flamean
> las barras y las estrellas
> de los Estados Unidos
> donde fabrican las armas. (Mora 1978)

Con la antología *Hora Zero FOCEP*, publicada en 1978, el movimiento Hora Zero intentaba ser consecuente con la autocrítica y con la radicalización que se había planteado en su segundo manifiesto. En *Hora Zero: nuevas respuestas* (1977) se reafirmaba la liquidación simbólica de la poesía posterior a César Vallejo, colocando una sentencia del autor de *Trilce* como epígrafe, aunque sin indicar la fuente: "La poesía peruana hasta 20 o 30 años después de mi muerte será una mala poesía". Y, en seguida, se sentenciaba: "a siete años de su aparición, la poesía peruana sigue tan caduca y reaccionaria como cuando HZ insurgió contra ella" (Pimentel 1977, 1). Un examen sumario de la calidad de la poesía peruana escrita entre 1970 y 1977 basta para refutar esta afirmación. Hora Zero no acertó respecto a la calidad de lo que se escribía en aquellos años sino respecto a los asuntos que abordaban y podían abordar los poetas. La crisis que se había desatado en el Perú, según el colectivo, no podía quedar fuera de la textualidad. En el caso específico de Pimentel, su obra es en gran medida el reflejo de la agudización de la distopía que implicó el cambio de paradigma económico.

Con la segunda fase del gobierno militar (1975-1980) —en el contexto de la crisis de la deuda en América Latina (Keylor 2003, 273-274; Thorp 1998, 201-239)—, se inició en el ámbito peruano el largo camino de la reversión de las reformas del gobierno de Juan Velasco (1968-1975). En el plano mundial, había comenzado el cambio del paradigma: el reemplazo del modelo postulado por el economista inglés John Maynard Keynes por el modelo monetarista promovido por Milton Friedman y la Escuela de Chicago (Thorp 1998, 202). El manifiesto *Hora zero: nuevas respuestas* de 1977 y la antología *Hora Zero FOCEP* de 1978 dieron de lleno en la crisis de la diferencia de altitud en la colocación de un conglomerado transgeneracional y transnacional que veía negadas las expectativas que había venido cifrando en una transformación universal desde la revolución bolchevique de 1917. Luego de su salir en 1970 —custodiados por Abeona— de la sociedad oligárquica peruana, los horazeristas, entre 1977 y 1978, intuyeron la violencia de la década venidera. Ésta coincidiría con el desenlace de la Guerra fría, y con el entrar y la supervivencia del movimiento Hora Zero —custodiado por Adeona—en el panorama del hegemonismo neoliberal:

> La contrarrevolución y todas esas carnicerías querrán vernos desaparecer pero estamos aquí, ubicándonos con nuestros actos en un franco proceso de ruptura. Y NO ES LA MUERTE LO QUE PREGONAMOS SINO LA VIGENCIA DE LA VIDA, permitiéndole la conciencia y la creación revolucionaria a seres atemorizados y desprevenidos para cambiar todo un comportamiento institucionalizado frente al arte y frente a la realidad puntual y lacerante. (Pimentel 1977, 10)

La desesperanza había reemplazado a la esperanza en la revolución. Hacia fines de los años setenta se habían consolidado las dictaduras en Chile, Argentina y Uruguay. En el Perú, el gobierno de Morales Bermúdez anunciaba el fin del intento reformista de su predecesor. El crecimiento económico basado en el endeudamiento había hecho crisis. Con el objeto de cumplir con el pago de la deuda externa, los países latinoamericanos tuvieron que adoptar una variedad de políticas duramente ortodoxas que tendían a disminuir las importaciones mediante la reducción de la demanda, es decir, mediante la recesión. Esto trajo como resultado costos sociales extremos de corto y largo plazo (Thorp 1998, 218). En América Latina, durante la década de 1980 —que marcó la maduración de los escritores de Hora Zero—, la pobreza creció "with the proportion of households below the poverty line increasing from 35 percent in 1980 to 41 percent in 1990 for the region as a whole" (Thorp, 221). A principios de esa década, más del sesenta por ciento de la deuda externa mundial se concentraba en América Latina, y los bancos estadounidenses eran acreedores de casi el cuarenta por ciento del total de la deuda externa latinoamericana. Ésta, que en 1970 era de $ 2.3 billones, en 1980 alcanzó los $ 229 billones. Los bancos estadounidenses y europeos habían prestado a los países de América Latina una inmensa masa de "petrodólares" que los países exportadores de petróleo habían depositado en ellos a partir de la escalada de precios del oro negro en 1973 (Keylor 2003, 273). La variable *costo social*, que en términos humanos se traduce como muerte, sufrimiento, hambre, miseria y violencia, inauguraba la década en que Hora Zero debía florecer.

En estas circunstancias, Pimentel publicó "Tromba de agosto" en *Hora Zero FOCEP* (1978). Dicho texto es un ejemplo de esas raras ocasiones en que un breve poema, inspirado en una experiencia íntima, representa el estado psíquico de una vasta franja social. El poema en cuestión dio título al libro

Tromba de agosto, que Pimentel publicaría en 1992 con prólogo de Pablo Guevara. El extracto que cito a continuación copia la versión de 1992:
>No sé adónde voy, no sé qué hago aquí.
>Alzo la vista y siempre el mismo personaje
>pidiendo, suplicando de rodillas, de codos,
>..
>córtenle el agua, córtenle la luz.
>Jódanlo sin matarlo, sin cansarlo, cánsenlo.
>Reviéntenlo sin reventarlo, sin ahogarlo ahóguenlo
>Que sufra sin matarlo, sin destruirlo destrúyanlo.
>(Pimentel 1992, 147-148)

A la desesperanza formulada en "Tromba de agosto" sucedieron la desorientación y la desesperación: nueva y trágica diferencia de altitud en la colocación. En la década de 1980, las consecuencias de las guerras civiles en Nicaragua, El Salvador, Guatemala, el conflicto interno en el Perú, y las invasiones de Panamá y Grenada por parte de Estados Unidos, sellaron militar y políticamente el destino adverso para el campo socialista latinoamericano. En 1977, Hora Zero evidenció el temor inspirado por el cambio de paradigma, que tendría alcance global:

>el actual gobierno dictatorial de Morales Bermúdez surge como una tendencia aún más antinacional, antisocialista y, por consiguiente, más servil al imperialismo yanqui, con la intención de frenar las reformas introducidas durante el velasquismo... este gobierno, en los dos últimos años ha reprimido, encarcelado y destituido de sus puestos de trabajo a cientos de representantes de las organizaciones populares, instituyendo un régimen de terror (toque de queda) que difícilmente olvidaremos. HZ manifiesta también que frente a esta coyuntura política que la dictadura ofrece al país (Constituyente, Elecciones) [asamblea constituyente, elecciones generales] suscribirá lo que la mayoría del Proletariado decida, pero sin olvidar que aceptar las reglas de juego de la burguesía puede llevar a las organizaciones populares al trágico y todavía cercano ejemplo de Chile; pues HZ entiende que toda Revolución Socialista es producto de la lucha armada y de la independencia del Proletariado en sus decisiones de clase (Pimentel 1977, 3)

Los poetas horazerianos, que en 1970 habían ocupado la cúspide de su generación augurando un futuro socialista ineluctable, se percataron, siete años después, de que el campo socialista estaba a punto de derrumbarse en el plano local e internacional. *Hora zero: nuevas respuestas* (1977), *Hora Zero FOCEP* (1978) y *Antología terrestre* (1981) testimoniaron, a partir de la especificidad vital, el reordenamiento económico e ideológico mundial y el comienzo de la maduración individual de los miembros del movimiento en circunstancias adversas respecto a la razón histórica en que habían confiado desde 1970.

Los miembros de Hora Zero debían renunciar, por la fuerza de los hechos, a la consecución de la utopía, y debían emprender la tarea de sobrevivir en un entorno social que, desde su punto de vista, perpetuaría, bajo el manto ideológico de la globalización o macdonaldización de la economía mundial (Boron 1999), la distopía que poéticamente habían revelado y contra la cual insurgieron. En la autocrítica contenida en *Hora Zero: nuevas respuestas*, los firmantes reconocieron que habían "aceptado, involuntariamente, el apoyo de la cultura burguesa, su elogio y halago, actitudes típicas de la burguesía para anular, castrar y silenciar a los intelectuales y artistas revolucionarios" (Pimentel 1977, 1). Los escritores de Hora Zero reconocieron que la cultura oficial les había dado un lugar antológico en su seno. Los miembros del movimiento identificaron un problema concreto, el de la distancia entre el lenguaje poético y la realidad, se sintieron auténticamente angustiados por él, y obedecieron, en el anticlímax de un período de crisis histórica, a la "necesidad substancial de entregarse verdaderamente a la obra. . . a algo trascendente", sin excluir "la humilde obra de sostener con la de uno la vida de una familia" (Ortega 1982, 58). Sobre Hora Zero pendía el *dictum*, aplicable a toda vanguardia, que había emitido Amado Nervo respecto al Futurismo de Marinetti:

> Y es que a mí, viejo lobo, no me asustan los canibalismos adolescentes. Todo eso acaba en los sillones de las academias, en las plataformas de las cátedras, en las sillas giratorias de la oficinas y en las ilustraciones burguesas a tanto la línea...
> Los verdaderos revolucionarios. . . son silenciosos, sonrientes, apacibles en apariencia, amigos discretos de la acción y enemigos resueltos de la logomaquia...
> Estos niños que desprecian a la mujer desde su futurismo ingenuo, probablemente tienen novia o amante... que los domina por completo.

Estos incendiarios, ácratas y otras yerbas, no sabrán de fijo fabricarse otros explosivos que los *bombos*. (Osorio 1989, 13)

Los problemas de una vanguardia en la década de 1970 no eran muy distintos de los de una vanguardia en 1909 —año en que Amado Nervo reaccionó contra el Futurismo. La virulencia de las pasiones artísticas, atizada por el desafío horazeriano, podía sepultar el proyecto que los miembros del movimiento se habían propuesto sacar adelante contra viento y marea. La historia estaba aún por hacerse. Los poetas de Hora Zero se hallaban ante el dilema de que su discurso no significara sino una logomaquia incendiaria más, o de que a la autenticidad del problema que habían descubierto, y que los angustiaba legítimamente, correspondiera una solución auténtica que sólo podía darse mediante la construcción del texto poético, lejos del calor gregario de la primera juventud.

Desesperación, extremismo, *metanoeite*

Refiriéndose a la historia del cristianismo en 1933, José Ortega y Gasset definió la desesperación como "una forma de vida" (1982, 139). Al afirmar que entendía la "retirada del hombre a un rincón del mundo" como "un símbolo exacto de la desesperación en su primera etapa" (140), el filósofo madrileño advertía: "no he dicho antes ni digo ahora que nuestra época sea de constitutiva desesperación. He dicho que es de desorientación —nada más. . . Mas en cuanto desorientado y aún no reorientado, [el hombre] está desesperado", (141) aunque no sustancial y constitutivamente. Según Ortega, "el verdaderamente desesperado. . . ve que el carácter de la negatividad se extiende a todo el ámbito de la vida, de suerte que, en rigor, no hay dentro de ésta un solo punto donde el hombre pueda hacerse firme" (140). La total desesperación "pertenece a una clase que llamaremos 'situaciones extremas' " (141). La causa de la desesperación es "la *crisis de cultura*. . . producida por la misma abundancia" (143) de posibilidades, de opciones, de conocimiento acumulado y de peligros, y el modo de resolverla es la simplificación.

Para Hora Zero la simplificación se dio a través de la asunción del código dicotómico del campo socialista, patente como un sello en sus manifiestos y antologías, y la expresión de su situación extrema se dio mediante el texto poético. Ante la complicación negativa de la existencia, en vez de "soñar con la vida de antes, la arcaica, la inicial o primitiva" (Ortega 1982, 143), los horazerianos se refugiaron en el impulso hacia delante, en la utopía marxista. La reacción de Hora Zero ante la sociedad distópica se ajustaba a lo que

Ortega llamó "reacción contra", soliviantada por bajas pasiones: "Diógenes el cínico, antes de entrar en la elegante mansión de Aristipo, su compañero de escuela bajo Sócrates, se ensucia los pies de barro concienzudamente para patear luego los tapices de Aristipo. Aquí no se trata de sustituir la complicación del tapiz por la sencillez del barro, sino de destruir el tapiz por odio a él" (144). El ingreso de Hora Zero a la residencia de la poesía peruana tuvo elementos de la intención de Diógenes en casa de Aristipo. Tal como afirma Ortega, al negar todo lo demás, al "impulso de integración que es la cultura sucede un impulso de exclusión" (145). Como colectivo, Hora Zero era disidente dentro del ámbito socialista y dentro del ámbito burgués, pues en ambos casos había pateado y embarrado los tapices. Por lo tanto, siguiendo la secuencia que propone Ortega, la desesperación se había convertido en el extremismo evidente en *Hora Zero: materiales para una nueva época* (1970) y en *Hora Zero: nuevas respuestas* (1977). La beligerancia política de los manifiestos —o expresiones superficiales de la diferencia de altitud en la colocación— contradecía la derrota individual y colectiva expresada en los poemas efectivamente publicados, cuyo contenido no cumplía con el imperativo vitalista de propalar "la fuerza y la alegría" (Pimentel 1970a, 9) correspondiente a la fundación del movimiento.

En términos orteguianos, el extremismo panfletario de Hora Zero se explicaría por el "intento de vivir sólo de un extremo del área vital", por el hecho de que se "afirma frenéticamente un rincón y se niega el resto" (Ortega 1982, 145). El rincón afirmado era la justicia social: "He aquí que algunos hombres desesperados resuelven que no hay más cuestión que esa [la justicia social], que esa es la decisiva, la más importante, la sola cosa necesaria, lo único que debe ocuparnos y que todo lo demás tiene que supeditarse, amoldarse a ella y si no se amolda y supedita tiene que ser negado" (Ortega 1982, 145-146). El pronunciamiento político-literario horazeriano de 1977, visto a la luz de Ortega, satisfacía la necesidad de simplificar las cosas y aferrarse a una dicotomía indiscutible para aliviar la desilusión que produjo en sus integrantes el fracaso del proyecto gregario, después de las huelgas y la represión de aquel año. Pero el diseño abstracto que los escritores de Hora Zero habían proyectado sobre el futuro se convirtió en pretérito, y como sustancia poetizable sólo les quedó la catástrofe que habían presagiado en 1970.

La poesía de los horazeristas, tal como se manifestó en Hora Zero FOCEP (1978), iba por la senda del sufrimiento individual. No existía en ella la fe en "la Sociedad Revolucionaria que habrá en el Perú dentro de algunos años" (Pimentel 1977, 3). Se producía una tensión dialéctica entre el deseo de consecución de la utopía y la realidad cotidiana, cada vez más distópica; entre el complicado procedimiento estético que los escritores debían seguir para poetizar un período aciago y el programa político máximo que habían compartido. El superestrato utópico de los manifiestos de Hora Zero alentaba la poetización de la distopía, y, al ser negado por el desarrollo de lo real, producía un conflicto vitalmente desgarrador:

> El hombre, pues, que se retrae a esa sola cuestión [la justicia social] la exagera, exacerba y exaspera. . . la reduce a un extremo, se instala en él y hace extremismo. . . No estamos obligados a creerle aunque nos jure y perjure que es sincero ni aunque se deje matar por ello. El hombre se deja matar muchas veces por sostener su propia ficción. El hombre tiene una capacidad de histrionismo que llega al heroísmo. . . Las épocas de desesperación abren. . . un amplio margen a todas las íntimas ficciones y al gran histrionismo histórico. Como los demás hombres han perdido también la confianza en su cultura y todo entusiasmo hacia ella, están como en el aire y son incapaces de oponerse al que afirme algo, al que se hace firme en algo —de verdad o de boquilla. De aquí que sean épocas en que basta con dar un grito, por arbitrario que sea su contenido, para que todo el mundo se entregue. Son épocas de *chantage* histórico. . . Cuanto más absurdo y más extremo sea el extremismo, más probabilidades tiene de imponerse pasajeramente. (Ortega 1982, 146-147)

En 1981, Hora Zero cumplía once años de existencia. En su historia no habían faltado el histrionismo, el *chantage* histórico, el grito ni la ficción pura, similares a los de los *ismos* de la Vanguardia hispanoamericana del primer tercio del siglo XX. Aludiendo al extremismo, Ortega dudaba: "¿Qué son estos hombres? ¿Embaucadores y taimados o sabios auténticos y héroes?" (1982, 149). Me atrevo a responder que, como colectivo, Hora Zero era todo lo anterior, pero con la salvedad de que los predicados de Ortega sobre el carácter contradictorio de las rebeliones son tan amplios que se aplican fácilmente a la condición humana. Además, Ortega no tuvo en cuenta el hecho de que en formaciones sociales donde la pobreza extrema, consuetudinaria, es un golpe cotidiano contra la razón, la sensibilidad y la belleza, el extremismo simbólico se convierte en su referente estético, y el extremismo conductual —que incluye muchas variantes de violencia, psicopatología y corrupción— en un modo práctico de supervivencia.

La duración, autenticidad y vigencia de Hora Zero y la calidad poética de sus integrantes ya no estaban en duda. El movimiento, a pesar de sus inconsistencias, ocupaba un lugar en la historia de la literatura y de la política. Al colaborar con el Frente Obrero Campesino Estudiantil y Popular (FOCEP) en una época de represión (1977-1979), sus integrantes habían demostrado que asumían seriamente el riesgo de los compromisos literarios y políticos. La exacerbación del tema de la justicia social ocurría principalmente en los panfletos, manifiestos y pronunciamientos de Hora Zero, vale decir, en su superestructura propagandística. En los textos poéticos, por el contrario, el sistema de consignas se atenuaba en favor de la expresión connotativa de la intimidad de un *ego scriptoris* colocado naturalmente en su circunstancia social, puesto que el ejercicio de *poiesis* se había dado sobre la base del reconocimiento de su extracción social y del conflicto que ésta implicaba. Al vindicar la poesía como un instrumento narrativo con campos semánticos subyacentes, con huellas propias del palimpsesto y conflictivamente independiente de los polos hegemónicos de poder, los escritores de Hora Zero ingresaron en la literatura como relatores y protagonistas de la Historia. La exacerbación del tópico de la justicia social, patente en los panfletos del movimiento, empataba con la auténtica angustia individual de los textos literarios, donde el sufrimiento no aparecía superpuesto sino auténticamente emergido de circunstancias específicas.

En 1978, el gobierno militar del general Morales Bermúdez convocó a elecciones para la Asamblea Constituyente, y las izquierdas obtuvieron en ella una importante representación. En las elecciones generales de 1980, Fernando Belaúnde Terry —depuesto por el golpe del general Velasco Alvarado en 1968— resultó elegido presidente de la república por segunda vez (1980-1985). Coincidiendo con las elecciones generales de 1980, el Partido Comunista del Perú-Sendero Luminoso (PCP-SL) desató el conflicto armado que costaría al país casi 70,000 vidas, la mayor "cuota de sangre" de su historia republicana. Por su lado, el campo socialista había alcanzado una importancia sin antecedentes en la historia nacional: "Una década después de su aparición electoral, las izquierdas —representadas como un bloque desde 1980 por Izquierda Unida [IU]— constituyen la segunda fuerza política del país, y las encuestas de opinión hechas en 1988 la señalan como probable ganadora de las elecciones generales de 1990" (Pásara 1989, 9). En el "Comunicado del movimiento de Hora Zero" (20 de junio de 1981), publicado sin firmas en *El Diario* —periódico ligado a Izquierda Unida (IU)—, se reafirmaba el compromiso:

> Hora Zero ha trascendido los niveles domésticos y generacionales para integrarse en un movimiento de lucha y de activismo ideológico... Sí, creemos ser los poetas de la revolución socialista de este país, como lo fueron los futuristas en Rusia, Maiakovsky el primero de todos; como Martí en Cuba, Mao en China, nuestro tío Ho en Vietnam, Melo en Angola y Cardenal en Nicaragua. Como Vallejo en el Perú. Esto es lo que nos aleja de los burgueses y sus poetas de renombre: Octavio Paz (quien ya saltó del equilibrio diletante a las piscinas pecuniarias de la derecha), Jorge Luis Borges (sempiterno defensor de las dictaduras), Nicanor Parra (quien tomó el té con Mrs. Nixon a la hora de los sufrimientos de Vietnam) o Enrique Lihn (de dudoso comportamiento a la caída del gobierno de la Unidad Popular en Chile), a quienes no queremos encontrarlos ni en el aserrín de las cantinas. ("Comunicado del movimiento Hora Zero", 1981)

El histrionismo y el *chantage* históricos se ejemplifican aquí por el hecho singular de que fue el poeta chileno Enrique Lihn uno de los jurados que en 1988 otorgaron a Tulio Mora —miembro epónimo de Hora Zero— el primer premio del concurso latinoamericano de poesía organizado por el Consejo de Integración Cultural Latinoamericano. Tulio Mora y Hora Zero no se encontraron con Enrique Lihn en el aserrín de las cantinas sino en el círculo oficial de un certamen literario cuyo premio era pecuniario.

Ortega había interpretado agudamente los vuelcos conductuales: "La historia de todo extremismo es de una monotonía verdaderamente triste: consiste en tener que ir pactando con todo lo que había pretendido eliminar" (Ortega, 1982, 152). Y César Vallejo, en 1927, había advertido: "Cualquier versificador, como Maiakovsky, puede defender en buenos versos futuristas la excelencia de la fauna soviética del mar; pero solamente un Dostoyevsky puede, sin encasillar el espíritu humano en ningún credo político concreto, y, en consecuencia, ya anquilosado, suscitar grandes y cósmicas urgencias de justicia humana" (Vallejo 1987, 120). La conducta de los poetas de Hora Zero, que iba a contracorriente de sus certezas ideológicas y de sus acciones políticas, obedecía más bien a la máxima de Vallejo: "El artista debe, antes que gritar en las calles o hacerse encarcelar, crear, dentro de un heroísmo tácito y silencioso, los profundos y grandes acueductos políticos de la humanidad, que sólo con los siglos se hacen visibles y fructifican" (1987, 121).

La dureza de los juicios de Ortega sobre los extremismos obedecía al periodo histórico que le tocó vivir. El filósofo madrileño experimentaba en carne propia los extremismos de la Segunda República Española —que desembocaría en la dictadura de Franco— y el ascenso del fascismo en Alemania. De un lado la justicia social, que había llevado a la dictadura de Stalin en la Unión Soviética, y de otro la raza, que llevaría a la dictadura de Hitler en Alemania. Ortega advertía en la doceava lección de aquel curso: "Sé, y vosotros lo sabréis dentro de no muchos años, que todos los movimientos característicos de este momento son históricamente falsos y van a un terrible fracaso" (1982, 152). Pero los demoledores juicios de Ortega sobre la desesperación y el extremismo no se pueden aplicar mecánicamente al movimiento Hora Zero ni a sus poetas. La extrapolación de ciertas observaciones de Ortega sólo puede tener validez si se llega a comprender las diferencias específicas de Hora Zero respecto al extremismo de las crisis que Ortega sometió al examen filosófico e histórico, y teniendo muy en cuenta la opinión de Wilhelm Reich: "to paint everything in black and white colors is inadmissible. . . Mental attitudes and political parties cannot mechanically be equated" (Reich 1970, 268).

En 1981, en medio de la precaria situación económica del Perú, y en buena medida gracias a ella, la Izquierda Unida se perfilaba como una fuerza política que podía acceder al poder por la vía electoral. Hora Zero intentaba colocarse a la vanguardia literaria del conglomerado de izquierdas, y reproducía en su seno la complejidad de éste: "En Hora Zero hay maoístas, trotskistas, cristianos marxistas, marxistas independientes. Gracias a este respeto, las intolerancias hegemonistas no han mellado nuestra existencia de once años" ("Comunicado del movimiento Hora Zero", 1981). Esta diversidad reivindicada por el propio movimiento confirma que la vigencia de Hora Zero se debía a la arquitectura de un archiparadigma estético que suspende, en su abstracción, las oposiciones ideológicas. El ascenso de la Izquierda Unida impulsaba hacia lo alto la colocación del movimiento y sus gestos histriónicos. A pesar del optimismo, la combatividad y el vitalismo típicos de la coyuntura por la que atravesaba el campo socialista, los poemas consignados en las antologías del movimiento contradecían la exultancia de sus textos panfletarios y ofrecían, por el contrario, una percepción trágica del presente y del futuro. En 1981, en pleno ascenso de la Izquierda Unida, Hora Zero se autodefinió vanguardia poética de las izquierdas, y publicó *Antología terrestre*, precedida de una proclama:

> HORA ZERO ROMPE
>
> Al inicio de la nueva década, el movimiento HZ reafirma su presencia revolucionaria en el ámbito de la poesía peruana.
>
> HZ está vivo en los sueños, alegrías y sufrimientos de las más amplias masas populares, cuya expresión poética asume hasta las últimas consecuencias.
>
> Desde su fundación en 1970, HZ nació del corazón del pueblo. Diez años después, renueva su permanente acción de ruptura con los poetas burgueses; renueva su responsabilidad total y visceral con el proyecto socialista y la liberación creadora de los pueblos.
>
>   Verano del ochentaiuno.
>
>   (sin siquiera
>
>   un plato de cancha salada)

La inconsistencia entre el discurso político y el poético se remonta a la primera antología, *Hora Zero: materiales para una nueva época* (1970). Ésta no contenía ni un solo poema que verificara el sesgo vitalista del manifiesto "Palabras urgentes" que la precedía. La tensión histórica, dramática y depresiva reemplazaban a la primacía de la metáfora, que Borges y Huidobro habían usado como bandera del ultraísmo y del creacionismo respectivamente. En el poema "Introducción a los días de la resistencia", Jorge Nájar predijo el ensimismamiento culposo en que se sumirían los escritores de Hora Zero:

> Los días aciagos de la resistencia,
> viviremos. Claro está que un árbol
> no es un fusil, que negro pan
> no es rico potaje,
> pero estamos preparados
> para estos simples detalles. La luna
> aunque no lo crean, es verde;
> verde la pajilla del campo, verde
> la esperanza nuestra que viviremos
> los días aciagos de la resistencia. (Pimentel 1970a, 21)

Once años después, el poema con que se abría *Antología terrestre* —edición sin numeración de páginas a la cual pertenecen todos los fragmentos citados a continuación— se tituló "Nuestro papel" y pertenece a Óscar Orellana. En el ambiente de 1981, tan cargado de mesianismo y roles asignados e impostados, un título como el citado conducía a pensar en el compromiso artístico con la causa revolucionaria. Sin embargo, lo que proponía Orellana era un aliento mínimo y depresivo: "Las calles están más tristes que un pan con orejita. /. . . / Siento como nadie la soledad del habitáculo. /. . . / Cierto. La Tristeza se ha metido / en el hidráulico canal del freno de poder. / Cierto. Nuestro papel es sembrar / un cerro en plena Plaza San Martín / y acercar la fábrica al pantalón de las muchachas". Tulio Mora, con su poema "Carta final", brindaba una versión dramática, melancólica y cruel de su propia situación: "no tengo nada a la mano / que me evite caminar con el murmullo del viento / escupiéndome reproches a cada instante. / Soy el vencido que se detuvo justo en el punto / que el resto llega al suicidio". Dalmacia Ruiz-Rosas, en "Poema", describía la desesperación y la vacuidad de saberse en el espacio y en el tiempo ajenos, luego de las huelgas y manifestaciones del crucial 1977:

>me quedo callada recordando el año 77
>cuando por gritar mis sueños me pegaron en la espalda
>me salió sangre de la nariz
>y pedí refugio en una casa del Jr. Cangallo
>mientras la señora muy amablemente limpiaba mi blusa
>De dolor, odio, miedo y frustración
>yo lloraba sobre una taza de té
>Tú conversas, te ríes, entras en onda
>y de vez en cuando
>me sacas la lengua roja y cónica
>como el falo de un gato.

Ricardo Paredes, en "Distorsión de los sentidos", codificaba su propio predicamento como desorientación, antinomia, odio, agresión y negación del ideal gregario: "Lo utópico es vivir como lo estamos haciendo: contra los demás / a favor de nadie que no sea uno mismo. / Uno contra todos. / Todos contra nadie. / Precisamente, en este desorden se / atrofia la garra o el olor de la carroña se disipa en / todas las narices". En "Morir es un acontecimiento social", Carmen Ollé utilizó el velorio de una mujer en el popular barrio del Porvenir de Lima para pintar un cuadro perverso del acto poético: "Vagabundeo por la casa ocupada en mezquinos quehaceres, / el público aplaude: estoy en lo mío. / ¡agache la cabeza, doble el torso hasta besar / la baldosa!" La "Misa negra" de Enrique Verástegui ofrecía el espectáculo de un senador asumiendo su cargo en el congreso de la república de 1980, al cabo de doce años de interludio dictatorial: "El bastón (apuntando siempre a la morgue) y el sombrero / de tongo (para cubrir su calvicie) completan / este atuendo de la marionette que debuta como verdugo / sobre las tortuosas galeras del Parlamento". Jorge Pimentel, en "Perseguido por los altos hornos", actualizaba la encrucijada espiritual del individuo vapuleado por la crisis económica, con la añadidura de que el poeta fundador del movimiento empezaba a desconfiar de sí mismo y de su proyecto: "Digo lo que afirmé ya en la creencia de que / mañana no vuelvo, regreso y subo escaleras. / Rampo y trueno / rayo y miseria. / No concluyo, desespero de patitieso, roto. / Padezco en la creencia de sí". Finalmente, en el fragmento de su "Poema para mis treinta años", Mario Luna condensaba con ritmo impaciente la desesperación y la melancolía agudas del colectivo de Hora Zero y la lejanía de los sectores sociales de los cuales se proclamaba abanderado: "Más atrás el sol con su cara tostada / al fondo los compañeros con su historia en la boca / La soledad es una gaviota / tirada en la playa / y la pobreza de mi país".

Era evidente, pues, la escisión o cisma entre el discurso político del movimiento y su discurso poético. Aquél estaba marcado por el utopismo teleológico de raíz semita y cristiana, materializado en el proyecto socialista ecuménico, mientras que el segundo respondía al arte de poetizar la cruda realidad cotidiana. El discurso político proponía las ideologías cristiana, hegeliana y marxista. La ideología cristiana coincidía con la marxista en la vindicación del Jesús de los pobres y menosprecio del Yavé feroz del Antiguo Testamento, ensalzado por Nietzsche. Merced a la retórica supeditada al argumento de la opción narrativa, el discurso poético de Hora Zero asumió un perfil cronístico, teorizado como "poema integral", que facilitaba el testimonio de un período de crisis mundial.

Resultaría difícil negar el carácter hondamente culpable y depresivo de los poemas de *Antología terrestre*. Ésta constituye una condensación de la razón vital de los poetas del movimiento Hora Zero —entendido como ente poético gregario. Su *Zeitgeist* o espíritu de los tiempos coincide con los conceptos de desorientación, desesperación y extremismo que Ortega utilizó para sustentar su teoría de las crisis en la historia. No concuerdo con el filósofo madrileño en que todo "extremismo es, por lo pronto, un truco vital de orden inferior" (Ortega 1982). A pesar del histrionismo y del *chantage* histórico que de hecho ha ejercido, el movimiento Hora Zero reflejó el espíritu de la época tanto en su fase ascendente como descendente, e instrumentalizó con éxito comunicativo el lenguaje poético para expresar lo que hasta ese momento no se expresaba normalmente, situando el poema y al poeta en espacios, tiempos y clases sociales con muy poco trajín en la poesía peruana. Concuerdo con Ortega en el sentido de que ante toda revolución cabe poner en duda la autenticidad de sus gestores. Pero advierto que Ortega, en 1933, se mostraba incapaz de comprender y explicarse el Futurismo, el vanguardismo, el surrealismo y el psicoanálisis:

> hace ya no pocos años advertía yo que el hombre había perdido su fe en el arte y que las dos últimas generaciones. . . tomaron la actitud exasperada de hacer arte con lo que el arte siempre había dejado fuera por inservible, con la última periferia de la vida humana —a saber, con los sueños, con los retruécanos, con la demencia, con las inversiones sexuales, con la puerilidad, con la arbitrariedad como tal. Ya entonces califiqué este arte como *l'art de racommoder les restes*, como arte de arreglarse con lo que queda, con el residuo y el detritus. (Ortega 1982, 144)

Sin embargo, Ortega relató con justeza la salida radical de una crisis histórica como la que los poetas de Hora Zero enfrentaban desde 1977:

> Constituido este modo de vida por semejante inestabilidad, extremismo y dialéctica, será sumamente frecuente ese vuelco integral y subitáneo que se llama conversión. La conversión es el cambio del hombre, no de una idea a otra, sino de una perspectiva total a la opuesta. . . Lo que ayer quemábamos, hoy lo adoramos. Por eso, la palabra de Juan Bautista, de Jesús, de San Pablo es: *metanoeite* —convertíos, arrepentíos, negad todo lo que erais hasta ese momento y afirmad vuestra verdad: reconoced que estáis perdidos. De esa negación sale el hombre nuevo que hay que construir: construcción, edificación, *oikodomé*. . . Pero la condición previa es que abandone la posición falsa en que está y venga a sí mismo, vuelva a su íntima verdad, que es el único terreno firme: esto es la conversión. La *metanoia* o conversión y arrepentimiento no es, por lo pronto, sino lo que yo he llamado "ensimismamiento", volver a sí. (Ortega 1982, 150-151).

Habiendo dedicado este capítulo a describir la diferencia de altitud en la colocación de Hora Zero como (id)entidad colectiva —y por lo tanto abstracta—, he hallado en la secuencia compuesta por *Hora Zero: materiales para una nueva época* (1970), *Hora Zero FOCEP* (1978) y *Antología terrestre* (1981) una dialéctica dramática entre la razón política, la razón vital y la arquitectura poética del movimiento. Hora Zero sufrió una frustración profunda en sus empeños políticos y vitales, a partir de la cual sus miembros empezaron a individuarse como escritores, en más o menos consonancia con la poética que se habían propuesto en sus años aurorales. Al analizar la obra de Jorge Pimentel, prestaré especial atención a la *metanoia* —conversión, arrepentimiento, ensimismamiento— y a la *oikodomé* —edificación, construcción. Ortega concibió ambos estados como las etapas de salida de las crisis históricas caracterizadas por la desorientación, la desesperación y el extremismo.

Ortega definió el extremismo desde un punto de vista cuasi metafísico en el sentido de que halla su explicación en sí mismo, prescindiendo de las condiciones materiales que lo causan. Por eso, quizá, se preguntaba si los extremistas eran farsantes o héroes. A estas alturas de mi trabajo, creo haber dado una sustentación histórica que explica el extremismo de Hora Zero y sugiere la probabilidad de su heroísmo cultural. Es célebre la afirmación de Riobaldo, uno de los personajes de *Gran sertón: veredas* de Güimaraes Rosa: "Vivir es peligroso". Poetizar de la manera como se había propuesto hacerlo Hora Zero en el Perú de aquellos años era tan peligroso como el vivir de Güimaraes Rosa. En 1977, el poeta uruguayo Mario Benedetti publicó *Poesía trunca*, una antología de veintisiete poetas latinoamericanos:

> Algunos de estos poetas revolucionarios murieron en combate o cumpliendo una misión insurreccional; otros, en la prisión o en la tortura; hubo quienes desaparecieron en alguna emboscada. . . otros, cuyos cadáveres aparecieron acribillados o mutilados por escuadrones de la muerte o comandos parapoliciales; algunos fueron asesinados cuando estaban desarmados o incluso cuando dormían. (Benedetti 1979, 9)

Los poetas elegidos por Benedetti murieron en las décadas de 1950, 1960 y 1970, y entre ellos figuran dos peruanos: Javier Heraud y Edgardo Tello. El histrionismo y el *chantage* histórico de Hora Zero se daban en un drama donde el final luctuoso no era improbable. En 1979, el poeta Feliciano Mejía, ex integrante de Hora Zero, publicó el poemario *Tiro de gracia*, dedicado a más de cincuenta obreros, campesinos, estudiantes universitarios y escolares. La mayoría de ellos había muerto abaleada durante la represión que se desató en el Perú a partir del movimiento huelguístico de 1977. La vida y la escritura se confundían. Y Hora Zero, como cohesión y dispersión de subjetividades, se enfrentaría, desde el punto de vista de su proyecto original, al peor de los escenarios posibles.

CAPÍTULO IV

LA POESÍA EN VÓRTICE DE JORGE PIMENTEL

Fundación y ruptura

Los poetas de Hora Zero eran plenamente conscientes de que el canon literario era el producto del ejercicio de los mecanismos de poder del estamento académico, las élites gobernantes y los medios de comunicación, y por ello intentaban intervenir activamente en la elaboración del canon y modificarlo en función de sectores sociales emergentes que hasta entonces habían carecido de influencia. De allí los ciclos horazerianos de recitales en ambientes populares, panfletos, antologías, denuncias, manifiestos y comunicados, y su presencia en los medios de comunicación.

Pimentel, Mora y Verástegui han sido periodistas activos, y han utilizado exitosamente la prensa y la televisión como espacios para difundir su obra y la historia de Hora Zero. Sólo uno de ellos, Carmen Ollé, ha ejercido la docencia universitaria. El éxito mediático de la emergencia horazeriana era ya un hecho cuando Jorge Pimentel decidió publicar su primer poemario. Era claro que, más allá del discurso político, Jorge Pimentel había detectado una insuficiencia en el lenguaje de la poesía peruana.

Brevedad, lirismo, condensación, musicalidad, concisión, agudeza y un alejamiento general de la prosa (Cohen) son rasgos de estilo que, con las excepciones de rigor, se pueden aplicar a la escritura de los poetas mencionados. Martín Adán, Romualdo, Belli —que ha actualizado la canción petrarquesca—, Calvo y Corcuera metraban y rimaban muchos de sus poemas. En Pimentel había brotado "la efectiva angustia ante una cuestión vital", quería "de verdad hallar su solución", y para lograrlo tenía que "luchar con ella" a pesar de hallarse preso "en las soluciones recibidas" e insuficientes. Entre éstas estaba el vehículo de expresión, la norma poética, que constituía "ya un pensamiento ajeno, una filosofía colectiva, una elemental interpretación de la vida, que fuertemente nos aprisiona" (Ortega 1982, 30-31). Era, pues, en el campo poético donde el fundador de Hora Zero debía librar la batalla.

Pimentel y Ramírez Ruiz habían planteado la tesis del "poema integral", proyecto o arquitectura abstracta de un texto que pudiera incorporar los sociolectos e ideolectos que, desde una perspectiva esteticista, se consideraban ajenos a la poesía: jergas popular y mediática, historia, folclor, magia, religión, mitología, etc. Esta arquitectura abstracta se ha cristalizado efectivamente, con mayor o menor peso de los componentes enunciados, en la obra de Jorge Pimentel, Juan Ramírez Ruiz, Tulio Mora, Enrique Verástegui y Carmen Ollé. El proyecto poético de Pimentel se plasmó no sólo en su propia obra sino asimismo en la de sus compañeros de viaje, constituyendo una perspectiva generacional de la que el autor de *Kenacort* resultó el epónimo. La diseminación de la estructura abierta del "poema integral", lejos de obedecer *diktat* alguno, tuvo éxito porque el diagnóstico general que hicieron Pimentel y Ramírez Ruiz, con todas sus limitaciones y errores, se acercaba a las nuevas necesidades expresivas de la época.

Entre el manifiesto "Palabras urgentes" incluido en *Hora Zero: materiales para una nueva época* (1970) y *En el hocico de la niebla* (2007), último libro de Pimentel, se configura un vórtice cuyas tres dimensiones concomitantes son la existencial, la textual y la metatextual. En términos poéticos, la línea exterior representa lo más gregario, social y político, mientras que el punto central del vórtice representa lo más íntimo e individual.

Jorge Pimentel Vásquez nació en la ciudad de Lima el 11 de diciembre de 1944. Tiene una hermana menor, Cynthia, que también escribe, es periodista y miembro de Hora Zero. El padre, Enrique Pimentel Otero, trabajó como gerente de área de una empresa nacional de bebidas gaseosas; su pasión por las carreras automovilísticas —en las que llegó a participar— y por los toros, explican el deseo del joven Pimentel de ser matador, que se cristalizó toreando en no pocas novilladas en Lima y provincias. Don Enrique Pimentel Otero murió en un accidente de carretera. Esto significó un duro golpe para las finanzas de la familia. Tanto Cynthia como Jorge Pimentel trabajaron desde muy jóvenes. La madre, doña Victoria Vásquez Cubas, laboró toda su vida como empleada del Correo Central de Lima.

Jorge Pimentel creció en el distrito de clase media de Jesús María de la capital. Estudió en el colegio italiano Antonio Raimondi, y luego cursó estudios de letras en la por entonces desprestigiadísima Universidad Nacional

Federico Villarreal, bastión del aprismo. En 1970, fundó el movimiento Hora Zero junto con Juan Ramírez Ruiz a quien había conocido en el claustro universitario. Los momentos iniciales del movimiento fueron tiempos de intenso compromiso político y poético, pues los horazeristas, en su mayoría provincianos, se dedicaron a leer poesía en plazas públicas, mítines políticos y sindicatos. En 1972, Pimentel viajó a Europa con la estudiante de bibliotecología Pilar Prieto Celi, con quien contrajo matrimonio ese mismo año en Madrid, y con quien tiene dos hijos, Sebastián (filósofo, cineasta y crítico de cine) y Jerónimo (poeta y periodista).

Para ganarse la vida, Pimentel ha trabajado como repartidor de gaseosas, lavaplatos en Alemania, editor, relacionista público y en las secciones de espectáculos de diversos medios de prensa limeños. La inestabilidad laboral de un periodista es harto conocida. Los medios de prensa aparecen y desaparecen constantemente. De allí que Pimentel sufriera largos y numerosos periodos de desempleo. Debido a su situación económica y al tipo de trabajos que ha tenido, o a la falta de ellos, se ha visto rodeado de sujetos de clase media baja o traba-jadora, e inclusive lumpen proletariado. Estos personajes fusionados, sintetizados, dispersos pasaron a formar parte del bestiario e ideario de la poesía de Pimentel, que se convierten en una y muchas voces naturalmente emanadas de la experiencia cotidiana.

El movimiento anímico de la trayectoria poético-vital de Jorge Pimentel va paulatina y constantemente desde la primacía de la vida de relaciones personales y sociales, correspondiente a la fundación de Hora Zero, hasta el aislamiento del *ego* poético de *En el hocico de la niebla*. Este movimiento anímico se manifiesta en el plano de la escritura. Entre 1970 y 2007, los poemas de Pimentel tienden a reducirse en extensión referencial. Esta dinámica de su evolución puede establecerse realizando cortes diacrónicos correspondientes a la antología contenida en *Hora Zero: materiales para una nueva época* (1970); *Kenacort* (1970); *Ave soul* (1973), *Palomino* (1983), *Tromba de agosto* (1992), *Primera muchacha* (1997) y *En el hocico de la niebla* (2007). Advierto que *Primera muchacha*, poemario publicado en 1997, fue escrito veintitrés años antes, en 1974, tal como lo declara el autor en el prólogo, a su regreso de su periplo con Pilar Prieto por Europa —habían contraído nupcias en Madrid dos años antes— (Pimentel 1997, 18; Entrevista inédita). De manera que si se desea situar *Primera muchacha* (1997) cronológicamente, ha de ponerse entre aquellos señalados por *Kenacort* (1970) y *Palomino* (1983), es decir, no de acuerdo con su fecha de publicación (1997) sino con su fecha de escritura

(1974). Pero, si se le quiere colocar evolutivamente, prefiero seguir la pauta dada por el propio Pimentel (Entrevista inédita), cuando afirmó que había guardado el manuscrito de *Primera muchacha* más de veinte años no por dificultades editoriales —como presumió Tulio Mora—, sino por un prurito de rigor textual. Hecha esta precisión, me limito ahora a mostrar un ejemplo de la línea más alta del vórtice tal como se materializó, en 1970, en "Entonces tendremos un círculo ameno", primer poema de *Kenacort*:

    Ciudadanos del mundo
    ubico mi espíritu
    en un ángulo inadvertido
    ubico huesos y palabras
    espontaneidad y dulzura
    y pienso que alguna vez
    fluirá eternamente el agua clara
    fluirá en nuestros pies negados
    porque en algún lugar
    seremos el centro de toda atención
    y el agua circulará, el agua circulará
    ....
    en el nuevo orden de hombres, mujeres y pájaros
    en el reino de ancianos y vagos (Pimentel 1970b, 39)

El destinatario del poema, un ficticio ente universal —"Ciudadanos del mundo"—, la fusión del ego lírico con los seres desvalidos que pretende congregar en un espacio liberado, y el *parallelismus membrorum* con que se reitera el *locus amenus* —"el agua circulará"— remiten sin duda a la formación del poema en el ambiente del gregarismo utópico, vale decir, en el trazo de la línea más alta del vórtice.

"Ahora soy un poeta sentado", poema perteneciente a *En el hocico de la niebla* (2007), evidencia justamente lo contrario, es decir, la consecución de la soledad absoluta, la llegada al punto poéticamente más intenso y vitalmente más calmo del vórtice:

    Ahora soy un poeta sentado
    esperando la complicación.
    Allí,
    solo,
    me purifico. (Pimentel 2007, 36)

Hora Zero: materiales para una nueva época inauguró la existencia poética del movimiento en 1970. Este documento incluía una antología de poemas de escritores de Hora Zero, en la cual Jorge Pimentel publicó tres poemas: "Débil muestra de un eterno amor profesado (a la manera de Gabriel Riquetti de Mirabeau)" —en adelante "Débil muestra"—, "Material para ser tomado en cuenta (Años 50-52) Y ciertas cosas de sumo interés (primer poema compartido)", y "1944-1968" (Pimentel 1970a, 24-29). El autor reprodujo los tres poemas, corregidos, en su primer libro, *Kenacort* (1970), de manera que en adelante los citaré siguiendo dicha edición. En ellos Pimentel planteó algunas de las líneas argumentales de su obra ulterior: amor, mujer —madre-esposa-hermana-amante—, imagen patriarcal, predestinación, vigencia, quiebra económica, soledad y locura. En el terreno de la forma, utilizó un verso de extraordinaria amplitud, construido en función de la eufonía y la musicalidad del lenguaje oral, y de la lectura en voz alta, que el fundador de Hora Zero ejecuta con maestría histriónica.

Es importante señalar la amplitud versicular que utilizaba Pimentel a principios de la década de 1970 porque con el paso del tiempo el autor de *Kenacort* fue reduciendo la extensión versicular de una porción significativa de sus textos. El primero de los tres poemas referidos, "Débil muestra", según testimonio del poeta (Entrevista inédita), narra su primer encuentro amoroso con Pilar Prieto, la mujer que sería su esposa, compañera de viaje y madre de Sebastián y Jerónimo, hijos de ambos. "Débil muestra", primer poema de Pimentel publicado en libro, se sitúa en la línea más alta del vórtice que uso como modelo, y constituye una evidencia de alejamiento de la tradición:

>Oh, amiga mía y de uno a otro extremo
>nuestros amores pueden calificarse de únicos.
>..
>Oh mi bella amiga! desde la calle Lampa contemplo el hotel donde
>encamados éramos.]
>
>(Hotel Colón, casona vieja de gente asiática.
>Cincuenta soles por noche y una sola cama.
>Hotel Colón buhardilla de hombres y mujeres,
>elefantes, búhos maltrechos, ratones blancos y ojerosos
>escondidos bajo la cama. Chirrían voces al otro
>lado del cuarto 312: "han llegado unos italianos por dos días
>y piden agua caliente y dos camas").

Oh amiga mía! sobre todo dimos nombres falsos y el capricho
de ser el uno para el otro y nada más que uno aquella noche de agosto del 67.]
Estaba escrito que aquella noche yo danzaría sobre la colcha verde
al compás del pequeño radio portátil en tu bolso de argollas talladas.
Estaba escrito que esa noche agarraríamos el colchón y lo aventaríamos
al suelo para que así no se oigan los chirridos del catre. Estaba escrito que al terminar el primer coito me aventaría como un loco a las paredes
descascaradas y al segundo coito arrojaríamos por la ventana la caja de condones]
y que al tercero luego de lavarnos en el lavatorio y refregarnos con la toallita]
blanca estaba escrito que esa era la noche de las aberraciones, de saltar
calatos sobre la cama, de vivir uno encima del otro, otro con las nalgas de uno,]
de gravitar los muslos de vivir alucinados piernas al hombro filo al catre
amada transparente como tus vellos de vivir delirantes en nuestras nalgas
cáscaras de la mañana de uno amada de la cara de puñete y los ojos almendrados]
amada de la época y el año justo. (Pimentel 1970a, 24)

El alejamiento se ilustra comparando "Débil muestra" con textos de poetas peruanos que se hallaban en la dimensión contemporánea de Pimentel. "Poema" de Carlos Germán Belli (1927), que versa también sobre el amor de pareja, constituye un contraste diametral respecto al poema citado de Pimentel:

Nuestro amor no está en nuestros respectivos
y castos genitales, nuestro amor
tampoco en nuestra boca, ni en las manos:
todo nuestro amor guárdase con pálpito
bajo la sangre pura de los ojos.
Mi amor, tu amor esperan que la muerte
se robe los huesos, el diente y la uña,
esperan que en el valle solamente

> tus ojos y mis ojos queden juntos,
> mirándose ya de fuera de sus órbitas,
> más bien como dos astros, como uno. (Sucre 1993, II, 551)

En el ya citado pasaje del manifiesto *Hora Zero: nuevas respuestas* (1977), las poetisas y poetas firmantes se habían referido a los dos primeros versos del poema arriba citado como un ejemplo de represión: "la sexualidad no tiene por qué marginarse de la literatura o ser calificada de obscena, pornográfica, grosera, aberrante o, en otros casos, evadirla escribiendo textos como 'poesía tú no eres amor' (Javier Sologuren), 'nuestro amor no está en nuestros castos genitales' (Carlos Germán Belli)" (Pimentel 1977, 9). "Débil muestra" era una de las primeras materializaciones, en el ámbito de la poesía peruana, de una subversión que se dio con fuerza particular en la esfera sexual.

Blanca Varela (1926), al referirse al amor, ofrecía también un marcado contraste con el poema citado de Jorge Pimentel. Así, en "No estar", de su libro *Luz de día* (1963), a diferencia de la cópula detallada, épica y popular de Pimentel, la poetisa concebía el amor como choque, repelencia y evitamiento del cuerpo de dos existencias herméticas la una respecto de la otra:

> Desde el fondo tirar la red.
> ¿Quién cae? ¿Quién vive?
> Esto es la noche. Esto soy yo.
> No quiero ver las estrellas,
> no quiero ver lo que ha de morir,
> ni imaginar tu rostro
> ni moverme hacia lo que amo. (Sucre 1993, II, 500)

El poema 22 del poemario *Estancias* (1959) de Javier Sologuren —poeta relevante en la contemporaneidad de Jorge Pimentel— ofrecía una visión idealizada del amor que, como la de Blanca Varela, excluía la sinécdoque particularizante del acto sexual:

> Cuerpo a cuerpo,
> Hombre y Mujer,
> se irán quemando
> en el fuego blanco
> del amor.
> Mano a mano
> levantarán el árbol
> de la vida,
> y su aire y sus pájaros. (Sologuren 1966, 116)

Pablo Guevara Miraval (1930-2007), mentor de Jorge Pimentel y de Hora Zero, había publicado en 1967 *Crónicas contra los bribones (al niño y a la mujer, divinos)*, un libro de amor. Uno de los poemas más celebrados de aquel libro es "Matrimonio laico":

>Recuerdo
>que en diversas edades
>corazones arremolinados
>nuestros cuerpos,
>nuestras almas,
>almas aterrorizadas,
>y una mañana
>en las hojas de agosto que caen,
>heridos de hermosura de hojas,
>un 28 de otoño danés
>entramos al gran edificio
>—municipio de Frederiksberg
>de la villa de Copenhage—
>y nos casamos
>enamorados de la voz de los hombres
>¡y de ninguna otra cosa!
>¡que nada más necesita el amor! (Guevara 1967)

Es clara en este extracto, como en los anteriores, la ausencia de exploración de los cuerpos de los amantes y de su especificidad circunstancial. Ambos rasgos, por el contrario, vertebran el diseño de "Débil muestra".

En 1972, dos años después de la publicación de *Kenacort*, Antonio Cisneros (1942) —enemigo literario de Pimentel— dedicó a su esposa "También yo hice mi epigrama latino", del libro *Como higuera en un campo de golf*. A diferencia de los poemas de amor de Pimentel, cuya metaforización corresponde al aquí y al ahora del poeta en el Perú, el héroe del poema de Cisneros, en consonancia con su título, es esencialmente europeo:

>Con mi lanza de bronce
>no temo a cien legiones enemigas,
>con mi escudo de bronce
>no temo a sus mil carros de combate,
>mas son tus ojos, Claudia,
>que me tornan
>en el sobreviviente herido y sin caballo

que las fieras se rifan
cuando viene la noche. (Cisneros 1972, 93)

El apartamento de Jorge Pimentel con respecto a la poesía peruana anterior se daba, pues, en dos niveles. Estilísticamente adoptaba una estructura narrativa. Desde el punto de vista retórico, utilizaba las sinécdoques particularizante y generalizante, con predominio de la primera. Recurro a las definiciones de sinécdoque dadas por Kurt Spang, autor de *Fundamentos de retórica* (1979), libro en el que aplicó exitosamente la retórica tanto a la literatura como a la publicidad en castellano:

> La sinécdoque consiste en la sustitución de una expresión semánticamente más amplia por otra semánticamente más restringida o al revés. . . lo particular se pone en vez de lo general, o lo general en vez de lo particular. . . la sustitución sinecdóquica se distingue entre la sinécdoque particularizante y la sinécdoque generalizante. En términos lógicos, la sinécdoque funciona según el esquema: parte por el todo o todo por la parte, o si se quiere, en la interrelación entre macrocosmos y microcosmos. (Spang 1979, 213)

También en términos lógicos, en "Débil muestra", Pimentel optó por el uso predominante de la connotación o "expresión semánticamente más restringida". Instrumentó la metáfora —" 'tropo por salto' porque no guarda relación con lo real" (Spang, 221)— como adstrato de la sinécdoque particularizante. Así, en los versos "Hotel Colón buhardilla de hombres y mujeres, / elefantes, búhos maltrechos, ratones blancos y ojerosos / escondidos bajo la cama" (Pimentel 1970a, 24), *Hotel Colón* y *hombres y mujeres* son sinécdoques generalizantes o denotaciones, y *buhardilla* [de] *elefantes, búhos maltrechos*, etc. son sinécdoques particularizantes en situación de adstrato la una respecto de la otra, o, como afirma Roman Jakobson en "Poésie de la grammaire et grammaire de la poésie", son sintagmas que conforman un caso de *parallelismus membrorum*: los miembros adyacentes o paralelos "sont en fait, et fondamentalement la même phrase, et ne diffèrent pas que par leur aspect extérieur, matériel" (Jakobson 1977, 93).

La metáfora surge del contexto argumental, revela su significado en él y lo reconfigura otorgándole una doble identidad común en la poesía de Pimentel: los hombres y mujeres, incluidos los dos amantes del poema, no obstante su epicidad romántica, encarnan un coro de alimañas reunidas en el ambiente sórdido de una posada citadina. Tres estilos, correspondientes a sendas sustancias, se combinan en "Debil muestra": *stilus tenuis* o *humilis* para representar lo modesto; *stilus grandis* o *gravis* para connotar o denotar lo sublime; y *stilus medius* o *mediocris* para referir lo que se sitúe entre ambos (Spang, 27). En "Débil muestra", Pimentel usa *stilus medius* para iniciar el *crescendo* rítmico del poema: "sobre todo dimos nombres falsos y el capricho / de ser el uno para el otro y nada más que uno aquella noche de agosto del 67". Utiliza *stilus humilis* en el anticlímax posterior al acto amoroso: "luego el vaso de leche en "Las Vegas" salón de té / y el resabido jugo de papaya para mí y el sánguche de jamón del país / o los bizcochos rojos del parque universitario y faltaban cinco soles para / llevarte a tu casa". Y usa *stilus grandis*, interpolado por los otros dos, para dotar de epicidad a la secuencia de los coitos sucesivos: "Estaba escrito que aquella noche yo danzaría sobre la colcha verde / al compás del pequeño radio portátil en tu bolso de argollas talladas".

La circunstanciación, que conjuga espacialidad, temporalidad y corporeidad, cristaliza la diferencia de Pimentel en su primer poema publicado. El espacio está dado por el Hotel Colón de Lima, el tiempo por el agosto de 1967, y la corporeidad por sinécdoques anatómicas particularizantes y por las peripecias amatorias que ejecutan los héroes del argumento. El detalle del jugo de papaya y los bizcochos que, después de la relación venérea, ingiere el protagonista en el Parque Universitario —hito histórico limense— connota la circunstanciación radical del poema, un aquí y un ahora que no responden a la herencia poética sino que funda una tradición poética basada en el reconocimiento de la propia realidad como sustancia existencial y, por lo tanto, estética. El jugo de papaya es una de las bebidas más populares en el Perú y, sin embargo, no había aparecido en la poesía peruana —salvo mejor información— hasta que Pimentel lo puso en "Débil muestra". De esta manera, pues, el cofundador de Hora Zero actualizaba la siguiente definición de Ortega: "En su dimensión primaria vivir es estar yo, el yo de cada cual, en la circunstancia y no tener más remedio que habérselas con ella" (Ortega 1982, 29).

La limitación de los poetas peruanos inmediatamente anteriores a Jorge Pimentel consistía en dudar de la potencia estética de la propia circunstancia y, por tanto, en incorporar el vocabulario y aun el sistema de metáforas de poéticas construidas sobre la base de espacios, tiempos y corporeidades ajenas al entorno inmediato del escritor y su lectoría. Ortega afirmaba: "La vida de cada cual es lo único que para cada cual hay, es la realidad radical, y, por lo mismo, inexorablemente seria" (1982, 106). En *Hora Zero: nuevas respuestas* (1977), Pimentel y los otros escritores firmantes habían relevado su realidad radical atribuyéndole con justeza la seriedad que merecía y señalando, en este mismo sentido, la insuficiencia expresiva de la poesía peruana:

> la Generación del 60. . . sólo contribuyó a demostrar que la poesía peruana mantenía (y sigue manteniendo) una condición total de dependencia con relación a los otros centros culturales de poder. . . Esta dependencia estuvo sintetizada en el siguiente aforismo racista, cuyo contenido todos los poetas del 60 aceptaron: "Es mejor un griego desnudo en el Támesis que un cholo calato en el Rímac", en lo que se evidencia su necesidad de plagio. (Pimentel 1977, 5)

Calato es un peruanismo que significa *desnudo*. El aforismo a la sazón en boga que refiere el manifiesto de Hora Zero —aparte de que era improbable hallar un griego desnudo y homérico en el río que atraviesa Londres— implicaba la importación del vocabulario y de la sintaxis para la representación de la propia circunstancia. Así, Carlos Germán Belli, poeta de la llamada Generación del 50, ha utilizado la canción petrarquesca y en general los recursos versiculares y métricos del Renacimiento italiano —con que, en España, se forjó la poesía del Marqués de Santillana, Garcilaso, De la Torre y Góngora, entre otros; Pablo Guevara, de la misma generación que Belli, ha usado recurrentemente la imaginería del Renacimiento europeo en toda su obra; y Antonio Cisneros, adscrito a la Generación del 60, ha poblado una buena parte de su obra con topónimos y referencias históricos europeos. No se podía pues leer una considerable porción de la poesía peruana sin encontrarse con una visión de la realidad circundante afectada de manera profunda ora por el distanciamiento metafísico y la sinécdoque generalizante ora por la lectura de la *realidad radical* —el aquí y el ahora de cada cual que aduce Ortega— a través del vocabulario y la sintaxis de las tradiciones poéticas dominantes, heredadas, incuestionables.

El uso de estos superestratos retóricos y culturales conducía ineluctablemente a la perpetuación de un emisor poético subalterno que leía y escribía su realidad haciendo uso de un sistema lingüístico, perceptual y cognoscitivo que no emanaba de ella y que, por el contrario, como le sucedió a Rubén Darío, parecía repudiarla y negarla como poéticamente válida. La inserción del humilde y popularísimo jugo de papaya en un poema —acaso por primera vez en la poesía peruana— ejemplifica el apartamiento de Pimentel del sujeto poético subalterno y, por consiguiente, denota la sencilla profundidad de su ruptura. En términos lingüísticos, la "sintaxis callejera" que proponía el fundador de Hora Zero no era otra cosa que utilizar los sociolectos e ideolectos efectivamente actualizados en su propio tiempo para poetizar la circunstancia propia. Esto, que según Ortega era "hacer que mi pensamiento coincida con el ser de las cosas" (1982, 105), constituía, en el Perú de 1970, el cambio del cariz total del mundo poético en particular y del modo de percibir y conocer la realidad en general que el filósofo español atribuía al efecto de la acción de los epónimos de las generaciones decisivas.

A partir de Pimentel, un cholo calato en el río Rímac bebiendo su jugo de papaya dejó de ser inferior a un griego desnudo bebiendo vino en la orilla del Támesis. La simple profundidad de la subversión pimenteliana conseguía el efecto de que el escritor reconociera su propio ser y el ser de las cosas que efectiva y cotidianamente lo rodeaban —evitando que otros espacios, tiempos, retóricas y vocabularios se erigieran como superestratos, aunque sin excluirlos— y de que por lo tanto el lector reconociera su *parole* y su circunstancia en el texto poético. Desde el punto de vista semiótico, se trataba de un avance mayor hacia el éxito del acto poético entendido como la relación entre emisor y receptor, sustentado en la asunción por parte del emisor de un lenguaje cercano al habla y a la experiencia cultural del receptor.

En *Estos 13* (1972) —antología de la que, como ya he referido, se autoexcluyó Jorge Pimentel— el crítico peruano José Miguel Oviedo describió el fenómeno de Hora Zero y de los poetas surgidos hacia 1970 en términos despectivos:

> cualquiera puede encontrar montones de versos chapuceros antes de poder quedarse con un núcleo valioso y digno de lectura seria y atenta: el que muestra a los auténticos talentos individuales. Ejemplos de esa falta de autocrítica son los libros de Pimentel y Ramírez Ruiz, plagados de dedicatorias melodramáticas y de versos inconsistentes y exhibicionistas, que se mezclan con poemas de una rara intensidad en su despojada dicción. . . La poesía del 70 pasea por la calle y tiene los ojos bien abiertos, pero sólo para mirarse mejor el ombligo: es autista y a veces neurótica. . . el poeta "novísimo" cuenta todo con pelos y señales, hace envíos líricos a la casa de la amada poniendo en el mensaje la dirección exacta, transcribe con minucia los gastos que arruinan sus pobres finanzas. . . Por eso, el lenguaje suele resultar un material en bruto, una brasa ardiendo en vulgarismos, gruesas salidas de tono, jerga criolla,

obscenidades varias que el poeta reproduce con la fruición de quien estampa *grafitti* en un baño público. (Oviedo 1972, 21-22)

Evidentemente, la acrimonia de Oviedo —que acaso se explique por su pertenencia al grupo de coetáneos con los que había roto Hora Zero— muestra el pasmo y la desorientación que le producía un lenguaje poético que reflejaba la asunción de la "realidad radical" y la coincidencia del pensamiento con el ser de las cosas que Ortega vindicaba como una de las pruebas de autenticidad de las generaciones decisivas. La incomodidad que sentía Oviedo al leer un poema con incrustaciones de "jerga criolla" y "dedicatorias melodramáticas" —que, dicho sea de paso, abundan en la poesía universal— nacía asimismo de su asunción del sujeto poético subalterno como fiel de la balanza crítica. En este sentido, tras la agresividad contra los jóvenes poetas, cuyos textos Oviedo estaba antologando, se subsumía la distinción dicotómica, maniqueísta, entre prosa y poesía.

Atendiendo a esta antinomia, el lingüista francés Jean Cohen publicó en 1966 *Structure du langage poétique*, tratado en que analiza, desde el punto de vista de la estilística estadística, extractos de las obras de Corneille, Racine y Molière, Lamartine, Hugo y Vigni, y Rimbaud, Verlaine y Mallarmé —correspondiendo cada troika al Clasicismo, Romanticismo y Simbolismo de la literatura francesa. Para definir la función poética, Cohen utilizó el polo prosaico, concebido como el más cercano al lenguaje normal, contrapuesto al polo poético, entendido como el más lejano del lenguaje normal:

> 1° La différence entre prose et poésie est de nature linguistique, c'est-à-dire formelle. Elle ne se trouve pas ni dans la substance sonore, ni dans la substance idéologique, mais dans le type particulier de relations que le poème institue entre le signifiant et le signifié d'une part, les signifiés entre eux d'autre part.
>
> 2° Ce type particulier de relations se caractérise par sa négativité, chacun des procédés ou "figures" qui constituent le langage poétique étant une manière, différente selon les niveaux, de violer le code du langage normal. (Cohen 1966, 199)

La manera de quebrantar la norma del lenguaje normal, según Cohen, no depende de la apariencia formal. Textos "sans mètre, ni rime, ni impertinence, ni redondance, ni inversion" pueden ser "authentiquement poétiques" (200). Es decir, un texto literario con apariencia de prosa, si se aleja del lenguaje normal, puede constituir un poema; y un texto con apariencia de poema, si se acerca al lenguaje normal, puede constituir prosa. Lo que importa para caracterizar el polo poético es la relación entre significante y significado y la relación de los significados entre sí. El predominio de las pasiones y de los afectos, es decir, el grado paroxístico del estilo, determina la cercanía o la lejanía del texto respecto de la prosa:

> du point de vue stylistique, elle [la prose] ne diffère de la poésie que d'un point de vue quantitatif. La prose littéraire n'est qu'une poésie modérée où, si l'on veut, la poésie constitue la forme véhemente de la littérature, le degré paroxystique du style. Le style est un. Il comporte un nombre fini de figures, toujours les mêmes. De la prose à la poésie, et d'un état de la poésie à l'autre, la différence est seulement dans l'audace avec laquelle le langage utilise les procédés inscrits dans sa structure. (Cohen 1966, 149)

Roman Jakobson, lingüista y pensador ruso —líder del Círculo Lingüístico de Praga junto con Nikolaj Sergejevic Trubetzkoy—, en su ensayo "Qu'est-que la poésie?" —publicado originalmente en 1933 y traducido del checo al francés por Marguerite Derrida— se planteó, como Cohen, la tarea de definir la poesía. Para ello, se debía primeramente definir lo que no era poesía. De modo implícito, José Miguel Oviedo, al enjuiciar la poesía peruana surgida a principios de la década de 1970 y, dentro de ella, aquella escrita por los integrantes del movimiento Hora Zero, intentó descartar lo que no era poético: "el lenguaje suele resultar un material en bruto, una brasa ardiendo en vulgarismos, gruesas salidas de tono, jerga criolla, obscenidades varias que el poeta reproduce con la fruición de quien estampa *grafitti* en un baño público" (Oviedo 1972, 21-22). En síntesis, el crítico peruano consideró no poéticos aquellos rasgos que no aparecían en su arquetipo de poesía ni en la poesía peruana anterior. Lejos de considerar, como postulaba Cohen, la relación entre significante y significado, la relación de los significados entre sí y el paroxismo estilístico, aunque columbrando el inicio del cambio de la visión del mundo "en el cariz de su totalidad", como entendía Ortega el producto de una generación decisiva, Oviedo analizó la poesía de Jorge Pimentel y de Hora Zero, es decir, un fenómeno poético-lingüístico, prescindiendo de los instrumentos teóricos de la poética y de la lingüística, y esto necesariamente lo llevó a emitir juicios de valor sustentados en ideologemas sobre lo bello y lo feo.

La irrupción de Jorge Pimentel en la historia de la poesía peruana con "Débil muestra" es un hecho de lenguaje, un cambio —fundiendo las perspectivas de Cohen y Ortega— radical de las relaciones internas entre significante, significado, universo referencial e historia. La definición de lo que no es poesía que sugirió Oviedo en 1972 correspondía a una época prevanguardista. Esta anacronía para juzgar textos que estaban siendo escritos hacia 1970 se evidencia en las reflexiones que Jakobson elaboró en 1933:

> Á l'époque classique ou romantique, la liste des thèmes poétiques était fort limitée. Rappelons-nous les exigences traditionnelles: la lune, un lac, un rossignol, des rochers, une rose, un château, etc. Les rêves romantiques eux-mêmes ne devaient pas s'écarter de ce cercle. "J'ai rêvé aujourd'hui, écrit Mácha, que j'étais dans des ruines qui s'écroulaient devant et derrière moi, et sous ses ruines, des esprits féminins se baignait dans un lac... Comme un amant va chercher son amante dans un tombeau... Ensuite, des ossements entassés, dans un édifice gothique en ruine, s'envolaient dehors par les fenêtres". En fait de fenêtres, les gothiques connaissaient justement une faveur particulière, et la lune brillait nécessairement derrière elles. Aujourd'hui, toute fenêtre est également poétique aux yeux du poète, depuis l'immense baie vitrée d'un grand magasin jusqu'á la lucarne souillée par les mouches d'un petit café de village. Et les fenêtres des poètes laissent voir de nos jours toute sortes de choses. Nezval en a parlé [dans *Antilyrik*]:
> un jardin m'éblouit au milieu d'une phrase
> ou une latrine ça n'a pas d'importance
> Je ne distingue plus les choses selon le charme ou la laideur que
> vous leur avez assignés. (Jakobson 1977, 31-32)

La reflexión de Jakobson tiene una importancia crucial para entender la diferencia poético-lingüística de Pimentel. Con "Débil muestra", éste fundó el sistema poético de su propia coetanidad y cotidianidad. El punto de vista de Pimentel —parafraseando a Jakobson— permitía ver todo tipo de cosas. En sentido estricto, al incorporar significantes e imágenes acústicas hasta ese entonces considerados no poéticos, Pimentel amplió el campo semántico del poema y su campo referencial. Como en los versos de Nezval citados por Jakobson, una letrina o un jardín deslumbraban al escritor, porque no distinguía ya las cosas según el encanto o la fealdad que otros les habían asignado, y, con ello, una nueva norma poética se inauguraba.

José Antonio Mazzotti, poeta que emergió a la vida literaria en la década de 1980, generacionalmente heredero de la sublevación de Hora Zero, en su libro *Poéticas del flujo*, que constituye una reflexión sobre los poetas que siguieron a la irrupción de dicho movimiento, admite que Pimentel y Ramírez Ruiz hicieron uso "del castellano peruano muy en consonancia con el ya consagrado triunfo de la poética narrativo-conversacional" (Mazzotti 2004, 65). Aparte de que afirmar la existencia del castellano peruano equivale a sustentar la del castellano andaluz, en vez de hablar de la variante andaluza del español peninsular o de la variante peruana del español sudamericano, Mazzotti aduce como constante de la "poética narrativo-conversacional" de Pimentel "la aparición desenfadada . . . de marcas verbales muy propias del castellano peruano, como el pronombre redundante de objeto directo" (65-66). Sostiene Mazzotti que ejemplo de ello es " 'Ya *los* tengo entre manos *a los nazis* de Oxapampa' (de *Kenacort*, primer libro de Pimentel en 1970)" (Mazzotti 2003, 65, cursiva mía). En primer lugar, *los* no es una marca verbal sino un conectivo de acusativo —y, como mostraré más adelante, en el texto de Pimentel, semánticamente acusador. En segundo lugar, dicho conectivo en español no es redundante sino que funciona como una copia optativa del complemento u objeto directo que el hablante o escritor coloca en función de la desambiguación o *claritas*. Y, en cuarto lugar, la opcionalidad desambiguadora y enfatizadora de la partícula duplicante de la cláusula de acusativo no es privativa de la variante peruana del español sino que aparece con buen rendimiento en todas las variantes del español peninsular y latinoamericano, como se hace manifiesto en el sintagma "Al ladrón lo vio Juan", donde *lo* equivale a *al ladrón*, y donde el sentido es distinto que el del sintagma "Juan vio al ladrón", puesto que en el primer sintagma la posición inicial de *al ladrón* releva la importancia de que el ratero haya sido visto, pasando Juan a segundo plano. Lo mismo sucede en 'Ya *los* tengo entre manos *a los nazis* de Oxapampa,' porque desaparece el agente de la acción verbal, el yo explícito, para que la condena recaiga mejor sobre los nazis. Si, atendiendo a la ultracorrección, que al fin y al cabo es un vicio del lenguaje, Pimentel hubiera escrito *Ya tengo entre manos a los nazis de Oxapampa*, el sintagma habría perdido toda la fuerza que le da la partícula acusativa. Así, en el texto de Pimentel citado por Mazzotti, *la aparente redundancia* —categoría que responde a un criterio prescriptivo y por tanto no necesariamente poético ni científico—, Jakobson la explica como una de las recurrencias más notables de la poesía universal:

> Particular attention has been paid by scholars to the biblical *parallelismus membrorum* rooted in an archaic Canaanite tradition and to the pervasive, continuous role of parallelism in Chinese verses and poetic prose. A similar pattern proves to underlie the oral poetry of Finno-Ugric, Turkic, and Mongolian peoples. The same devices play a cardinal role in Russian folk songs and recitatives; cf., e.g., this typical preamble of Russian heroic epics (*byliny*):
> How in the capital city, in Kiev,
> Under the gracious prince, under
> Vladimir,
> There was banqueting, an honorable
> banquet,
> There was feasting, an honorary feast,
> Everyone at the feast was drunk,
> Everyone at the feast was boasting,
> The clever one boasts of his golden stock,
> The stupid one boasts of his young wife.
> (Jakobson 1981, III, 90)

Concomitantemente, más de treinta años después de que José Miguel Oviedo, en la introducción a *Estos 13* —antología de la que Pimentel se excluyó luego de ayudar a Oviedo a elaborarla—, José Antonio Mazzotti, tal como su predecesor, reconoció la importancia histórica de la poesía de Pimentel, Ramírez Ruiz y Hora Zero, pero prefirió traer a colación ejemplos refutables de "incorrección" en el lenguaje de ambos, antes que mostrar las dinámicas lingüísticas y poéticas —que los ejemplos de Jakobson ilustran suficientemente— gracias a las cuales los poetas de Hora Zero en general y Pimentel en particular lograron que sus emisiones textuales, sin perjuicio de la profundidad ni de la poeticidad —en los términos de Jakobson y Cohen—, redujeran la brecha que separaba la poesía de las generaciones precedentes del público receptor.

El segundo poema que Jorge Pimentel publicó en la antología consignada en *Hora Zero: Materiales para una nueva época* (1970) tiene un extenso título: "Material para ser tomado en cuenta —Años 50-52— Y ciertas cosas de sumo interés (primer poema compartido)" —en adelante "Material". Ese mismo año (1970), Pimentel incluiría dicho poema, corregido, en *Kenacort* —versión de la que extraeré las citas que siguen. Si en "Débil muestra" el poeta había narrado su encuentro con Pilar Prieto, en "Material" narró, en *stilus tenuis* o *humilis*, la destrucción de la familia nuclear por obra del donjuanismo paterno:

> Hace mucho tiempo, pero hace tiempo en la calle Miller
> cuadra 11 vivía una familia compuesta de cinco personas,
> provenientes de una pequeña burguesía disociada-angustiada.
> Entre reyertas y conflictos por un lado del padre todavía con visos
>   de machismo
> y aceleradas actitudes infantiles deslumbrándonos a pesar de su baja
>   estatura;
> 1.66 cms. Sus gracias no tenían límite. Reía y mi hermana que
>   se quedaba atrás
> también reía. —Por el otro lado del pequeño departamento mi madre exprimía
> unas toronjas (2 cada cinco horas) para el reumatismo. . . .
> . . . mi padre que dicho sea de paso cada vez más rehuía
>   o se hacía el loco
> en el sentido de que ya no dormía en la casa y ciertas llamadas
>   telefónicas de una tal
> Teresa —enfermera— lo delataban. (Pimentel 1970b, 90-91)

Pimentel utiliza aquí la descripción perifrástica (Spang 1979, 212) para connotar el alejamiento del progenitor, a quien alude por antonomasia o pronominatio (Spang, 214), es decir, sustituyendo el nombre propio de su padre, aunque sin sustituir el nombre de pila de su amante. De modo semejante, la fragilidad y humillación de la madre las describe mediante el uso de una sinécdoque particularizante que, al ocultar la reacción de ella ante la infidelidad del marido, amplifica el efecto dramático de la enfermedad y de la indefensión. En el pequeño espacio del departamento, dividido en dos territorios, el del padre y el de la madre, el ego poético es un testigo imparcial que elige y manipula cuidadosamente los recursos retóricos para describir el fracaso del matrimonio de sus padres desde el punto de vista del delicado amor que le inspiran ambos. Esto es de por sí notable en un Jorge Pimentel que se había lanzado a la arena literaria con un discurso poético y literario en el que predominaban las pasiones.

La persona poética contradice, controla y sensibiliza a la persona pública al extremo de que en el individuo conviven realmente dos campos enfrentados que se alimentan mutuamente. El impulso vital proviene de la rebeldía constante que solivianta la persona poética, y la *poiesis* o facultad de crear obedece al control de las pasiones a través de los recursos del lenguaje. El macrocosmos que hasta 1970 Jorge Pimentel había formulado mediante sinécdoques generalizantes, o, en el sentido que propone Ortega, mediante el diseño de una arquitectura abstracta que respondía a la autenticidad de su angustia, empezaba ahora a especificarse en los detalles —sinécdoques particularizantes— de la fundación ya no del movimiento gregario sino de la persona poética, del microcosmos existencial, signada, luego de la violenta ruptura de la primera juventud, por la *metanoia* —conversión, arrepentimiento, ensimismamiento— y por la *oikodomé* —edificación, construcción— de la obra individual. Los poemas "Débil muestra" y "Material" son las dos primeras fases —el amor en la pareja joven y el desamor en la pareja madura— de la formación del ego y de la persona poéticos que se insinúa en el segundo de dichos poemas:

    y yo contemplaba la calle desde el segundo piso del edificio de
        departamentos.
    Caía en lo de todos. Nostalgia. Hubo veces en que la depresión era tal
    que salía de la casa a caminar por las calles unas diez horas
    y después regresaba a mi cuarto a dejar caer las cosas por su propio
        peso,
    y de mis pequeñas manos desprendía piedras recogidas tirándolas
        una a una
    sobre la cama. Miraba las arañas y de reojo algunas veces aguaitaba
    otras ventanas, otras habitaciones, otras puertas. Años y grietas
    frente a mí
    y la figura desprestigiada del padre. Años límpidos corroídos. Años
        hipócritas
    y la azul ventana de mi madre escuchando las peores
        [mentiras (Pimentel 1970b, 91)

El azul (azur) exótico, romántico, modernista, atribuido a la victimizada figura materna, revela la aceptación de ciertas lecciones metafóricas y eufónicas, escasas en la obra de Pimentel, que había hecho gala del desplante torero y el gesto romántico. *Azul* de Rubén Darío, aunque publicado en 1888, resonaba en sus oídos. E. de la Barra, en su prólogo a una reciente edición de *Azul*, colocó como epígrafe la sentencia de Víctor Hugo: *"L' art c'est l'azur"* (Darío 2002, 13). En la literatura peruana, el poema "La niña de la lámpara azul" de José María Eguren tiene un prestigio canónico. Cesáreo Martínez Sánchez, poeta coetáneo de Pimentel y cercano a Hora Zero, ha utilizado también el azul como metáfora constante: "Cuando ella se insinúa se arrastran las sombras / y la tarde queda azul / Azul el trazo repentino de la playa / Azul el pico sagrado de los pelícanos" (Martínez 1998, 2). El color del cielo y del mar aparecerá constantemente en la poesía de Pimentel. Baste por ahora señalar su actualización en *En el hocico de la niebla*: "En otra piel se dan las circunstancias / de un delirio azul que habla al viento, y hay un cansancio en la voz" (Pimentel 2007, 16-17). Sin embargo, las pocas influencias detectables en la obra de Pimentel casi nunca o nunca se encuentran en estado puro, sino que se hibridan y enlazan, en la enumeración caótica, con predicados relativos al tiempo, a las minucias de la vida cotidiana, al cuerpo:

> Yo era yo, pero a veces, no era nadie y a mi alrededor delfines, calendarios,
> castillos de arena, epiplones, vaho, nerviosismo, hachas, mal aliento,
> lápices, libros, vasos, platos, cigarros, marzo, abril, febrero, jueves, septiembre
> cayendo en un total estado de hipnotismo. (Pimentel 1970b, 92)

La razón histórica expresada mediante las sinécdoques generalizantes de Hora Zero, que Pimentel había ayudado a formular y difundir, encontraba ahora su razón íntima, y el procedimiento que el poeta utilizaba para narrarla correspondía al descubrimiento de la verdad propuesto por Ortega. Este descubrimiento de *alétheia* consiste en apartarse de la "pululación innumerable" de los hechos que ocultan la realidad, quedar "solos con nuestra mente" para fabricar una "realidad imaginaria", compararla luego con "los hechos que nos rodean" y determinar si lo imaginado los ha descubierto (Ortega 1982, 18-19). Esta reflexión de Ortega se puede ilustrar mediante un triángulo cuyo ángulo inferior izquierdo incluye los hechos, cuyo ángulo superior encierra el análisis abstracto de estos hechos, y cuyo ángulo inferior derecho reúne el análisis abstracto cotejado con los hechos. Pimentel había empezado a descubrir su realidad radical, y puso la primera piedra de su *oikodomé* o edificación al mismo tiempo que iniciaba el proceso de *metanoia* o conversión, arrepentimiento y ensimismamiento (Ortega 1982, 150-151). El fracaso de la familia nuclear expuesto en "Material" negaba la felicidad alcanzada por la joven pareja en el Hotel Colón de "Débil muestra", reiteraba el origen traumático de la experiencia estética y concluía con la metáfora macabra que anunciaba la soledad y la caída inefable del aedo en ciernes:

> Yo veía expandirse grandes brazos que me protegían. Era un producto de un hogar
> no constituido, devastado. Decía que cuando acabase todo esto iba a

largarme a
Australia. Decía que una vez terminada la nueva casa alquilada trataría de
embarcarme y partir lejos.
....
En algo ya había contribuido. Había hecho ya bastante, así lo creía.
Pero nunca fue bastante y todo lo que hice —en realidad nada—
entraba en el límite de la alucinación y el caos. Mi primo reía
desde su ancha cama. Los tíos se solidificaban. El rey sol sólo era
un murciélago batiendo sus alas y escupiendo por la nariz. (Pimentel
1970b, 92-93)

"1944-1968", tercer poema de Jorge Pimentel consignado en *Hora Zero: materiales para una nueva época* (1970) —primera antología del movimiento—, constituyó una cristalización de disidencia respecto al afán gregario manifestado en la fundación y gerencia de Hora Zero: "Seguramente no supe escuchar embrollado en coyunturas históricas / o condiciones subjetivas, o tal [vez] no se dieron las condiciones / aparentes para concluir algo y mostrarme de cuerpo entero" (Pimentel 1970b, 86). El poeta se refería aquí a dos de las categorías más utilizadas en la jerga del campo socialista de aquellos años: coyuntura y condiciones subjetivas. *Coyuntura* significa el corte diacrónico actual de la historia entendida como lucha de clases, vale decir, el hoy y el aquí del devenir. *Condiciones subjetivas* alude al conjunto de factores psicológicos de masas en relación a la factibilidad de la revolución. De la conjunción de condiciones subjetivas y objetivas favorable depende, teóricamente, el triunfo de la revolución socialista.

Al achacar su situación de escritor ignoto a "coyunturas históricas" y "condiciones subjetivas", Pimentel renegaba satíricamente de las explicaciones de manual para catecúmenos, y al hacerlo mostraba desconfianza respecto de la arquitectura abstracta que había servido al movimiento Hora Zero para explicar la historia peruana y mundial. La ruptura con la propia ruptura —en el momento en que ésta acaecía— hallaba en el poema "1944-1968" una de sus primeras manifestaciones. A pesar de las deficiencias gnoseológicas e ideológicas de entonces, el duende poético de Pimentel ya se había dado maña para conquistar su libertad inmanente.

Jorge Pimentel ocupaba los lugares vacíos a partir de detalles aparentemente mínimos. Uno de ellos, ya mencionado, es la inserción del jugo de papaya, acaso por primera vez, en la poesía peruana. No se trata de un detalle aislado. En "1944-1968", aparecen otros elementos urbanos de suma importancia: "Para qué veinticuatro años de una vida. / Seguramente para discutir, amar en los parques, / comer en tu casa, caminar por las calles, llegar siempre tarde / a los trabajos, no llegar nunca a tu paraje" (Pimentel 1970b, 86). El crítico peruano José Miguel Oviedo denigró esta sustanciación poética de los espacios públicos: "La poesía del 70 pasea por la calle y tiene los ojos bien abiertos, pero sólo para mirarse mejor el ombligo: es autista y a veces neurótica" (Oviedo 1972, 21). Sin embargo, cualquiera que conozca las ciudades del Perú sabe la importancia que tiene el "discutir, amar en los parques" que Pimentel incrusta en "1944-1968". En Lima, una ciudad de siete millones de habitantes, altos índices de pobreza, déficit habitacional e intensa religiosidad, los espacios públicos —calles, plazas, parques y campos deportivos— constituyen lugares de recreación, foros políticos y círculos sagrados donde se reúnen multitudes. Muchas de las revoluciones, sublevaciones y protestas de la historia contemporánea de Lima han estado ligadas al "caminar por las calles" y al "discutir. . . en los parques" que registra la poesía de Pimentel. Así como el ser político y cultural de Lima —y de todos los centros urbanos del Perú— se desarrolla, conspira y se expande en los espacios públicos, la actividad amorosa y sexual de los limeños de extracción popular y media–baja tiene íntima relación con dichos espacios.

El Parque del Amor se inauguró el 14 de febrero de 1993, en el distrito de Miraflores de Lima, sobre un acantilado con vista al Océano Pacífico. El centro del Parque del Amor lo ocupa "El beso", escultura monumental de Víctor Delfín, que representa a una pareja, echada en un parque, prodigándose cariño. Las barandas del Parque del Amor están decoradas con versos de Wáshington Delgado, José Watanabe, Rodolfo Hinostroza y Jorge Pimentel, entre otros. Al traer las calles y los parques de Lima a la poesía peruana, el fundador de Hora Zero, lejos de comportarse como autista y mirarse el ombligo, estaba elevando a categoría de metáfora los espacios básicos del ser nacional, donde lo público y lo privado se funden por tradición y necesidad.

CAPÍTULO V

ÓPERA PRIMA

Después de difundir el manifiesto "Palabras urgentes", para Jorge Pimentel había llegado la hora de sustentar con su propia obra la transformación de la que era protagonista. Al impugnar todo el corpus de la poesía peruana posterior a César Vallejo, el fundador de Hora Zero había fomentado expectativas: "sólo una gran poesía, una poesía que no invite a la conciliación ni al pacto con las fuerzas negativas, una creación absoluta contrarrestará la debacle de la poesía peruana contemporánea" (Pimentel 1970a, 8). El sueño de una América Latina liberada del yugo neocolonial coincidía con la refundación estética: "Y es aquí donde los nuevos clásicos nacerán. Aquí en los países sudamericanos" (Pimentel 1970a, 8). El desafío era claro: o Pimentel presentaba un poemario contundente o los vientos que había sembrado se convertirían, luego de la tempestad, en la calma implacable del olvido.

Según información proporcionada por el poeta (Entrevista inédita), *Kenacort y Valium 10 (material para ser tomado en cuenta)*, el título de su primer poemario —de aquí en adelante *Kenacort*—, denota el corticoesteroide que tomaba su madre para la artritis, y el tranquilizante que consumía su padre. Las connotaciones de un corticoesteroide como el Kenacort y de un psicotropo como el Valium —diazepam— no son desdeñables: ambos productos ofrecen un alivio rápido de los síntomas, pero el paciente corre el riesgo de experimentar graves efectos secundarios. Tanto el Kenacort como el Valium metaforizan una medicina orientada a controlar lo sintomático en desmedro de lo causal. En el contexto de la poesía peruana, hasta donde llega mi conocimiento, era la primera vez que en el título de un poemario aparecía el nombre de dichos medicamentos. El campo semántico de la metáfora incluía un fenómeno hasta entonces inédito en la historia del Perú: la drogadicción de masas.

Hacia fines de la década de 1960, el consumo de marihuana, cocaína, ácido lisérgico y de fármacos psicotrópicos —que en el Tercer Mundo se adquieren fácilmente sin receta— mostró un aumento de proporciones epidémicas, cuya causa principal era el aumento de la demanda de drogas ilegales en Estados Unidos y Europa. La supresión pasajera del sufrimiento individual y colectivo y la ascención a los paraísos artificiales o virtuales son rasgos que afectaron duramente a la generación de Jorge Pimentel y que siguen operando, potenciados a escala global, en nuestros días. El poema "Tromba de agosto" —aparecido en *Hora Zero FOCEP* (1978)— sintetizó algo hasta entonces muy poco común en la poesía peruana: la angustia de un sujeto común y corriente en un período histórico marcado por la drástica subida de precios y a la consiguiente reducción de la expectativa de vida y de la consecución de la felicidad. De modo semejante, *Kenacort* incidió en la drogradicción de masas, una de las novedades de la época que hasta entonces no había sido visitante asidua de la poesía peruana, pero que, tanto como la angustia económica del asalariado, del subempleado y del desempleado, pasaría a codefinir el ser contemporáneo tercermundista.

En *Estos 13* (1972), dos años después de la publicación de *Kenacort*, el primer libro de Jorge Pimentel, José Miguel Oviedo intentó presentar un panorama lo más amplio posible de la poesía peruana que se gestaba desde fines de la década de 1960. En la sección "Documentos", incluyó el manifiesto "Palabras urgentes", acta de fundación del movimiento Hora Zero, y varios textos del movimiento: "Pronunciamiento del movimiento Hora Zero sobre cuatro puntos actuales" (s/f), "La mano de los recitales" (1971), "Memorándum colectivo" (1970), "Poder joven de la poesía" (1971). En la misma sección de *Estos 13*, Oviedo incluyó la escaramuza epistolar entre Jorge Pimentel y el poeta Antonio Cisneros que desembocó en el mano a mano que se realizó en 1972 en el Instituto Nacional de Cultura de Lima, con la asistencia de José Miguel Oviedo y de Chabuca Granda. Al final del singular mano a mano —término de estirpe torera—, Alberto Colán, amigo de Hora Zero, apuntó y disparó a Pimentel con una pistola de fogueo para representar un asesinato ritual.

La citada sección de *Estos 13* consigna artículos diversos sobre Hora Zero y entrevistas a sus integrantes: "Los nuevos discuten a Vallejo" (1972), coloquio en el que participaron César Lévano, Jorge Pimentel y Enrique Verástegui; "Hora Zero: poesía 70", firmado por Alat (Alfonso la Torre) en 1970; "Verástegui: la urbe, la cultura y el hombre", también de Alat (1972); y

"De 'v' a 'v' " (1972), ensayo del narrador y dramaturgo José B. Adolph sobre Enrique Verástegui. Si a esta presencia del movimiento rupturista, que también se refleja en el prólogo de Oviedo, se agrega el hecho de que de los trece poetas seleccionados, cinco pertenecían a Hora Zero —habiéndose Pimentel negado a publicar sus poemas en dicha antología—, se entenderá que *Estos 13* de José Miguel Oviedo, a pesar de la intemperancia crítica —justificable por la agresividad de los horazeristas—, rendía un dialéctico homenaje a los poetas nucleados en torno a Pimentel y Ramírez Ruiz.

En el otro lado de la balanza de la recepción crítica sobre la irrupción de Hora Zero en general y de Jorge Pimentel en particular, se encuentran las opiniones que ha emitido César Toro Montalvo, poeta coteáneo del movimiento y enciclopedista de la poesía peruana. En su *Historia de la literatura peruana*, Toro Montalvo ha formulado juicios que apuntan a una interpretación específica de la obra del cofundador de Hora Zero:

> Jorge Pimentel. . . da paso a la ruptura. . . e inicia la recuperación de la poesía de la calle por primera vez. Desde la aparición de Vallejo, no teníamos presente la aparición de un fenómeno tan original como el movimiento Hora Zero; todo nuevo acto poético preanuncia a partir de él y sus gestores. Su primer libro, *Kenacort* (1970), acompaña tal cometido. . . Liberador y violento, corrosivo y confidencial, irreverente y neorromántico, experimental y vanguardista. . . este libro sirve como un documento anunciador de la sociedad peruana de entonces. Hondamente vital, esta obra no tiene —artísticamente hablando— poemas parejos, su arquitectura es desigual, pero sí aportó los elementos de juicio para el ordenamiento de la nueva literatura peruana. . . Pimentel no es un poeta parejo y uniforme; sin embargo —nadie lo puede negar— ha escrito los poemas más memorables de la. . . generación del 70. Nadie podrá alcanzar la significancia literaria de sus mejores poemas . . . Para aclarar mejor mis juicios, ahí están "Balada para un caballo", "Rimbaud en Polvos Azules" y "Muerte natural", quién sabe los mejores poemas escritos en el Perú en los últimos cuarenta años. (Toro Montalvo 1996, XI, 928)

Las reflexiones de Oviedo y las de Toro Montalvo, ora encomiásticas ora reprobatorias, coinciden en reconocer la poesía peruana publicada a principios de la década de 1970 como un fenómeno de renovación. Al colocar ciertos textos de Pimentel en los lugares más altos del "ránking" poético de las últimas décadas, el entusiasmo de Toro Montalvo —coetáneo de Hora Zero— contrasta con el vituperio de Oviedo, también determinado generacionalmente. Éste, sin embargo, no dejó de percibir, luego de señalar sus defectos, "poemas de una rara intensidad en su despojada dicción" (Oviedo 1972, 21) en los libros de Pimentel y Ramírez Ruiz.

El escritor chileno Roberto Bolaño (1955-2003), fundador del infrarrealismo mexicano, y ganador de los premios Rómulo Gallegos y Herralde (1998), escribió pocos años antes de su muerte un prólogo a la edición mexicana de *Ave soul*, segundo poemario de Pimentel. Dicha edición se materializó en 2008, pero no, como se tenía planeado, en México sino en Lima, con el prólogo de Bolaño titulado "Pimentel en el recuerdo" (Bolaño 2008). La segunda edición peruana de *Ave soul* había sido anunciada por Sebastián Pimentel en correo a esta autora (Bolaño 2008). Lo cierto es que, en su prólogo, Bolaño ofrece un testimonio de la recepción que mereció la poesía de Pimentel entre los jóvenes escritores mexicanos de entonces:

> Fue la poeta Diana Bellesi quien me regaló *Kenacort y Valium 10*. . . y por supuesto . . . me gustó el libro de Pimentel. En 1974. . . conocí a Mario Santiago. Él también había leído *Kenacort*. . . y uno de los territorios en donde se cimentó nuestra amistad fue en la lectura y relectura de esa poesía convulsa y beligerante y en los caminos múltiples que se abrían a partir de ella y que Mario y yo discutíamos hasta que empezaba el amanecer en el DF, unos amaneceres de absoluto privilegio. . . Uno de esos puntos [en que estábamos de acuerdo] era Hora Zero y Jorge Pimentel. . . la joven poesía peruana era de lejos la mejor que se hacía en Latinoamérica en aquel momento, y cuando fundamos el infrarrealismo lo hicimos pensando no poco en Hora Zero, del cual nos sentíamos arte y parte. (Bolaño)

Kenacort es un libro de complicada arquitectura. Los poemas propiamente dichos están precedidos por los siguientes textos: "Destruir para construir", manifiesto firmado por Jorge Pimentel y Juan Ramírez Ruiz; "Palabras urgentes", *reprise* del manifiesto fundacional de Hora Zero firmado por Pimentel y Ramírez Ruiz; "Nosotros tenemos la razón", manifiesto suscrito por el movimiento Hora Zero; "El continente más grande", dedicatoria y manifiesto firmado por el autor; "Todo es público", prefacio suscrito por Jorge Pimentel; "Contra los Muertos que no comprenden que el Juicio Final ha llegado", también firmado por el autor; "Tú sí Cynthia", dedicadoria a Cynthia Ana María Pimentel Vásquez, única hermana del poeta; y, por último, "A la mujer que me ama y la amo, Pilar Prieto", dedicatoria de Pimentel a su esposa. Estos ocho textos conforman la peritextualidad y la metatextualidad de *Kenacort*. Peritextualidad en el sentido de que se consigna en ellos un conjunto de datos que circunstancializan el poemario; metatextualidad en cuanto que brindan ciertas explicaciones del poemario utilizando un código hasta cierto punto distinto del que se usa en los poemas.

Ambas textualidades juegan un papel decreciente en los poemarios de Pimentel. Así, *Ave soul* (1973) lleva en contracarátula una carta del poeta español Félix Grande al autor. *Palomino* (1983) contiene, como apéndice, doce fotografías de la estación de trenes cerca de la cual el poeta escribió su libro, hechas por Carlos Domínguez, uno de los reporteros gráficos más importantes en la historia del periodismo peruano. "Los ojos que faltaban", del poeta Pablo Guevara, sirve de prólogo a *Tromba de agosto* (1992). "La identidad del amor", de Tulio Mora, es el prefacio de *Primera muchacha* (1997). El último libro del fundador de Hora Zero, *En el hocico de la niebla* (1997), ostenta un prólogo titulado "El día detenido", escrito por Sebastián Pimentel, hijo del poeta. En *Kenacort*, indudablemente, es donde la peritextualidad y la metatextualidad tienen un peso mayor, lo cual explica por qué dicho libro se sitúa en la línea más externa, más colectiva, del proceso anímico y poético de Jorge Pimentel.

En el manifiesto "Destruir para construir", se describe *Kenacort* como un "libro [que] no está escrito para agradar sino para desagradar y convertirse en grano, en semilla, en pan, agua, tuerca para ese gran motor que es y será la formación del hombre nuevo, la formación del creador, pleno, poderoso, indesmayable e indestructible en la lucha, es decir, EL HOMBRE VIVO" (Pimentel 1970b, 5). Es de capital importancia la afirmación de que *Kenacort* no se ha hecho para que guste y que al mismo tiempo generará textos de la misma índole. La literatura de la repugnancia existencial es uno de los síntomas del cambio de paradigma poético y filosófico universal que Pimentel había detectado tempranamente. Abordaré el tema más adelante.

En "Nosotros tenemos la razón", el movimiento Hora Zero mostró de nuevo la actitud insolente que a la sazón lo distinguía: "Y los que se cieguen ante esto [ante el hecho de que nosotros tenemos la razón] no cometen un error sino un acto abyecto y serán barridos por la historia" (Pimentel 1970b, 15). La individualidad del escritor aún se parapetaba tras el colectivo: "Consideramos que no le debemos nada a nadie, ni siquiera como influencia. Cualquier poema de los de Hora Zero puede darse entre los mejores de América y el mundo" (16). Los integrantes del movimiento insistían en lo que ellos llamaban "poesía de la calle" y "sintaxis callejera": "La nuestra es una poesía que está metida dentro, caminando por las calles, indagando, viendo y viviendo los problemas comunes. Cuando uno sale a la calle, camina, toma el ómnibus, va al cine, al trabajo, la problemática es común a todos. La poesía se alimenta de todo eso" (17). A la autoafirmación del colectivo sigue "Acta de acusación" —tercer acápite de "Nosotros tenemos la razón"—, donde Hora Zero opinó sobre Nicanor Parra y Pablo Neruda. Respecto a aquél se afirmaba:

> Ha rebajado el nivel del humor. En este momento en América convulsionada la poesía tiene que presentarse sin humor de ningún color. Eso de que "los poetas bajen del Olimpo" está bien; pero no para que se enmierden. La de Parra es una posición conservadora. Si a Vallejo lo lee un banquero lo va a rechazar. A Parra no, porque concilia con las fuerzas negativas y es buscado para la risa y el juego. (Pimentel 1970b, 17)

Y sobre Neruda se decía: "Su obra no motiva. Contenta y desvía. Atonta y embrutece y anestesia. Escandalosamente engañosa" (17). El nuevo modo de escribir era la *poesía integral*: "La poesía es todo. Todos los elementos de la vida participan en la poesía. Nos interesa la problemática del individuo y de la masa... El poeta tiene que abarcarlo todo, porque si se es poeta, se es todo" (17-18). Esta concepción de *poiesis* coincide con la teoría de la *Gestalt* de Köhler, Wetheimer y Koffka, y particularmente con el holismo y el molecularismo semánticos.

De acuerdo con el holismo semántico, "the meaning of a symbol is relative to the entire system of representations containing it" (Audi 1995, 724). De acuerdo con el molecularismo semántico, el significado de un símbolo es determinado "by its relationships to the meanings of other expressions in [language] *L*, but, unlike holism, not by its relationships to every other expression in *L*" (Audi, 725). Así, una expresión lingüística o poética tiene significado sólo en el contexto de una lengua; una hipótesis tiene significado sólo en el contexto de una teoría; un concepto tiene intencionalidad sólo en el contexto de un sistema de creencias (Audi, 724). El vórtice que utilizo para representar la evolución de la poética de Pimentel entre *Kenacort* (1970) y *En el hocico de la niebla* (2007) encuentra una representación paralela —o un metalenguaje que lo explica— tanto en el holismo como en el molecularismo semánticos.

La arquitectura abstracta, la concepción del mundo y la razón vital que Pimentel y los poetas de Hora Zero diseñaron en sus manifiestos y comunicados constituía el sistema entero de representaciones dentro del cual los símbolos poéticos colectivos e individuales establecerían sus relaciones semánticas, vale decir, actualizarían su significado. En vez de intentar conocer los mundos fáctico y referencial partiendo de su propio caso particular, Pimentel optó por indagar en su ser íntimo partiendo de contextos que lo contenían. Estos contextos, a lo largo de veintisiete años, se han ido reduciendo en extensión, hasta que el poeta llegó al contexto aparentemente mínimo que se encuentra en *En el hocico de la niebla*. Dicho de otro modo, "the laws of the behavior of people in groups are not deducible by composition laws or laws of coexistence from the laws of solitary behavior" (Audi, 336). En su proceso de *metanoia* —ensimismamiento— y de *oikodomé* —edificación— a Pimentel no le bastaba explicarse el mundo sobre la base de su vida individual. Hubo de formar un colectivo y una arquitectura que explicara el pasado y el presente y predijera el futuro para empezar a ensimismarse, a volverse sobre sí y llegar, casi tres décadas después, al centro mismo de su ser, negando o verificando la validez de los postulados iniciales de Hora Zero, gracias a la interacción dialéctica entre la teoría general o pensamiento común de Hora Zero y la acción creadora o pensamiento individual de cada uno de sus miembros.

De esta manera, la peritextualidad y la metatextualidad de *Kenacort* se explican como la zona de intersección entre el ser gregario y el ser íntimo de Pimentel, o, paralelamente, como el segundo giro hacia el centro del vórtice de su evolución vital. Afirmar que el primer libro de Pimentel está lleno de "montones de versos chapuceros" y "dedicatorias melodramáticas" (Oviedo 1972, 21) constituye una elusión del problema cognitivo que plantean la peritextualidad y la metatextualidad exuberantes —que no se repiten en sus otros libros— de *Kenacort*.

Los componentes aparentemente supérstites de la ópera prima de Pimentel configuran dos sistemas paralelos e interactuantes: uno compuesto por el conjunto de nuevas creencias, vigencias, lealtades, valores y referencias asumidos en mayor o menor medida por Hora Zero y Pimentel como *Weltanshauung*, y otro constituido por el sistema de expresiones lingüísticas necesario para expresar el nuevo ambiente existencial. Se trata, pues, de la configuración de un nuevo universo simbólico y de relaciones sociales mediante un ejercicio literario y vital, semejante al de la épica homérica, destinado a relatar efectivamente una nueva época histórica y a participar en ella ocupando los lugares vacíos, ejerciendo el poder, vale decir, materializando el proyecto hasta entonces abstracto.

Desde este punto de vista se explica mejor el hecho de que en "El continente más grande" —cuarta sección del conjunto de textos que precede a los poemas propiamente dichos de *Kenacort*—, Pimentel dedicara el libro a casi setenta poetas, escritores, periodistas, pintores y amigos peruanos. También incluye en dicha dedicatoria, entre otros, a César Moro, Julio Cortázar, Juan Carlos Onetti, Ernesto (Che) Guevara, Bertrand Russel, Henry Miller, Ezra Pound, Allen Ginsberg, Walt Whitman, Ernesto Cardenal, Mario Vargas Llosa, Enrique Lihn, Rodolfo Hinostroza, Sigmund Freud y Amadeo Modigliani. La larga lista de nombres está antecedida por una subdedicatoria a

> la indesmayable labor de crear, alimentar y mantener vivo al superhombre: siempre creador, siempre revolucionario, siempre consciente, siempre adiestrado, siempre astuto, siempre hábil, siempre despierto, siempre ágil, siempre ejemplar, siempre presente, siempre listo, siempre batallador, aniquilador de movimientos enemigos, siempre concientizador, siempre manifestándose, siempre denunciando, siempre alerta y trabajando. (Pimentel 1970b, 19)

La conducta ideal del superhombre pimenteliano contiene los tres rasgos elementales de la "mentira vital", definidos como: "(1) an instance of self-deception (or lying to oneself) when it fosters hope, confidence, self-esteem, mental health, or creativity; (2) any false belief or unjustified attitude that helps people cope with difficulties; (3) a lie to other people designed to promote their well-being" (Audi 1995, 842). La mentira vital u optimismo a ultranza que Pimentel ostentó en su primer poemario tenía un claro antecedente en "Song of Myself" de Walt Whitman —poeta del cual aquél vindicó expresamente "Hojas de hierva [sic] / Canto a mí mismo" (Pimentel 1970b, 279)—: "Urge and urge and urge, / Always the procreant urge of the world. / Out of dimness opposite equals advance, always substance / and increase, always sex, / always a knit of identity, always distinction, always a breed of life" (Whitman 1983, 24). El desiderátum del "Acto sexual como urgencia" (Pimentel 1979b, 21), consignado en "El continente más grande" de *Kenacort*, ilustra la similitud entre el impulso vitalista y voluntarista del cofundador de Hora Zero y el de Walt

Whitman. Es asimismo significativa la semejanza de "I, now thirty-seven years old in perfect health begin" y "Stout as a Horse" de "Song of Myself" de Whitman (Whitman 1983, 22, 24) respecto a "Con veinticinco años sobre los hombros / fuerte como un toro / hermoso como caballo / joven y lleno de vitalidad" de Pimentel (1970b, 30).

La notable presencia de la mujer en *Kenacort* coincide con el postulado de Whitman en "One's-Self I Sing": "The Female equally with the Male I sing" (1983, 1). *Latu sensu*, el poeta en "Song of Myself", concebido como "the mate and companion of people, all just as immortal / and fathomless as myself" (Whitman, 27), concuerda con la poesía en la cual "todos los elementos de la vida participan" (Pimentel 1970b, 17), inclusive los detalles al parecer nimios, como la marca y el precio de los biromes que el autor utilizaba para escribir, merecedoras de una dedicatoria: "A los lapiceros Lucas Pen de tres soles cincuenta y de tinta negra" (26). Las prendas de vestir también recibían un reconocimiento: "A mis zapatos negros en punta verdaderos devoradores de cientos y millones de kilómetros" (21). Estos detalles son pespuntes en el tejido de "El continente más grande", donde predominan los imperativos heroicos: "El que propicia el porqué / es el porqué del destino / y el forjador de destinos / no muere porque lo matan / él mismo busca su muerte / muere porque decide" (Pimentel 1970b, 22). La combinación del gesto romántico abstracto o de la profunda sentencia con datos mínimos de la cotidianidad es una de las características de los poemas de la obra de Pimentel.

La dialéctica de lo abstracto y lo concreto, de lo máximo y lo mínimo, del macro y del microcosmos, aparece también en los panfletos del movimiento, como es el caso en "Hora Zero rompe", prefacio de la ya citada *Antología terrestre* (1981), donde, luego de arrogarse la representación poética de "las más amplias masas populares", los escritores del movimiento declararon hallarse "sin siquiera un plato de cancha salada" (*Antología terrestre*, 1), es decir, hambrientos, desprovistos del maíz tostado (*cancha*) que constituye uno de los piqueos o entremeses más populares y humildes en el Perú. La alta frecuencia de *cancha salada* en el habla coloquial del Perú es comparable con la de *jugo de papaya*. La semantización de ambos sintagmas en la lengua poética peruana es una de las primeras materializaciones de la arquitectura abstracta de la ruptura de Hora Zero y de su fundador.

El "forjador de destinos" de Pimentel, comparable, por su aspiración histórica, con el hombre definido como "fabricante nato de universos" de Ortega (1982, 39), concuerda con el sustrato básico de la vida que, según el filósofo madrileño, consiste en lidiar con la propia circunstancia (1982, 29). Dos hechos textuales en la obra de Jorge Pimentel tienen que ser traídos a colación para entender la propia circunstancia "populista" de su poesía: la poquísima —y por momentos nula— presencia de referentes extraídos de las culturas judeocristiana y grecorromana, y la presencia de sintagmas y vocablos recolectados del habla y por tanto de la cultura, del universo semántico popular, utilizados como metáforas y referentes. Ejemplifico lo dicho: allí donde, según otra poética, cabrían los pies ligeros de Aquiles, aparecen los trajinados "zapatos negros en punta" de Pimentel; en vez del licor sagrado de Góngora, el héroe bebe un tropical jugo de papaya; y, a efecto de significar la humillación de la necesidad insatisfecha, los miembros de Hora Zero no se quejan de la falta de *maná* sino de un andino plato de cancha salada. Mediante el uso de un conjunto de metáforas y referentes cuyo alto rendimiento semántico es un hecho de habla actual, y mediante el abandono paralelo del sistema judeocristiano y grecorromano de metáforas y referentes, originalmente de alto rendimiento semántico, pero transformado por la evolución lingüística en un sistema pertinente sólo para las élites cultas, Pimentel intentaba reducir, en términos de Saussure, la brecha entre la lengua literaria y el idioma local:

> l'unité linguistique peut être détruite quand un idiome naturel subit l'influence d'une langue littéraire. Cela se produit infailliblement toutes les fois qu'un peuple arrive à un certain degré de civilisation. Par «langue littéraire» nous entendons non seulement la langue de la littérature, mais, dans un sens plus général, toute espèce de langue cultivée, officielle ou non, au service de la communauté tout entière. . . on choisit, par une sorte de convention tacite, l'un des dialectes existants pour en faire le véhicule de tout ce qui intéresse la nation dans son ensemble. Les motifs de ce choix sont divers: tantôt on donne la préférence au dialecte de la région où la civilisation est le plus avancée, tantôt à celui de la province qui a l'hégémonie politique et où siège le pouvoir central; tantôt c'est une cour qui impose son parler à la nation. Une fois promu au rang de langue officielle et commune, le dialecte privilégié reste rarement tel qu'il était auparavant. Il s'y mêle des éléments dialecteaux d'autres régions ; il devient de plus en plus composite, sans cependent perdre tout à fait son caractère originel. . . Quoi qu'il en soit, la langue littéraire ne s'impose

> pas du jour au lendemain, et une grande partie de la population se trouve être bilingue, parlant à la fois la langue de tous et le patois local. (Saussure 1972, 267-268)

Se sigue de la reflexión de Saussure que, cuando la distancia entre la lengua literaria o superestrato se torna insalvable, ocurre el fenómeno inverso: los dialectos pugnan por reemplazarla hasta que uno o varios de ellos se imponen. Tal fue el caso del latín, el latín vulgar y las lenguas romances. Un proceso paralelo y semejante se da para los usos poéticos: cuando la sintaxis, el vocabulario y el sistema de metáforas se rezaga respecto de la evolución lingüística, surgen movimientos de renovación que se encargan de que la literatura angoste la brecha entre el decir culto y el idioma natural. Es en este contexto diacrónico que se explica el surgimiento de Hora Zero y los esfuerzos de Pimentel por encontrar un lenguaje que le permitiera expresar su realidad radical, de manera que tanto el poeta como el lector la reconocieran y se reconocieran en el poema y, sin necesidad de consultar el diccionario, experimentaran catarsis.

Ensimismamiento, conversión, edificación

Es en "Todo es público", quinto peritexto y metatexto de *Kenacort*, donde Jorge Pimentel empieza a individuarse, con un lenguaje aún marcado por el estilo panfletario de los manifiestos de Hora Zero:

> La mujer que me ama y la amo ha hecho las gestiones en una cooperativa para facilitarme 21,000 soles oro que serán reembolsados a razón de 1,125 soles mensuales. Hago constancia de que se editarán bajo el sello de Ediciones Hora Zero 1,000 ejemplares, precio estimable y cómodo teniendo en cuenta que estoy comprometido a cancelar la deuda y que no tengo la menor intención de ganarme un canazo.
>
> . . . este. . . Kenacort ha debido ser publicado dos años atrás. . . Pero. . . en la orfandad absoluta de esta tierra nadie. . . está dispuesto. . . a dar medio por nadie. Es horroroso. Pero, aun así, a pesar de todos y todo, entrego este material para que se rompan la cabeza, para que piensen y recapaciten, para que definitivamente quede bien claro [que] Jorge Pimentel vive con nosotros. . . dispuesto a luchar encarnizadamente contra cualquier intento de enmierdamiento humano. Yo, Jorge Pimentel, pongo toda mi fuerza y mi cerebro para luchar hasta

mi último aliento contra todo lo que signifique alienación, caos, miseria, hambre, enfermedades, despotismos, imperialismo, fascismo, soledad. Y también les entrego estas palabras porque quiero manifestarme, quiero ser escuchado. Hay material para todos. Material para los buitres. Material para los honestos. Con este material nacerán nuevos críticos que sepan interpretar y profundizar, nacerán nuevos poetas y escritores. Les doy material para muchos años. . . Y mientras ustedes estén agarrando fuertemente el libro. . . yo estaré con un nuevo libro para ustedes, libro de poemas. . .
Indudablemente ésta es mi época. (Pimentel 1970b, 31)

En primer lugar, conviene llamar la atención sobre el carácter crematístico de "Todo es público". La circunstancialización de la economía política constituye una constante en la poesía de Pimentel. Los costos de impresión, la intervención de Pilar Prieto, esposa del poeta, para obtener el préstamo que hiciera posible la edición, el tiraje, el precio de tapa y la voluntad de devolver el préstamo describen la formación de una pequeña industria en torno al autor y al movimiento. Dicha industria sigue existiendo treinta y nueve años después, materializada en las ediciones de los poetas de Hora Zero, en la existencia ininterrumpida del sello del movimiento, y en la producción académica, periodística y cinematográfica sobre la historia y la obra de sus poetas.

Kenacort constituyó—como predijo su autor— el principio de la larga historia y del nutrido corpus que produjeron los escritores horazeristas. Sin duda, el fenómeno se inició cuando Pimentel se atrevió a elaborar "una idea. . . del puro problema, del caos que es por sí, primariamente, la circunstancia" (Ortega 1982, 28-29), convirtiéndose en un "fabricante nato de universos" (Ortega 1982, 39). Luego de haber fecundado el ambiente, la escisión de Pimentel del universo simbólico colectivo se dio a través del movimiento en forma de vórtice hacia su mismidad. Sin embargo, su movimiento no fue ni es uniforme y por lo tanto no se puede graficar solamente con la perfección de la línea curva. Las dimensiones del vórtice existencial, textual y metatextual del autor de *Kenacort* han fluctuado entre cinco extremos que se niegan, anulan y sintetizan: la alteridad u otredad, el yo, el nosotros, las formas o ideas platónicas, y las formas o ideas tal como las percibe el poeta en su realidad radical. Conforme avance en el análisis de los libros de Pimentel, mostraré la atenuación del nosotros, la consecución del ensimismamiento, el retorno al *ego*, y la síntesis del nosotros y del *ego*. Baste decir por ahora que la escisión de

Pimentel empezó a manifiestarse en la falta de fe en los postulados vitalistas de la textualidad introductoria y de los manifiestos de Hora Zero.

En la primera sección de *Kenacort*, "He adquirido conciencia y me podría desnudar", en el poema de apertura, "Entonces tendremos un círculo ameno", el nosotros es evidente desde el título. Sin embargo, se trata de un colectivo que nada o poco tiene que ver con los rasgos de la persona vitalista, enérgica, positiva y moralmente irreprochable que se postulaba en "Todo es público": "En algún lugar / habrá un círculo ameno / para refraneros y mentirosos" (Pimentel 1970b, 39). En este *locus amenus* distópico no sólo se reúnen los que dicen o inventan refranes y los falsarios sino también ancianos, vagos y poetas. En el "nuevo orden" no hay lugar para el superhombre descrito en "El continente más grande". El autor incluyó en su *locus amenus* "huesos y palabras / espontaneidad y dulzura", pero también afirmó que "el agua circulará / eternamente en la bondad, en la maldad". Lo que, por boca de su ser gregario, llamaba "enmierdamiento humano" (31, 34), "incredulidad", "cobardía", "ceguera", "carencia de inteligencia y brillantez" y "parálisis mental", empezaba a filtrarse en su "círculo ameno", empezaba a mostrar su necesidad durante el primer descenso a los infiernos de lo real. La arquitectura abstracta de Pimentel se estaba cotejando con los hechos que había pretendido describir, y uno de los primeros resultados del cotejo fue la admisión de lo maligno y de lo imperfecto como componentes insoslayables de la sustancia poetizable. La inclusión de las "fuerzas negativas" —contra las que se había propuesto luchar denodadamente (Pimentel 1970a, 8)— en el seno de su ser íntimo y de su *poiesis* contradecía el carácter absoluto de las ideas más o menos independientes de la realidad concebidas por el ser gregario; vale decir, el poeta se rebelaba contra los ecos y sombras de la caverna platónica.

La disidencia de Pimentel respecto del colectivo se manifestó de nuevo en "El desconcierto de los sacrificados", poema que evidencia la tensión entre la alteridad del ser grupal y la mismidad del poeta: "Cuántas veces acudieron a mí / con una antorcha trágica / a acusarme que reyes y taberneras / tamborileaban una mesa y bebían / sin hacer caso de nuestras inquietudes" (Pimentel 1970b, 41). Las visitas de los otros al poeta equivalían a "ser abrumado de gente en un recinto muy largo". La *repetitio* no deja lugar a dudas: "Cuántas veces acudieron / cuántas veces incontables". Los que venían a abrumar al escritor eran los mismos que en "El continente más grande" constituían una unidad: "no ocultar nada / decirnos todo / ser un solo pensamiento / una sola acción / ser un solo hombre" (Pimentel 1970b, 23). El remate o coda de "El desconcierto de los sacrificados" remitía a la dispersión de la unidad gregaria: "Ahora sólo excrementos de pájaros atrevidos / pájaros o cuervos, pájaros, otros pájaros / y no puedo ser más malo que un soldado / y no puedo ser el que irradia y destella / ahora sólo un viento / viento nuestro, de raros trazos / viento y más viento" (41). El siguiente poema, que lleva por título la primera cláusula de una oración condicional, "Y si dejara que el sol me pierda en su memoria" (42), confirmó el alejamiento de los imperativos categóricos y de las ideas platónicas, pues la hipótesis que sigue a la condición del título reafirma la falta de fe en las creencias del colectivo:

>seguiría con mi infinito
>……………………………..
>con mis ropas destrozadas
>mi lengua blanda
>el agua clara
>el agua limpia o ennegrecida
>en habitaciones malolidas
>con vagos o tuertos
>con gente que dejó de creer
>conociéndonos angostos por el mundo. (Pimentel 1970b, 42)

El pesimismo de la marginalidad, siguiendo el impulso fluctuante, se compensaba inmediatamente con el contenido de "Amo y me desbordo incontenible", poema en que el ego lírico pretendía escapar de su circunstancia: "Quiero permanecer altivo / con mi ropa, con mis amigos, con el pueblo / . . . / y quiero que mis manos palmoteen cantos folklóricos / quiero otros huesos y sudarlos, sudarlos / . . . / y quiero amar incontenible / amar los brazos largos de mi amada combatiente / amar lo que miente para complementarse" (43). Resulta oportuno notar que el *stilus grandis* o *gravis* con que se connota la epicidad releva la necesidad de la mentira, parte aquiescente de la condición heroica del amor y de la vida misma. El impulso colectivo de ponerse "otros huesos", o sea de representar a otros, patente en "Amo y me desbordo incontenible", discuerda con el afán de cohabitar con gente que ha perdido la fe de "El desconcierto de los sacrificados". La vitalidad y el voluntarismo de Pimentel había empezado a alejarse de la sustancia poética cotidiana.

La segunda estrofa de "Amo y me desbordo incontenible", consigna de nuevo el imperativo del movimiento comunitario: "pero avisa y siempre avisa / al que está dormido / que se lo lleva la corriente / y siempre avisa de los mínimos esfuerzos / para juntarnos y alzar los brazos" (44). Pero el poema que da título a la primera sección de *Kenacort*, "He adquirido conciencia y me podría desnudar", relata la posibilidad utópica mediante el modo potencial: "y me podría desnudar; enseñaría mi cuerpo escondido / tanto tiempo, como un antiguo poblador de estos campos" (44). Lo potencial —lo condicional— se transforma en futuro en "La neuve Renaissance 1975-1980", poema con el cual empieza la segunda sección de *Kenacort*. El rasgo perentoriamente profético de este poema, escrito hacia 1970, está dado por su proyección temporal —1975-1980— y por la seguridad del autor respecto al carácter excluyente del progreso:

> Canto simplemente lo que será inevitable.
> Porque en mil novecientos setenticinco
> se duplicará la población actual del mundo.
> Habrá más hambre, escasearán los camotes, las frutas
> y sólo se salvarán los que hayan adquirido
> un alto índice de tecnología: los que fueron primeros
> toda su vida.
> Canto simplemente lo que será inevitable: nuestra vida.
> Peor aún que la destrucción total para los que no sepan
> proyectarse a tiempo. Así veremos:
> colonizar la luna
> máquinas superiores al hombre
> hombres fabricados en laboratorio. (Pimentel 1970 b, 47).

El deseo del poeta de participar en el progreso se reflejó en "El yoga", tercer poema de la segunda sección del libro: "Tengo que saber el doble de lo que / sé hoy para 1980. / De lo contrario / fracaso como primer intento de su- / pervivencia" (49). La desertificación, consecuencia del crecimiento económico, se expresó en el mismo poema: "a treinta kilómetros a la redonda no veremos un solo árbol" (49). Pero el ecocidio podía compensarse: "Ahora he nombrado sólo al árbol, pero será necesario / sacar la cuenta a vuelo de pájaro con cuantos 6,000 millones de cosas / se beneficiarán 6,000 millones de seres humanos" (49). Este contrapunto de nociones opuestas —vigente hoy en día en cuanto relación entre el costo y el beneficio del progreso—, este inquirir del lego en asuntos que ocupan a los doctos, Pimentel lo concibió como el peligro que implica el afán de conocer experimentado por el que se supone ignorante: "Sólo una idea surca la mente del que nada posee / y esa es la de saber más de la cuenta" (50). Conocer más de lo que es admisible conocer y no poder actuar de acuerdo con lo que se conoce es una de las condiciones básicas del sujeto ilustrado contemporáneo, puesto que jamás antes en la historia de la humanidad se había tenido tanto acceso al caudal de información, y, al mismo tiempo, nunca antes el sujeto ilustrado, debido a su proletarización, había formado parte tan uniforme e impotente de las masas: "Obedezco a mi impulso, denuncio / que a toda una región la están haciendo más débil; han logrado / en cuestión de horas atemorizar a toda una población" (51). De aquí proviene la metáfora trimembre sobre la altura moral del amor y el conocimiento y la tosca interferencia de la necesidad:

>buscaré en los lagos perdidos, en los más insidiosos, sobre las ramas
>a la mujer que abriré como un cascarón de madrépora, a la mujer
>que vea en mí: al visionario, a la ola magnética, al leñador: un río turbio
>que avanza siempre sin mediar espacio ni clima, un río que quiere tocar arena
>...
>Como tercer punto: se hará mucho por controlar el encarecimiento
>de la "vida"; los alimentos esenciales como son: el pan, los huevos,
>la leche (Pimentel 1970b, 49)

Tal como se desprende del poema "El error está en no saber aprovechar las cosas que tenemos en las manos", el poeta debía evitar a toda costa la sensualidad de la claudicación —o del poder— para alcanzar el conocimiento: "Si uno es débil vivirá rodeado de palacios y dóciles mujeres / y si uno es fuerte no verá nada de eso / sólo las penumbras que nos tendrán más unidos / sólo la adversidad, sólo la voluntad" (53). Pimentel deseaba someterse a una disciplina férrea en el ambiente distópico del Perú de los años setenta, y no pocas veces reiteró ese deseo en *Kenacort*, precedido o seguido de la temible impugnación de la realidad, como en "Es la vida, qué te parece", donde presagia los horrores y espantos de la existencia cotidiana que plasmaría en *Palomino* (1983) y *Tromba de agosto* (1992):

>Es el acerbo del mal, es el día que empieza, el nuevo día.
>Y es la noche por consiguiente.
>Es la inquietante marejada del que está solo.
>Del que no conoce amigos y su destino lo empuja
>a pelearse y a darse trompadas con la gente que lo rodea.
>Es la queja, es el nerviosismo, la cólera, la indignación
>más explicaciones e inútiles palabras y fogosos discursos.

....
Y es el recuerdo de calientes brazos y de besos abrigando fuego,
de confidencias de alguien que no encontró escapatoria en el futuro. (Pimentel 1970b, 56)

Metanoia y *oikodomé* —arrepentimiento y edificación— aparecen en el extracto citado como una explicación que pone en severa duda la validez de los altos ideales manifestados en la panfletería del movimiento Hora Zero y en la peri y metatextualidad del mismo *Kenacort*. La reclusión del individuo explicaba la agresividad y la logomaquia del colectivo y del mismísimo poeta que lo había fundado. La utilidad de la acción y de la palabra cohabitaba con sus contrarios. Campos semánticos antinómicos se subsumían en el mismo signo. La utopía futurista no había servido de refugio. El sufrimiento era inevitable: "Lágrimas cerca que mide el ombligo / para caer en el justo hundimiento en el que convergen abdomen e ingle", afirmaba Pimentel en "Mundo" de *Kenacort* (57). En el poema siguiente, "Atención poetas del nuevo año o del medioevo", el contrapunto entre el ideal gregario y la intimidad se ejecutaba de nuevo pero con claros visos de primacía de ésta: "me quedaría echado calato en la cama leyendo un poema de / Pound" (58).

La desilusión y la desesperanza se acentuaban en "Noche serena", penúltimo poema de la segunda parte de *Kenacort*: "Sí, porque nunca me recibiré de profesor secundario / y las ciudades se mueven vehementemente y todo / espacio está en rojo sangre, caídos árboles / fruta que no se puede comprar. / Por viejos atajos / me manifestaré, seré el aire que enturbiará tus piernas / y ese cadáver cremado a orillas de un río" (59).

El ensimismamiento de Pimentel halla su mejor definición en el título de la tercera parte de *Kenacort*, "Vida de cambios doblados", la cual se inicia con un poema climático, que escribió a los veinte años de edad —según se infiere del *1964* al pie del texto—, cuyo título repite el de la tercera parte:

Vida de cambios doblados, donde fácil es mojarse
entrar con algún recado donde no pudimos entrar
hacer fértil[es] los desiertos, tirar cuerdas, vasos, platos
martillos, perros; hacer participar, eso es lo que aprendí
después desaparecer lentamente a mis escondrijos,
pero aquí vida de cambios doblados, el tedio
abre su boca de fuego, entreabre sus trinches
peina hacia atrás sus crines, avanza destruyéndolo todo

> tedio vivo, ángulo invulnerable, tedio vivo y profundo
> tedio con torres caídas al ras del suelo; esparcidas
> para siempre, lanzas enmohecidas, cuchillos rotos
> fuertes llamaradas, todo esparcido
> atragantando de agua, pináculos, sombras
> fuerte oleaje, persianas rotas en algún lugar
> Oh! lugares vueltos polvo, torres
> abortos incestuosos detrás de una cortina
> labios reventados, gargantas en su estertórico grito
> tiempo de tedio, todo lo que hemos vuelto a ver
> hombres cojos amenizando una fiesta; llenos de hijos
> con minerales, con sodio
> labios reventados, narices escondidas, huecos de sangre
> y entre pausadas corrientes de agua, los locos
> bambolean sus cabezas, gruesas rayas de carne
> se clavan las rodillas, gritan, se reconocen en los abismos
> pabellones íntegros de enfermos huyendo con sus mantas
> al hombro, hacia las densas humaredas, al inmaculado día.
> El viento abre la mano, se lleva nuestras riquezas
> se abren los pies, se tienden los pájaros
> y el árbol bebe de las lombrices.

Es oportuno señalar el peso semántico de "Vida de cambios doblados", pues este poema pone al autor en el disparadero frente al ambiente distópico que describe, pero ya no en los términos abstractos de la narrativa hegeliano-marxista sino dentro del territorio de la vida propia. El poeta habrá de decir en el aquí y el ahora, sin ninguna ayuda de la ideología ni de la sensación de pertenencia al grupo. Los "cambios" o intercambios son "doblados" porque sencillamente nada puede estar derecho, terso o claro. La vida se presenta como una sucesión de absurdos y torcimientos irresolubles que acosan al poeta. El acoso del espacio contra el poeta se lee en "Un día de estos me van a comer las calles de Lima", texto que connota el sonambulismo o manía ambulatoria que distingue a Pimentel:

> Y de cada rincón sale una voz que me llama, una fría voz
> que se preocupa al verme deambular sin dinero, y con decoro
> encamino mis pasos como un soldado a paso redoblado se dirige
> > al mar

>y donde en verdad debo detenerme sigo de largo a paso
>redoblado
>como un soldado
>con cansancio
>con sed
>con agobios
>con arte. (64)

La imposibilidad de detenerse a contemplar la belleza y de validar sus propias pretensiones épicas es uno de los rasgos fundamentales de la poesía de Pimentel. No abundan en ella grandiosidad, las ideas puras ni los arquetipos platónicos. Y si alguno de estos elementos osa aparecer, el descreimiento se encarga de liquidarlo. Así, el poema "En veinticuatro horas desaparezco de la faz del planeta" empieza con *stilus grandis*: "las largas cavilaciones de ciudadano del mundo / que soy; de amigo de los malos presentimientos, de amigo de la / verdad" (65). Pero, en seguida, la función de vigilante de la especie humana se transforma en el oficio de consejero barrial: "Oh! Buenos días señora Elvira, no deje sola a su hija Mercedes / no vaya a ser que una de estas noches —noches de descuido, de / malos presentimientos— /. . . / ¡Oh mi amigo!, el recién casado, cuídese de la noche / no vaya a ser que una noche —de malos presentimientos— mal / vigilada / lo envuelva y por consiguiente desaparezca de la faz de la tierra" (65). La soberbia de adalid y la jactancia de saberse bueno en el oficio coexisten con la humildad suprema, con el desprecio del reconocimiento mundano, y esto es signo de fortaleza de carácter y solidez de propósito.

La mujer, la urbe, insatisfacción

El poema "En veinticuatro horas desaparezco de la faz del planeta" genera tres poemas vinculados a la mujer. El primero de ellos, "Esa misma mujer", es una descripción del amor de pareja: "el tiempo recrudece como una flor y el mar se escabulle / en las faldas de una mujer, y esa misma mujer cuando se decide / saca el culo por el marido y lo colma de ilusiones / sabiendo que el mar se escabulle entre sus faldas y su marido repite: / 'Así era yo cuando era chico' " (66). El segundo, "La mujer en desmedro de nuestros requerimientos y acusaciones tiende cada vez más a prostituirse", es un sólido testimonio del amor de alquiler, precedido de una acotación: "(poema escrito en un puesto de comida del mercado 3 de / febrero donde un hombre pelaba su papa y hablaba de coi- / tos fabulosos en el barrio rojo de la vuelta)" (66). Pero en realidad no es el discurso del hombre que pelaba su papa el que el poeta transcribió sino lo que él mismo escuchó y vio: "Una de ellas / la más pintarrajeada hace un ademán con el culo y se ve rodeada / por tres hombres: a uno le pide sesenta soles más el cuarto, / a otro cien y se quita el sostén más veinte para el cuarto. / Al tercero le dice que se apure, que la moje de una vez, porque / su marido no aguanta infidelidades" (66). La condición de virgen ramera de la mujer se hace patente al contrastar la visita al mundo de la prostitución con los predicados atribuidos a lo femenino de la primera estrofa de "Esa misma mujer": "una ágil mariposa, una gacela mirando atónita las flores, las flores. / Y la enormidad de nuestro aprecio ha crecido tanto / que las adoramos hasta la muerte, las lloramos, las amamos / . . . a veces nos hemos visto / recogiendo pocitos de arena para vertírselos en los pezones" (66). A la condición de virgen-madre-ramera se suma la de víctima, tal como se desprende de "Vía crucis", tercer poema del tríptico sobre lo femenino que se cuaja hacia el final de la tercera parte de *Kenacort*: "Y uno ya no será el mismo y uno deja de ser el mismo de antes / del coito / de la insuficiencia sexual, después de recordar la cara de la madre / que no se volvió a casar para que no haya problemas con la normal / ascensión del hijo, el desarrollo del hijo de sus entrañas" (67). Volveré sobre el tema de la mujer en *Kenacort* a propósito de "Sinfonía en Marlene", extenso poema que constituye la novena y última parte del primer libro de Pimentel.

La poetización que hace Pimentel de Lima halla una de sus expresiones más sólidas en "The cumpay gato salmos", mosaico poético que remata la tercera parte *de Kenacort*. Una larga lista de personajes de la Lima y del Perú de la década de 1970 — y de la de hoy, pues siguen siendo casi los mismos— precede al texto propiamente dicho: "La relación de las personas que esperaron morir en los tranvías" (69). Mediante una enumeración caótica muy bien ordenada, Pimentel consigue la imagen sincrónica —heredera del espíritu de los poetas satíricos de la Colonia— de una Lima que nunca se terminaba de ir y que aún no termina de hacerlo. Si la exclusión fue el signo de Hora Zero, lo contrario, la inclusión, parece distinguir al movimiento en forma de vórtice de Pimentel hacia el centro de su propio ser. Este movimiento hacia la soledad ha pasado ineludiblemente por muchos sectores de la capital del Perú, al extremo de que *Kenacort* merece un estudio desde el punto de vista espacial y sociológico.

En lo que atañe a este trabajo, cabe relevar el reconocimiento del poeta de un agregado urbano distópico en el que sin embargo conviven en relativa paz diversos grupos de presión, castas, minorías, oficios y profesiones. En los versos de "The cumpay [compadre] y gato salmos", aunque temiendo morir en los tranvías, se reúnen el poeta —"Yo (el burro por delante)"—, "La ramera, " "El hijo de puta", "Los miserables de las barriadas", "Los niños de las escuelas de esteras", "Los homosexuales de la Plaza San Martín", "Los que esperan el camión de Kerosene para hacer el desayuno / —gente muy triste—", "Los chinos de los chifas [restaurantes de comida china] con cucarachas", "La colonia judía que aún odia al Reich", "Los nazis de Oxapampa", "Los intelectuales y la carabina de Ambrosio" (69-71). No hay asomo de animadversión hacia ninguno de los grupos o personajes consignados. Al contrario, la empatía permitió al autor componer el mosaico peruano-limense, que se justifica, al tiempo que concluye, como error trágico: "Y otros como los vendedores de serpientes y garfios, sentados / en una banca desportillada, tratando —en los últimos días de sus / vidas— / desesperadamente de aprender lo que nunca se aprendió / y ¡qué triste es repetir de grado! / La vida es como una compuerta que se cierra y no queda más alter- / nativa / que entrar o salir" (71).

Pimentel halló un instante de paz en el núcleo de la distopía. *Das Dasein* —neutro *estar allí* que define la existencia en alemán— unificó la enumeración caótica de "The cumpay [compadre] y gato salmos", y contradijo, una vez más, la macronarrativa beligerante del panfleto horazeriano. La beligerancia empezaba a reducirse ahora a la realidad radical del poeta y de su entorno, como se afirmó en "El mejor poema de la noche", primero de "1944-1968 (veinticuatro años de una vida)", que es el título de la cuarta parte de *Kenacort*: "Has visto que un mundo / no está hecho de plenitud y belleza" (76). El poema citado mostró que la épica colectiva había empezado a transformarse en gesta individual: "Aun cercado hiciste / lo que otros temieron o dieron por perdido" (76).

En el tercer poema de la cuarta parte, "Pondrán un alambrado de púas" (77), la gran batalla por la justicia social se ponía en duda o se daba por perdida: "Pondrán un alambrado de púas / entre tu hambre y la comida / comprarán a tu mujer / con pieles de animales / y piedras de colores. / ¿Y qué conclusiones tienes / para rebatirlos…? (77) La fe en la revolución socialista, presente aún en los metatextos y peritextos de *Kenacort*, se resolvió en "Fábula del hombre", un breve texto en el que Pimentel reformuló (y vulgarizó) el símil de la caverna de Platón (2003, 240-248): "Una vez que el hombre alcanzó por sus propios esfuerzos / hacerse un sitiecito junto al sol, fue en busca de sus compañeros / de tinieblas y señalando al sol quiso que todos los siguieran. / Tal fue su insistencia que lo pasaportaron a mejor vida" (78). Compárese lo citado con las consecuencias que describe Platón para el esclavo que abandonó la caverna, regresó a ella, y, aún desacostumbrado a las tinieblas, hubo de describir las sombras de los objetos proyectadas en las rocas, mientras los otros esclavos decían que su visita al mundo de arriba le había arruinado la vista, que no valía la pena intentar el ascenso, y que si alguien intentaba liberarlos y conducirlos al mundo de arriba, lo matarían si pudieran ponerle las manos encima (Plato 2003, 243).

La intuición de la precariedad del idealismo se connotó en "Otras indulgencias", poema que argumentalmente se encabalga con "Fábula del hombre": "Los que han depositado sus últimas esperanzas / en ver un nuevo día rutilante / muerden su temporal derrota /. . . / conversando —temporalmente— con el reino de dios / . . . / y entre tiempos, quizá cifrando sus últimas esperanzas / en lo que pueda hacer el otro" (79). La posibilidad de la consecución de la utopía naufragaba en la distopía, y la aceptación de ésta abría las puertas a la ¿necesaria? corrupción: "Ha sido difícil / pero a fin de cuentas hemos aceptado los días malos / tan buenos como los buenos días. / y hemos entrado en trance cuando nos hablaron / de aceptar ciertas condiciones o prebendas, / . . . / y con un rictus en el rostro / algunos han entrado en ciertas componendas" (81). Sin embargo, la intuición —para un joven— del torcimiento de la moral asumida primigeniamente se asociaba a la imagen terrible de "Y al que quiera seguir haciéndose el loco", poema cuyo título se encabalga con el primer verso: "pues que no lo siga haciendo / o se las verá negras / cuando asome la cabeza del gato del fracaso / cuando aparezca de cuerpo entero y no sea reconocido" (80). La condición humana se presentaba entonces muy distinta de aquella del superhombre —tributario de "Le Futurisme" de Marinetti— propuesto en las páginas liminares de *Kenacort*.

Pimentel reconocía a los seres y las relaciones entre ellos en un mundo iluminado por la luz del conocimiento empírico, independientemente de las luces y sombras de la soflama panfletaria. De allí que en "Conociendo al sujeto" arribara a una conclusión diametralmente opuesta al idealismo a ultranza de Hora Zero y de los textos liminares de su ópera prima: "Comprendiendo en demasía y midiendo a sus adversarios / se puede llegar a la conclusión que estaban hechos el uno para el otro" (82). Esta afirmación de la identificación momentánea con el enemigo actualizaba la rebelión contra las creencias que habían posibilitado la insurgencia de Hora Zero.

Reafirma la apertura, porosidad e inconsistencia del lenguaje y del pensamiento el poema "Por creer en cantos de sirena", cuyo primer verso se encabalga de nuevo con el título: "Por creer en cantos de sirena / me estrellé y me saqué la mierda" (84). En el mismo poema, Pimentel acusó el resultado de la experiencia: "Con intuición / examino las cosas por orden de llegada, así me evito molestias y la cosa va entrando a un terreno / amplio donde el razonamiento objetivo no puede ser desvirtuado" (84). El empirismo empezaba a sustituir el horizonte abstracto que Pimentel había forjado sumariamente para interpretar la diacronía, la sincronía y la distopía en los ámbitos personal, nacional e internacional. Resulta imprescindible, en tal sentido, traer a colación una parte al respecto del ya citado extracto de Ortega: "Entonces es cuando salimos de nuestra soledad imaginativa... y comparamos esos hechos que la realidad imaginada por nosotros produciría con los hechos efectivos que nos rodean. Si casan unos con otros es que hemos descifrado el jeroglífico, que hemos des-cubierto la realidad que los hechos cubrían y arcanizaban" (Ortega 1982, 18-19). El gran problema que enfrentaba Pimentel era que la "realidad imaginada" por ellos sólo casaba parcialmente con el entorno que comenzaban a poetizar, y por lo tanto una porción de aquel entorno contradecía o negaba de plano el proyecto de existencia grupal e individual.

Si Pimentel no hubiera sometido su sistema de creencias a la prueba de la falsabilidad, acaso el cotejo de dicho sistema con el mundo de arriba o mundo de la luz —al que alude el símil de la caverna de Platón— habría liquidado la posibilidad de que realizara tanto la *metanoia* como la *oikodomé* que Ortega señaló como constantes del accionar de los epónimos de las generaciones decisivas. El delicado equilibrio y la constante violencia que se establecen entre la *oikodomé* o edificación, la *metanoia* o ensimismamiento y la distopía reinante, llevó a Pimentel de nuevo a la rebelión y afirmación vitalistas, con la variante, recién introducida, de la resignación. Esta conjunción de contrarios cuajó con particular claridad en "Si de mí dependiese mandarlos a la mierda", título que, una vez más, entronca con el cuerpo del poema:

    a todos, hace mucho tiempo que lo hubiera logrado,
    pero teniendo en cuenta entre otras cosas que a su vez
    yo dependo de muchas personas, y éstas a su vez
    dependen de cosas esenciales —primeras necesidades—
    otros de cosas sustanciales como son condiciones climatológicas
    y algunos otros de cargas de conciencia, nostalgias, pesadumbres, etc.

Todo esto nos lleva a un solo punto no discordante.
Todos dependemos de alguien y alguien depende de nosotros.
Todos somos partícipes pero en la medida de nuestro aporte
—casi siempre desechado—
Seguramente y sin el menor equívoco
nosotros somos los que tenemos la razón. (Pimentel 1970b, 85)

El último verso del poema citado —"Si de mí dependiese mandarlos a la mierda"— repite el título del manifiesto incluido en las páginas liminares del primer libro de Pimentel (15-18) y suscrito por el movimiento Hora Zero. Pero, como expondré en seguida, dicho verso, en el contexto de "Si de mí dependiese mandarlos a la mierda", y de lo ya andado en *Kenacort*, no constituía una afirmación sino más bien una duda escuetamente redactada pero de graves consecuencias para la poética y el proyecto vital que Pimentel había imaginado para sí mismo: la generosa expansión del significante y del significado que el poeta logró "sin el menor equívoco" en su ópera prima no se volvería a repetir hasta *Jardín de uñas* —libro inédito que escribió a principios de la década de 1980, en menos de dos meses, internado en un hospital psiquiátrico (Entrevista inédita). Se puede argumentar que *Primera muchacha*, poemario publicado en 1997, se identifica con el largo aliento de *Kenacort*. He explicado anteriormente que *Primera muchacha* es un libro que Pimentel concluyó hacia 1974. Por lo tanto, si se hubiera publicado en 1974, habría sido su tercer poemario —posterior a *Ave soul* (1973)— y habría constituido un retorno a la tesis del poema integral plasmada en *Kenacort*. No dejo cerrada esa posibilidad, pues Tulio Mora, en "La identidad del amor" —prólogo a *Primera muchacha* (1997)— afirma que el libro es "un poema integral textual y contextualmente" (Mora 1997, 14). Volveré sobre este asunto en el momento oportuno.

Poema integral

En el manifiesto *Hora Zero: nuevas respuestas* de 1977, Pimentel y los miembros de Hora Zero de Perú, Chile y México que firmaron aquel documento habían planteado la tesis del "poema integral". Éste debía o podía incorporar la "Sintaxis Callejera" del proletariado y el campesinado y sus "danzas, mitos, folklore, religión, magia, slang, etc"., y el "método de Poesía Conversacional [sic]" (Pimentel 1977, 7). La quinta parte de *Kenacort* constituyó la cristalización antelada de aquella tesis, pues al largo título de dicha parte, "Material para ser tomado en cuenta (y ciertas cosas de sumo interés) 1968-1969", se agrega, al pie, "(poemas integrales)" (Pimentel 1970b, 87). En rigor, *Kenacort* conforma un extenso poema integral o novela poético-filosófica. Era la primera vez en la historia de la poesía peruana republicana que un autor incorporaba tal volumen de referencialidad, intertextualidad y puntos de vista en el objeto llamado poema. Sin embargo, si se observa aun con más cuidado la ópera prima de Pimentel, se nota que el diseño del poema integral aparece con más frecuencia en la ya mencionada parte VI y en las partes VII, VIII y IX.

La sexta parte de *Kenacort* se llama "Los viajes de Tiroloco McGrow alrededor del globo" —de aquí en adelante "Los viajes de Tiroloco"— y lleva por subtítulo "primer viaje (desmundo)" (113). El agregado *desmundo* corresponde a las parábolas distópicas que Pimentel había revelado en sus primeros poemas. Dicho agregado se repite como título del poema, que está precedido por una sumilla de la línea argumental del mismo: "Tiroloco busca a su padre entre los / escombros / de una ciudad putrefacta. / En el camino se encuentra con Agamenón / quien lo hace desistir de la idea / para ir tras algo más preciado / que es la de dar con la clave de todo" (114). Tiroloco, que es el aedo actuando dentro del poema, concibe la idea de salir a la calle como liquidación: "Destruyamos, digo, y la destrucción empieza, / primero por casa luego se va propagando / hasta llegar a la calle" (116). A partir del instante en que el héroe sale a la calle, el texto se articula merced a los testimonios de personajes diversos: un empleado despedido de una fábrica de embutidos amenaza con llamar a su abogado y mover sus influencias; un padre de familia, en calzoncillos, niega su existencia en las narices del cobrador de la luz; un disc-jockey dedica una melodía a una radioyente; una empleada doméstica de setenta años, virgen, se entrega sexual y mortalmente al mar, que se la traga; un octogenario, acosado por los acreedores, intenta matarse prendiendo fuego a su vivienda, el incendio se propaga a las "casas vecinas destruyendo todo y dejando a sus ocupantes / prácticamente en la calle", pero el octogenario sobrevive; el vendedor ambulante de la esquina "prueba que es más diestro / de lo que se supone", porque "hace su esquina" —lo cual equivale a sobrevivir en una ciudad como Lima, donde trabajan cientos de miles de buhoneros; una mujer se suicida de soledad en el Correo Central (donde laboraba la madre de Pimentel); un viejo, "coronado con ocho infartos", le dice al aedo: " '¡hay que avivarse, hay que avivarse!' "; una mujer asesina a su vástago y lo arroja a un pozo; el mar vara el cadáver de una mujer preñada; "desaparece una joven con dentadura de oro"; desconocidos ultiman "a puñaladas y puntapiés / . . . / a dos mujeres y dos criaturas" (116-120).

Extraída de la vida cotidiana de la Lima de fines de la década de 1960, la violencia de los casos supradichos se sincopa mediante una serie de estribillos, "¡Liturgia!", "Doble liturgia para el caso!", "per il caso / ¡Liturgia para las cosas!", que se alternan con refranes, dichos y adagios: "siempre hay un zapato roto para un pie sucio" —derivado de "siempre hay un roto para un descosido;" "¡Pata de cabra!" —sugiriendo el antecedente *abracadabra*—; "quien mucho abarca poco aprieta;" "la honradez hace vivir al hombre de la caridad / pública;" "toma y daca;" "cría cuervos y te sacarán los ojos;" "unas son de cal y otras son de arena; y "nunca es tarde cuando la dicha es plena" (116-121). Se trata de un texto construido sobre la base de estructuras paralelas.

Los paralelismos han sido descritos por Roman Jakobson, quien, con el fin de ilustrar el asunto, en su ensayo "Poétique", citó los artículos de estudiante de 1865 de G.M. Hopkins: " 'La partie artificielle de la poésie, peut-être serait-il juste de dire toute forme d'artifice, se reduit au principe du paralelisme. . . A l'espèce abrupte ou marqué du parallelisme appartiennent la métaphore, la comparaison, la parabole, etc., où l'effet est cherché dans la ressemblance des choses, et l'antithèse, le contraste, etc., où il est cherché dans la dissemblance' " (Jakobson 1963, 235). En "El viaje de Tiroloco" de Pimentel existe un complejo paralelismo: la repetición del estribillo *liturgia* supone, en el sustrato semántico, la justificación de la tragedia por el ritual; la sucesión de refranes apunta a transmitir el mismo mensaje de conformismo —por parte de aquel que se había rebelado contra todo en las páginas liminares de *Kenacort*— respecto a un mundo circundante de rasgos espantosos; y, por último, en lo tocante a la dicotomía de G.M. Hopkins asumida por Jakobson, Pimentel utilizó tanto la especie abrupta o marcada de paralelismo —donde el efecto se busca en la semejanza de las cosas— como la especie de paralelismo donde prima la antítesis, el contraste, el oxímoron, etc., donde el efecto buscado es el de relevar la diferencia, la oposición y el conflicto. O, dicho en palabras de G.M. Hopkins traídas a colación por Jakobson: "la comparaison pour l'amour de la resemblance et la comparaison pour l'amour de la dissemblance" (Jakobson 1963, 235-236).

"Los viajes de Tiroloco" es un periplo al núcleo de la distopía. El narrador no es testigo ocular de ninguna de las noticias: la violencia es referencial en cuanto que es extraída de los medios de comunicación. Pese a haber renegado del humor, Pimentel lo articuló con maestría popular: "La parte trasera del cráneo / se llama nudo / la lengua es el desenlace" (121). Pero es un humor que conduce a reconocer la razón de la gesta poética en la edificación del texto y en la deconstrucción de los valores semánticos asignados a ciertos signos: "Las hojas se violentan con el viento / la hoja es violenta, la mariposa es peor todavía" (121).

El alejamiento de la atmósfera soñada que construyeron Rubén Darío y José María Eguren, del creacionismo de Huidobro, y del excelso sentimentalismo que logró Neruda, forma el espacio filosófico-lingüístico de *Kenacort*, y forma asimismo uno de los rasgos de la generación de la cual Pimentel es epónimo: los escritores setentistas se despojaron y fueron despojados del consuelo de los paraísos naturales, artificiales y virtuales, del refugio de la ensoñación, y de la posibilidad —dada la fuerza de la distopía— de reflejar el ambiente circundante recurriendo a vocabularios poéticos prestados. Pimentel no poetizó echando mano del vocabulario y la sintaxis petrarquesca, como lo ha hecho extraordinariamente Carlos Germán Belli, ni intentando interpretar el Perú a través del prisma del renacimiento italiano, como lo ha hecho con maestría Pablo Guevara. El cofundador de Hora Zero intentó, apenas tributando a la tradición, erigir un andamiaje retórico y constituir un vocabulario que naciera de la observación personal de los hechos en combinación con la *parole* de la época y los testimonios mediáticos sobre los hechos. Esta técnica documentalista no llevó a su lenguaje a fundirse con la historia ni con la crónica. La ambigüedad de un poema como "Los viajes de Tiroloco" excluye la identidad de signo y objeto, condición *sine qua non* de lo que Jakobson llama poeticidad:

> Pourquoi faut-il souligner que le signe ne se confond pas avec l'objet? Parce qu'à côté de la conscience immédiate de l'identité entre le signe et l'objet (A est A1), la conscience immédiate de l'absence de cette identité (A n'est pas A1) est nécessaire; cette antinomie est inévitable, car sans contradictions, il n'y a pas de jeu des concepts, il n'y a pas de jeu des signes, le rapport entre le concept et le signe devient automatique, le cours des événements s'arrête, la conscience de la réalité se meurt. (Jakobson 1977, 47)

Los efectos catárticos que causa la lectura de "Los viajes de Tiroloco McGrow alrededor del globo" obedecen justamente a la poeticidad, entendida como la autonomía relativa del signo respecto del significado y del mundo referencial. La ya citada afirmación de Ortega, "el hombre es fabricante nato de universos" (1982, 39), debe reformularse, en el campo literario, para afirmar que el poeta es un fabricante nato de signos. Tal es el caso de Jorge Pimentel, máxime si se tiene en cuenta su ruptura con los vocabularios y sintaxis anteriores. Las tragedias de un día común y corriente en la Lima de los años setenta del siglo pasado, gracias a la estructura rítmica y semántica del poema, se han transformado en un hecho textual extraordinario, puesto que "C'est la poésie qui nous protège contre l'automatisation, contre la rouille qui menace notre formule de l'amour et de la haine, de la révolte et de la réconciliation, de la foi et de la négation" (Jakobson 1977, 47). "Los viajes de Tiroloco McGrow" conmueve y subleva a partir de la monótona liturgia cotidiana del conformismo mediático y popular con respecto a la violencia urbana.

En términos lógicos, las connotaciones de "Los viajes de Tiroloco" habían reemplazado a las denotaciones de los manifiestos de Hora Zero, obedeciendo, sin embargo, los lineamientos generales de la poética en ellos imaginada. Tal como proponía Ortega, de la compulsa entre la realidad imaginada por el fundador de Hora Zero y los hechos se infiere que lo imaginado calzaba con los hechos efectivos que lo rodeaban, que "había descifrado el jeroglífico" (Ortega 1982, 18-19). En la sumilla de "Los viajes de Tirocolo", se afirmaba que Tiroloco —el aedo— salía a la calle en busca de su padre, pero que en el camino se encontraba con Agamenón, que lo hacía desistir de la idea y lo convencía de "dar con la clave de todo". ¿Qué es lo que ha descubierto Tiroloco al cabo de su viaje por la ciudad "putrefacta"? Nada aparte de la violencia extrema —especialmente contra la mujer y los niños— y de breves conclusiones herméticas: "cualquier bosque es siempre agua, / una legumbre es elegante / y el agua es una piedra", y "contra la cólera un lirio crecido / una personalidad hermosa" (121). Dicho de otro modo, el autor comenzó a avizorar el periplo hacia el centro de su ser, empezó su proceso de reclusión en sí mismo, que hallaría su culminación aparente —sólo aparente— treinta y siete años después con *En el hocico de la niebla* (2007).

La mujer es protagonista, receptora y/o coemisora del discurso en las tres últimas partes de *Kenacort*: "Estabas sola" (VII), "Violentia" (VIII) y "Sinfonía en Marlene". Esta veta constituiría años después *Primera muchacha* (1997). La parte VII de *Kenacort*, llamada "Fin de la soledad", se abre con "Estabas sola", uno de los poemas más intensos de Pimentel. Versa sobre una mujer que, a pesar de su humilde origen provinciano, en determinado momento de su vida había llegado a hacerse "eco en la boca / de todos, colocando tu luz en los cuatro puntos cardinales" (125). Esta fama y esplendor, no pormenorizados, son el pasado de la mujer sin nombre a la que el poeta escribe y describe. El poema en realidad comienza cuando el autor la sitúa en su aposento: "quiero hablar de lo que sucedió después cuando estabas sola en tu / cuarto /... en la pensión del gesto cuidado y del / aliño / del gesto corto y desamparado, de la luz cortada a tajos" (125). Inmediatamente la ve "en esta calle", donde ella sufre una humillación crudelísima: Ha salido del trabajo y espera el ómnibus. Desde su automóvil, un compañero de oficina la insta a subir para llevarla a su casa, pero justo cuando ella agarra "la manija para abrir / la puerta / éste [el compañero de oficina] parte a la carrera" y la mujer queda "atontada, co- / lorada, confusa / ridícula" (126). A la "clave de todo", que es la nada absoluta descubierta en "Los viajes de Tiroloco", se sumaba entonces la humillación. Testigo de excepción de la circunstancia ignominiosa era el cofundador de Hora Zero, que en las páginas liminares de su ópera prima había reclamado: "Muerte al individualismo / muerte a los pesimistas / muerte a los flojos y ociosos y vagos / muerte a la irresponsabilidad / muerte / para que ascienda victoriosa y plena de / vida / la creación absoluta, la creación total, / el apoteosis [sic], el júbilo, la grandiosidad / del hombre nuevo" (23). El contraste entre el superestrato volitivo con lo que el poeta encontraba en "esta calle", en lo que él mismo había definido como "desmundo" —en su realidad radical, en su vida misma— era tan grande, que le dio pávulo para, usando el *parallelismus membrorum*, interpretar la ridiculización que ha sufrido la heroína del poema: "Y a veces cuando sale el sol tu falda se puebla de dos mundos: el mundo de la naturaleza representado por una osa con un / rábano insertado / en el culo. El mundo animal representado por terroríficas aves / que sobrevuelan una ciudad cubriéndola de un manto de presenti- / mientos" (126). La afrenta contra la oficinista desdecía "la grandiosidad del hombre nuevo", y el bardo que soñaba con la luz de un amanecer glorioso para la humanidad había de conformarse con "los varios mundos frecuentados por seres a los / que se les cierra / todas las puertas, que se les escupe /... / O los mundos ocultos de la cruz de madera de la muerte y las sú- / plicas, del / torbellino de dudas, de una especie de visión óptica de gatos y pe- / rros rojos / desmenuzando una paloma muerta" (126-127). Y, de nuevo por paralelismo, la mujer ridiculizada por el compañero de oficina se transformaba en el poeta que ha observado el percance: "fuiste / perdiendo seguridad y el aplomo hasta verte relegada a segundos a / terceros / a últimos planos de luz... / ... / quedándote en la más absoluta oscuridad en la más vil odiosa os- / curidad / y fue donde aprendiste a movilizarte con el uso del tacto aprendiste / sonrisas / que tus labios quisieron rehusar y por tu boca un lenguaje que se / hizo zángano" (127). La consustanciación del narrador con lo narrado, con la heroína del relato, revelaba el ensimismamiento del poeta, el adentramiento en su ser y en su circunstancia específica sin interferencia de la axiología liminar.

La desgracia y la indignidad de la vida cotidiana de "Lima la horrible" habían reemplazado con creces al superhombre y a la supermujer de la estructura ideológica horazeriana, fundiéndolos en una entidad andrógina sufriente: "veo a través de ti / una sombra perseguida por los hombres / y la misma sombra marginada por las mujeres" (128). La hondura irremediable de la tragedia del andrógino se reviste con los afeites y cosméticos de las tácticas de supervivencia en la estrofa que precede a la coda: "Y después de. . . tantas y tantas / lágrimas / . . . / de tanta tomadura de pelo después de besuqueos y coitos imaginarios / . . . / de haber / adornado tu pelo con olores peligrosos y tu rostro ¡oh tu rostro si- / mulando alegría! / . . . / Hablar es convencer y tú no quieres convencer a nadie" (129-130). La renuencia de la protagonista a persuadir a los otros no podía ser gratuita en medio de la intención y de la intensión del poema mismo; ni tampoco lo podía ser teniendo en cuenta que Pimentel consideraba, en el manifiesto "Destruir para construir" —incorporado en las páginas introductorias de *Kenacort*—, que él y los suyos estaban obligados a "ser consecuentes con. . . [sus] ideas y principios. . . a luchar. . . a ser luminosos y no ser una mentira. . . a ser hombres, a creer en la capacidad por encima de los sexos" (Pimentel 1970b, 7). Cuando la antiheroína del poema renunció a hablar porque hablar es tratar de convencer, lo que yacía tras su decisión era el desagarro que experimentaba el andrógino al percatarse de la inutilidad de la escritura y, por lo tanto, de la trágica necesidad de *errar* —en su doble acepción. Escribir era viajar sin rumbo y equivocarse, someterse al a la ignominia, a la "vida de cambios doblados" (60). El fundador de Hora Zero, valiéndose de una cita de Fernando Pessoa, ya había hecho suyo el principio de in/dignidad de *poiesis* en "Todo esto", postrer poema de la quinta parte de *Kenacort*: "cuando no he callado, he sido más ridículo / todavía" (110). El precoz desgarramiento de Jorge Pimentel, patente en "Estabas sola", anunciaba su tentación lírica, a la que hasta cierto punto cedería en *Ave soul* (1973), su segundo libro, colmado de elogios por el poeta español Félix Grande.

La octava parte de *Kenacort*, "Violentia", constituida por el poema "Todo empezó uno de los últimos domingos del 10-2-MCMLXX [1970]" —en adelante "Todo empezó"— es, por un lado, la contraparte y continuación del primer poema publicado por el fundador de Hora Zero, "Débil muestra de un eterno amor profesado" (Pimentel 1970a, 24), que luego fue incluido en *Kenacort* (Pimentel 1970b, 96-97). Ahora, el poeta se encontraba de nuevo con su amante mas no en la relativa seguridad de un hotel del centro de Lima sino en el parque público que ha ayudado a incorporar a la poesía peruana: "Caímos desplomados en la hierba. El parque y los vuelos mens- / truales de las mujeres que vagaban por ahí se hacían más nítidos" (Pimentel 1970b, 133). La pareja se hallaba en serio peligro: "me gritabas a grandes voces que me fijase en lo que nos circundaba: / Unos sádicos escondidos en la hierba / debajo de los árboles, bajo las plantas de tus pies aguardando el / momento de ir reptando como asquerosas serpientes hacia nosotros" (133). La situación de ambos era y es plenamente verosímil en Lima. Como he dicho antes, la urgencia amorosa, a falta de recursos económicos, obligaba y obliga a los amantes, con el riesgo que ello implica, a utilizar como tálamo los recovecos de los espacios públicos. De ahí que el poeta hiciera lo suyo para ahuyentar a los potenciales atacantes: "(Les aventé piedras y con periódicos pasados / prendí fogatas)" (133). La precaria circunstancia de la pareja sirvió al poeta para construir todo un párrafo, precedido por un dubitativo "Nada ha cambiado, o quizá algo ha cambiado" (133), sobre el Perú anterior al gobierno de Juan Velasco Alvarado que, como explicó el ingeniero y parlamentario Carlos Malpica en *Los dueños del Perú* (1965), había estado dominado por unas cuantas familias de rancio abolengo. Pimentel urde al respecto una larga enumeración caótica, cargada de hipérboles de los bienes materiales y espirituales que poseían aquellas familias:

> la piel de los cocodrilos, la piel humana, el pie de atleta, la mano del obrero, el cerebro del lobo, la voz del artista, el ojo que mira, el ojo que no mira. . . mujeres de una nación prestando sus muslos a los intereses de unas cuantas familias, niños presentándose a sí mismos en los colegios, en las escuelas, con los bultos sobre las espaldas imposibilitados de hablar. (134)

Y el poema deriva hacia lo que a todas luces no había cambiado a pesar de las reformas emprendidas por el gobierno militar:

> Desde los cerros se divisan las barriadas donde moran cientos de miles no registrados en los Archivos de Indias, ni en la mita, ni en otras formas de esclavitud y dominación. Y. . . suelen desaparecer de la noche a la mañana yendo a parar sus gritos a . . . los prostíbulos regentados por chinos o japoneses o terminan siendo vendidos a unas cuantas familias por unos cuantos pesos por unos cuantos reales, por nada. (Pimentel 1970b, 134)

Lo que Pimentel elaboró en "Todo empezó" fue el trauma que le causaba el proceso de proletarización de las masas de campesinos que a fines de la década de 1960 y principios de la siguiente migraban a la capital del Perú y se instalaban a como diera lugar bajo techos de estera en los arenales y cerros que rodean Lima, sin acceso a los servicios de agua potable, fluido eléctrico, atención médica ni educación:

> Y ojos desorbitados, manos arrastrándose, manos que en su palma guardan un cuerpo. . . Y pies que caminan solos, gargantas podridas, lepra, húmeros, páncreas, paralíticos, mancos, tuertos, ciegos, tuberculosos, cojos, sordos, cuchepos, contrahechos, jorobados, chancro, sífilis, vómitos. . . chancos gordos de gusanos. . . alimentos contaminados, sangre de costras, sangre de llagas, sangre de madres, sangre de derrotas, sangre de humillaciones, sangre colorada, sangre roja, sangre, más sangre borboteando, coágulos de sangre rodando por la tierra. Y en latas de aceite junto con excrementos, con excrementos de anos pútridos, anos con almorranas, medía la desolación, el caos, los estragos.
>
> Y así era el tiempo, todo ese tiempo, soplándote todos esos años. (Pimentel 1970b, 135)

Al paroxismo conseguido mediante la enumeración caótica y el *parallelismus membrorum* sigue el intento de comprensión del fenómeno de la urbanización compulsiva, junto con la clave autobiográfica de la pareja que también buscaba un sitio para el amor en el parque público, y sigue la justificación del desacuerdo con los lenguajes que excluían los temas de la anomia. La justificación del poema distópico connota, textualizándola, la sentencia más trascendental de todos los manifiestos horazerianos: "A nosotros se nos ha entregado una catástrofe para poetizarla. Se nos ha dado esta coyuntura histórica para culminar una etapa lamentable y para inaugurar otras más justa, más luminosa" (Pimentel 1970a, 13). Salvo mejor opinión, hasta aquel momento, en la literatura peruana, sólo José María Arguedas y en menor medida Julio Ramón Ribeyro y Eduardo Congrains Martins habían mostrado la miseria de la urbe con tanto detalle y de manera tan verosímil. Pimentel realizó el ensayo de comprensión a partir de la percepción del andrógino —o pareja hibridada en un solo ser—, que busca desesperadamente un atisbo de épica —"trozos de un cantar de gesta"— en lo que, de no mediar el ordenamiento simbólico que supone la escritura del poema, y la potencia histórica de las multitudes migrantes, no hallaría ningún tipo de explicación:

> Aquí el recuerdo que nace en las aguas, sin edad, ni centro, ni ángulo. . . Aquí visiones pavorosas de aguas ciegas, de aguas azules, de aguas negras. Viste arrastrarse en esas aguas un rumor de páncreas y dedos congelados, trozos de un cantar de gesta, hombres y mujeres diezmados a lo largo de kilómetros en bosques sangrientos rodeados. . . de ojos persiguiéndolos furiosamente en las ciudades cara cara a la vida mostrando sus carambolas, sus carambas, sus carótidas. Ahí y ahí luchando por un poco de comida, ahí y ahí sufriendo humillaciones entre arrugadas experiencias amarradas distancias. . . Viste arrastrarse en esas aguas una ciudad sin haber alcanzado grado de tal. . . niños tamborileando en un cuerpo deshecho, en un cuerpo que estaba muriendo, un cuerpo que estábales queriendo decir algo, que estábalos matando.
>
> Y así era la vida
> con un sueldo y un turno en la compañía de agua gaseosa Inca Kola.
>
> Tú por otro lado buceando tu título de bibliotecaria en la Escuela de Bibliotecarios. (Pimentel 1970b, 135-136)

La precisa alusión autobiográfica se ha confirmado en una de las entrevistas que sostuve con el poeta. Por aquel entonces (*circa* 1970), Jorge Pimentel y Pilar Prieto intentaron hacer el amor en el Olivar del distrito limeño de San Isidro —donde aún dan aceitunas los olivos sembrados por los conquistadores españoles—, y hubieron de defenderse de unos fisgones que los espiaban parapetados tras los troncos añosos —uno de ellos los miraba desde la copa de un olivo (Entrevista inédita). La pobreza de la joven pareja, que no tenía dinero para pagar un hotel como el de "Débil muestra de un eterno amor profesado" (Pimentel 1970b, 96-97), y el riesgo al que ambos se sometieron por consumar el amor, sirvió al poeta de trampolín para lanzarse en el averno de la Lima de entonces. El inefable bolero que acompañaba la aventura sentimental de los jóvenes lo graficó con el escueto "Coloque su canción predilecta" (137) de una rocola e inmediatamente reemplazó la letra del bolero y exorcizó la riesgosa peripecia del Olivar con un clamor universal: "el asidero total en que nuestras vidas pedían hágase algo" (137) frente a la miseria descrita en el poema y reinante en los hechos. Pero la historia registró entonces un hecho que contribuyó a agudizar la sensación de desamparo que producía la migración de cientos de miles de campesinos pauperizados a la ciudad capital: debido a la sobrecaptura, se produjo una disminución tan grave de la biomasa de anchoveta —principal producto de exportación del Perú en aquellos años—, que miles de pelícanos, despojados de su alimento natural, invadieron los mercados y las calles de la ciudad para alimentarse de basura: "Cuando aparecieron por el oeste bajo el latido de las olas / gigantescas migraciones de pelícanos muertos de hambre. / Y esas aves dando espeluznantes graznidos, HUEC, GRRR, AUUU, / se aventaban a ciegas a las pistas para terminar apachurradas bajo / las ruedas de los carros" (137). La tentación guerrillera ante la tragedia humana y ecótica no tardó en surgir en el poema: "Empuñaríamos el arma /. . . / . . . porque ya nada se podría cam- / biar con palabras y soportar y cargar en nuestros hombros los anda- / mios, las vigas y tanta porquería" (137). Y se repite, por paralelismo: "Empuñar el arma" (138). Entonces, en un poema escrito por un muchacho de veinticuatro años, interviene la voz de la vejez, de la sabiduría popular, de la experiencia y la supervivencia: "Pero sabe joven: ya no necesitamos héroes ni mártires / necesitamos hombres vivos. Y sabe joven: Aquí el panorama es bien incierto: cuando / uno habla otros se callan y cuando / otros se callan uno habla pero nunca / hablan todos a la vez" (138). Ora afán de supervivencia ora pusilanimidad, el hecho de reconocer la tentación de emprender la lucha armada y no hacerlo se ajusta a la descripción aristotélica de las situaciones en las que el curso de los incidentes no se tranforma por obra del temor, la compasión y la catarsis suscitados por la peripecia: "La peor situación se presenta cuando el personaje está a punto de cometer el hecho con todo conocimiento y desiste de él. Resulta desconcertante y asimismo nada trágico (por la ausencia de sufrimiento)" (Aristóteles, XIV, 145b, 35). Es del todo evidente que Aristóteles no consideró el inmenso sufrimiento que puede experimentar un personaje o un autor-personaje —el caso de Pimentel en su poesía— por no actuar de la manera que los antecedentes textuales y existenciales implican, o, simplemente, por no actuar en absoluto. No se debe olvidar que Pimentel y Hora Zero habían expresado su admiración por el Che Guevara, por la resistencia del pueblo vietnamita frente a los bombardeos genocidas de la fuerza aérea estadounidense, y por la figura epónima de Javier Heraud, el poeta guerrillero que murió acribillado, sin haber tenido oportunidad de contestar el fuego, en la Amazonía del Perú.

El rechazo a la violencia como método de acción para superar la distopía —del poema y de la realidad radical— que evidencia Pimentel se explica por el resultado calamitoso de las guerrillas peruanas a mediados de la década de 1960, de las que la muerte de Javier Heraud fue uno de los primeros antecedentes. Hay, pues, en el poema, un conflicto culposo de atracción-evitación respecto de la lucha armada. Este conflicto no era exclusivo de Pimentel ni de Hora Zero, pues había afectado de diferentes maneras en el Perú a Pablo Guevara, Rodolfo Hinostroza, Antonio Cisneros, César Calvo y Arturo Corcuera —los dos últimos íntimos amigos de Javier Heraud—, y en el resto de América Latina, entre otros, a Pablo Neruda, Mario Benedetti, Ernesto Sábato, Ernesto Cardenal y Roque Dalton. En tal sentido, "Todo empezó" parece anunciar una primera quiebra de la figura del poeta-guerrillero heroico, puesto que los protagonistas vencen la tentación de coger el arma sin un propósito claro, y retornan a los parajes del ser andrógino o furtiva pareja humana que, a pesar del holocausto cotidiano de la urbe, ha sobrevivido: "Teníamos las ropas empapadas de sudor. / A zancazos atravesamos todo lo verde que encontramos. / De nuevo a sumergirse en la ciudad. / Sequé tus ojos / Cruzamos las calles / Salimos a escape" (139).

El tríptico dedicado a la mujer y protagonizado por ella que se forma hacia el final *de Kenacort* concluye con "Sinfonía en Marlene", datado por el autor en 1970. La hipótesis de que el *ego scriptor* se consustancia con las protagonistas formando un ser andrógino, individual y colectivo, se confirma gracias a la prosa con que Pimentel introdujo el poema: "Marlene eres tú, es ella, somos Marlene. Marlene es una generación, son las generaciones, un período. . . una época, un universo, una nación, un continente, Latinoamérica toda". Temática y estructuralmente, "Sinfonía en Marlene" se vinculaba con "Estabas sola". Se trataba del melodrama —subyacente en todo *Kenacort* y en casi toda la obra de Pimentel— de una mujer limeña desamparada y sin alternativas. "Un hálito trágico se tejía en los rincones a donde siempre llegabas" (125) es el verso de apertura de "Estabas sola", mientras que el envío de "Sinfonía en Marlene" reza: "Marlene huye como alma que lleva el diablo hacia las cumbres / más altas o hacia su fin" (144). Pimentel describe a la heroína de "Estabas sola" como víctima de la "desilusión / de llanto" (128) causados por la humillación de la supervivencia cotidiana carente de la fe que otorga el futuro. Por su parte, Marlene tenía un padre enfermo: "lo amas y lo amasijas contra tus pechos" (145). Su madre cuidaba a los nietos abandonados por su hijo y por su nuera (146). La consustanciación entre el *ego scriptor* y su heroína se materializó de nuevo, pues el afán de Pimentel de darse a conocer como poeta coincidía con la ambición y con el pasar inadvertida de ella: "creer que podías con todo y / la particularidad de los demás de no tomarte en cuenta. Es terrible. / Pero es lo cierto" (144). El ideal gregario de Hora Zero pugnaba por renacer en medio de la desolación: "Con buen sol trabajar en equipo, mostrarnos juntos y uni- / dos, e / individualizarnos un poco durante la noche" (144). La visión cubista de la heroína acentuaba la fragmentación del ser: "Tu frente se ha / salido a dar una vuelta o se ha salido para siempre dejándote sólo un / puñado de cejas /. . . / expulsada, ahuyentada, miedosa, insegura" (145). La victimización de la mujer y del *ego scriptor* era obra de un típico, anónimo y plural agente: "No escogiste un camino / sino que hicieron / lo que hicieron contigo" (145). Éstos eran, *grosso modo*, los antecedentes de la mujer con la que el poeta-protagonista se encontró: "Aquí estás de nuevo en Marzo sentada en una heladería /. . . / . . . lees mis versos. Estás sentada cruzando las piernas / y tocando la madera. Estás sentada ensartando argollas viéndote en- / sartada al salir conmigo o como se dice: / al acceder a la invitación que muy cortésmente te / hice sin tener un solo centavo" (147). Otra vez, como en el Olivar de San Isidro, el amor habría de remontar la inopia. Con o sin dinero, la pareja recaló en el Flamingo, un bar de dos por medio que se alzó a la altura de la humildad: "en este Flamingo, pájaro / espectacular / donde sólo tienen cabida los que cuentan con su nombre, los que se / refugian en una pieza de baile, en una mesita burdelera con dos vasos de guinda" (148). A la salida del bar, el poeta se atrevió a aconsejar a la mujer: "Y es de noche. Y lo que veas ahora ya no lo verás más. Cuídate. Cuídate. / Cuídate Marlene. / Y lo que veas, emparéntalo, y llévalo al plano de la poesía" (148). Y ella, luego de retornar a la esfera cotidiana del trabajo, de la necesidad, alcanzó a soñar mediante la pluma del poeta, que es el vehículo de comunicación del andrógino:

> Miraste la lejanía como se miran fogatas ente-
> rradas
> pájaros multicolores, objetos y construcciones
> sobre la playa soñando contigo en países extraños
> y si no extraños en países que se dejen ver por ti,
> pasearte enamorada cruzar puentes nadar cocinar,
> estrangular patos y asfixiar gallinas para tu hombre.
> Miraste la lejanía. Miraste la lejanía. Miraste la
> lejanía. (Pimentel 1979b, 149)

La intensidad del vivir en *poiesis* —proyecto de Hora Zero— la connotó Pimentel mediante la amplificación de un hecho común y corriente. En su segundo encuentro, cerca de la Biblioteca Nacional, lo que hace sospechar que Marlene representa a Pilar Prieto, la actual esposa del poeta —heroína asimismo de "Todo empezó" y de "Débil muestra de un eterno amor profesado"—, la pareja presenció un incidente al parecer común y corriente en Lima: un padre de familia cruzaba la Avenida Abancay cuando estuvo a punto de ser atropellado por un automóvil. El poema consignó el número de la placa del coche, el año del incidente (1969) y su relato:

> Hubo un intercambio de palabras en que el chofer
> llevó la peor parte, pero una vez que el chofer
> puso su carro a andar se asomó a la ventana gritando
> CONCHA DE TU MADRE, a lo que el individuo comenzó a correr
> tratando de alcanzar al automóvil, sólo se escuchó que gritó
> entre sollozos A LA GRAN PUTA DE TU MADRE. (Pimentel 1970 b, 151)

Es de suma importancia señalar el peso que la peripecia urbana y cotidiana tiene en la poesía de Pimentel. Las dos mentadas de madre del poema citado, contextualizadas en un incidente detallado, apuntan en primer lugar a la humillación constante de la mujer y a través de ella del poeta que se ha consustanciado con su ser. El masivo oprobio de la pobreza se fenomenaliza en una "Vida de cambios doblados", poema ya referido y analizado. *Cambios doblados* es una aporía que define la poética de Jorge Pimentel: una pareja que quería hacer el amor en el Olivar de San Isidro huye de los fisgones que la acosan y surge "Todo empezó"; la broma absurda, menuda, perversa basta para dar aliento épico a "Estabas sola". El poema y la existencia tributaban al doblez, a la maldad y la ignominia del caos del tráfico automotor, de los éxodos intraurbanos y de la acechanza de la perversidad a cada paso de la vida en una ciudad que se asfixiaba y se estrangulaba a sí misma: "un gentío cruza las aceras de tu mente, tienes el tráfico conges- / tionado, / hace mucho calor. La gente toca claxon. Y las motocicletas dejan el / escape libre / para molestarte. / Desde los carros los enanos te revisan", se lee en "Sinfonía en Marlene" (146). La urbe macrocefálica y febril del Tercer Mundo se había instalado en la mente del andrógino. No era ya la descripción sino la introyección del cubismo, la fragmentación y la disolución del ser en la urbe tercermundista a partir de peripecias aparentemente ínfimas. Éstas, mediante la dinámica de paralelismo amplificatorio típico de *Kenacort*, alentaban el razonamiento de la entidad andrógina sobre las consecuencias del mal en el plano de la individualidad.

Jorge Pimentel es uno de los fundadores del espacio y el lenguaje poéticos de Lima en el último tercio del siglo XX, como en su momento lo fueron Zola de París, Joyce de Dublin y Arguedas de las comunidades andinas. El líder de Hora Zero había fijado su residencia poética a orillas del Rímac, allí se desarrollaría casi todo su drama ulterior, y en sus sociolectos e ideolectos había descubierto una fuente inagotable de recursos expresivos. De allí, acaso, haya nacido la originalidad de *Kenacort* y de sus libros ulteriores. Sin desmerecer en absoluto la obra de los escritores que paso a mencionar, Pimentel, incansable caminante de la Ciudad de los Reyes, trágico conocedor de su violencia, optó por los instrumentos lingüísticos de su propia *parole*, y en tal sentido no le resultaba posible relatarla con el sistema referencial renacentista de Pablo Guevara, ni con el aparato retórico petrarquista de Carlos Germán Belli, ni con la deuda de Arturo Corcuera a la Generación del 27, ni con el cosmopolitismo de Antonio Cisneros.

Pimentel había fundado una urbe no sólo poética sino lingüística. Es dentro de este marco interpretativo que cobran plena significación los versos finales de "Sinfonía en Marlene": "el enemigo / nos atosiga de nubes, árboles y pájaros y allí es justo donde no / debemos / tender. / Sol, nubes, árboles y pájaros fueron creados para nombrarlos en su inicio pero no más, nunca más. /. . . / Apura / es la vida / Apúrate / Marlene" (153). Definitivamente, a partir de *Kenacort*, Lima, sus habitantes y su *parole* no cabían en un soneto. El novísimo y caótico edificio urbano del Tercer Mundo, a cuyos inicios habían respondido en buena medida el Futurismo de Marinetti y el Vanguardismo, habría de hallar uno de sus destinos posibles en el lenguaje de sus moradores y merodeadores.

CAPÍTULO VI

AVE SOUL O DE LA TENTACIÓN LÍRICA

Ave soul (Madrid, 1973) es el único libro de Pimentel publicado fuera del Perú. En la contratapa lleva una carta del poeta español Félix Grande dirigida al autor. Consideró Félix Grande que con *Ave soul* Pimentel había dado un "hermoso salto" (Pimentel 1973) respecto de *Kenacort*. Resulta interesante referir el contraste que establece Grande entre *Kenacort* y *Ave soul*:

> Allí [en *Kenacort*] había páginas brutales que parecían escritas por un viejo gruñón y resentido; aquí [en *Ave soul*] hay páginas contundentes, escritas por un hombre que reclama su sagrado derecho a conservar su adolescencia. Allí había, en ocasiones, malos nervios y caos; aquí hay lo que, creo, fundamenta a un poeta: la desobediencia y el dolor... Estás perdido, muchacho, ya no vas a dejar de sufrir. Como Vallejo, nuestro Vallejo, que asoma de vez en cuando entre tus páginas su testa popular; como Whitman, que asoma de vez en vez entre tus páginas, incontenible, caudaloso, y ahora con esa cólera aterrada que nos imponen estos tiempos infames... gracias por arrastrar los pies y por morder los postes de la luz, por estar tan desesperado, por la elegancia sentimental que cuelga de tus exabruptos, por toda la ternura que encubre tu violencia, y gracias por tu pánico y tus mendrugos. ¡Ave Jorge Soul!
> (Pimentel 1973)

Galardonado poeta de fino talento lírico, Félix Grande (1937) acertó, en mi opinión, en todos sus juicios sobre *Ave soul* salvo, quizá, al señalar que era un salto cualitativo respecto de *Kenacort*. Lo que sucede es que Grande no podía prever, en 1973, la bifurcación del camino y de la persona poética de Pimentel, que se manifestaba subrepticiamente en *Ave soul*, donde cohabitaban la violencia del "viejo gruñón y resentido" de *Kenacort* y la hipersensibilidad ante el amor, la muerte y el exilio.

Algunos de los poemas de *Ave soul* recogían las experiencias del único período que su autor se ausentó del Perú para viajar por Alemania, Francia y España, desempeñando trabajos de supervivencia (1971-1973). De los dieciocho poemas contenidos en la segunda entrega de Pimentel, ocho están compuestos de breves versos gráficamente escalonados, como los de "Ballesta I", texto de una delicadeza que apenas había asomado hasta entonces: "tu verdadera historia / dánosla hoy / antes que sea / demasiado tarde / y los pájaros desciendan / sobre uno / y tu cuerpo / hacinado / en una espesa niebla / no quepa más / en una hoja verde / y estas calles / y tu nombre / merezcan el olvido / en la rosada / lápida / de mis versos" (Pimentel 1973, 3).

Mas la tentación lírica de la que Pimentel hizo alarde en *Ave soul*, y que sin duda sedujo a Félix Grande, coexistía con personajes, escenarios y peripecias extraídos de los círculos horrísonos de su libro anterior. Así, en el poema cuyo título-argumento es "Balada para una madre que llora desconsoladamente en los pasillos del hospital de enfermedades neoplásicas al enterarse que su hijo de doce años va a morir", el personaje femenino, desvalido frente a la adversidad, típicamente pimenteliano, en una renovada hibridación con el poeta, alcanza la tensión interna —*intensión*— del patetismo mórbido, digno de la mejor tradición melodramática: "Y mi hijo va a morir en noviembre / y nada se puede hacer por él / salvo exprimirle un algodón en la frente / y coger su manita acompañándolo / en su breve sueño así él no lo quiera" (16).

La impostación de la primera persona se reactualiza en el personaje masculino de "El lamento del sargento de Aguas verdes", texto eminentemente narrativo en que un suboficial de sesenta y cuatro años de edad, veterano de la guerra con el Ecuador (1941), al contarle su vida al poeta entre cervezas, se convierte en uno de los heterónimos de Pimentel, pues expresa el terror a la marginalidad que el poeta elaboraría en sus dos libros posteriores, *Palomino* (1983) y *Tromba de agosto* (1992): "a recitar poemitas de enamorado colegial, a ser / el payaso de las mesas a hacer reír a los parroquianos / con mis poemitas de colegial enamorado, con mis historias / del conflicto con Ecuador" (42). El poema confirma la heteronimia: "Mi lamento embelesa sólo al ruin y al bobo" (45).

La colación intertextual arroja un resultado notable: sin proponérselo el autor, el poemario rechaza el elogio de Félix Grande pero, al mismo tiempo, lo confirma, puesto que el rechazo está determinado por "la desobediencia y el dolor" que el bardo español atribuye a la esencia del poeta que reconoce en Pimentel. Ambos predicados se actualizan en el poema "Ave soul": "Pronto la poesía humedeció nuestros corazones / extranjeros —Lumpen— marginales para esta sociedad / . . . / despeñándonos en las propias narices de nuestros padres a un fondo insalvable / de cuya profundidad sólo saldríamos convertidos / en poetas" (23). Pimentel empezaba a ser dominado por las "fuerzas negativas" que había condenado en los manifiestos de Hora Zero, en las páginas liminares de *Kenacort* y en el mismo poema "Ave soul": "La lluvia quemó los puentes y los andamios / por donde pasarías derechito al sol. / Toda la leche malograda que bebiste de los vendedores ambulantes. / Todos los panes con huevo podrido que consumiste / donde jamás hubo el saludo que se le da / a los que regresan victoriosos" (23).

El relativo fracaso del proyecto colectivo e individual de Pimentel era un fenómeno concomitante respecto a la derrota del campo socialista en América Latina. El 11 de setiembre de 1973, el mismo año en que se publicó *Ave Soul*, Salvador Allende perdió la vida en el Palacio de la Moneda en Santiago de Chile. Con su inmolación se inauguró una larga serie de derrotas de las fuerzas progresistas y de liberación nacional en el subcontinente. No en vano Pimentel, lacónicamente, dedicó *Ave soul* "A Salvador Allende / a los compañeros" (63). A la crisis del proyecto existencial máximo del cofundador de Hora Zero, sin embargo, subyacía un sustrato moral que el poeta se esforzaba por conservar, como quedó expresado en "La balada de los relámpagos inacabables": "Y si por puro cinismo ofreces dádivas / . . . / y muestras una que otra lágrima / y eres puramente aceptado / no tardarás en acumular pruebas en tu contra y serás mal visto" (11). Si el *ofreces dádivas* se intercambia por un *aceptas dádivas* y éstas se identifican con el encomio de Félix Grande que Pimentel puso como el espaldarazo de su segunda entrega, se percibe la encrucijada moral y poética en que se debatía el autor de *Ave soul*.

En términos de Ortega, la agonía espiritual de Pimentel, la desesperación y el extremismo, causados por sucesos externos, y plasmados en los extensos poemas kinéticos de *Kenacort*, comenzaban a trasladarse al microcosmos de su ser íntimo. En éste el poeta encontraba fuerzas internas en pugna, en perpetua contradicción, y no hallaba ninguna esperanza de síntesis armoniosa. La asonancia, la atonalidad y la arritmia, sustanciadas en el plano del significante y del significado, marcaban a hierro la interioridad del poeta, quien descubría en ella un microcosmos distópico que no podía achacar fácilmente a la distopía del macrocosmos condenado por el aparato ideológico de los panfletos de Hora

Zero y de sus propios libros. Se validaba, pues, el *dictum* de Félix Grande en cuanto que Pimentel no podría ya dejar de padecer, de lo que fueron muestra por excelencia *Palomino* y *Tromba de agosto*.

De un parecer semejante al de Félix Grande fue el también laureado Roberto Bolaño. Habiendo saludado la publicación de *Kenacort* como la apertura de "caminos hasta ese momento intransitados por los que debían internarse los valientes, si es que eran valientes", Bolaño afirmó que los

> poemas de *Ave soul* eran de una sencillez y de una energía desarmantes. Como si Pimentel hubiera descubierto una forma de escribir poesía que surgía directamente del Romancero, pero en donde era apreciable también una lectura a fondo de la vanguardia y de los grandes poetas de nuestra lengua... también era discernible, por debajo de esas voces, otra voz mucho más profunda, también mucho más maleable, una voz capaz de encarnar infinidad de voces, incluso voces antagónicas, y... era la voz de Walt Whitman, es decir, la voz que marca la poesía de nuestro continente... *Ave soul*, libro de pocas páginas, pero inmaculado, arriesgado, con una expresión de madurez nada habitual en la poesía de aquellos años y tampoco en la de estos... que cumplió sobradamente con el primer requisito parriano de una obra maestra: pasar inadvertida. (Bolaño)

En "Ballesta II" de *Ave soul*, Pimentel columbró el movimiento del vórtice hacia el centro de su alma: "la posibilidad de salvación / está en uno, en sus esfuerzos por sobreponerse a la hecatombe / ... / en plena noche" (5). En "Ave soul", reiteró el camino de la resistencia, imprecisa y aún grupal: "Sólo nos resta decirle al mundo / que nos conjugaremos en ese verbo / ser y estar y luchar / para alcanzar la belleza" (24). La tentación lírica de Pimentel en *Ave soul* consistía en buscar un rayo de esperanza en la belleza de "nubes, árboles y pájaros" ya nombrados, ya poetizados una y mil veces, a la cual había renunciado con "Sinfonía en Marlene" de *Kenacort*. De allí, acaso, la búsqueda de la serenidad momentánea para su alma procelosa en algunos poemas de *Ave soul*. Tal búsqueda, no obstante, tuvo resultados negativos, es decir, consistentes con la sentencia de Félix Grande: "Estás perdido, muchacho, ya no vas a dejar de sufrir" (Pimentel 1973). Así, "Pandereta", que comenzaba prometedoramente como poema intimista de *locus amenus*, terminó sugiriendo, con ironía soterrada, la ridiculez infantil del escenario pastoril: "Sol de otoño /

refugio / de las aguas mansas / de tu mano / y / de mi mano / de las hojas / amarillas / de un humo / plomizo / de un frío / soportable / de blancos / papeles / de un cielo / celeste / de un pajarito / de dos pajaritos / posados / sobre un banco / verde" (22). En plena tentación lírica, el autor de *Ave soul* atribuía la potencia del alma y de la poesía al silencio, tal como lo expresó en "Lavina", cayendo en el lugar común de la inasibilidad de la emoción estética: "Muerta palabra / acuérdate / que eres / verso dormido" (46). Quizá la expresión más cabal de la incursión en el texto escueto y perfecto —de una incursión en la antipoesía si se atiende a la poética de Pimentel— se materializó en "14 entregas breves de amor y desarraigo para un musiquero con guitarra / balada" (52-60), texto que connota la partida de un foráneo de una ciudad que lo ha cobijado: "Dejar una ciudad / aunque por todo / hayamos obtenido / de ella / diez monedas / pesa tanto / como el escurrirte / la frente / en un día de sol" (8).

En el nombre del padre y del socialismo

El hundimiento del campo socialista coincidió con la tragedia íntima del fundador de Hora Zero, la cual se resume en el largo y preciso título-argumento de la elegía a su padre: "Balada o primer poema para mi padre muerto en un accidente en la carretera a Palpa (Ica), cerca de la Pampa del Gamonal, km. 375 de la Panamericana sur, un 16 de febrero de 1972, cuando iba a 140 km. p.h. en cumplimiento de su trabajo" (Pimentel 1973, 27) —en adelante "Balada". Cabe anotar que el título del poema, evocador del suscinto estilo periodístico que había utilizado Pimentel en *Kenacort*, contrasta con la tersura de los versos escalonados que daban cuenta del desenlace momentáneo del nudo dramático que el poeta había establecido a partir de la relación entre sus padres, conflictuada por el donjuanismo del progenitor. Asimismo, resulta pertinente recordar que "Material para ser tomado en cuenta", vale decir, el segundo poema que Jorge Pimentel publicó en la antología fundacional del movimiento —*Hora Zero: Materiales para una nueva época* (1970)— contenía algunos pormenores del concubinato de su padre y del sufrimiento que ello causaba a su madre, a su hermana y al poeta, que confesó ser "producto de un hogar / no constituido, devastado" (Pimentel 1970b, 92). La traición del padre al círculo familiar constituía uno de los factores traumáticos que hacían de la vida íntima del poeta un caos microcósmico, unido dialécticamente al caos macrocósmico descrito en *Kenacort*. La conjunción de la distopía social y de la distopía familiar formaba el complejo neurótico que había impulsado al poeta a la desesperación y al extremismo, o sea a las fases previas de la *metanoia* —arrepentímiento, ensimismamiento— y de la *oikodomé* —edificación— que Ortega postulaba como síntesis y solución necesarias de las posturas que propenden al radicalismo.

En la urdimbre intertextual de los dos primeros libros de Pimentel se intersectan las imágenes y los campos semánticos de *padre machista* y *madre victimizada, burguesía y fuerzas armadas nacionales subalternas del imperialismo expoliador*, y *clase obrera redentora*. "Lo desconocido y misterioso busca sus prosélitos en el reino de la desesperación, habitado por las almas que en ninguna parte hallan consuelo", observó Benito Pérez Galdós en Misericordia (1984, 180). En el caso de Pimentel, lo desconocido y el misterio adoptaban la doble faz de la revolución universal abstracta y de la poesía, entendida como el refugio de la verdad íntima y colectiva del sufrimiento que identificó Félix Grande, y, como señaló Ortega en el marco de su teoría, de la desesperación y el radicalismo que el sufrimiento trae aparejados para los jóvenes que, asolados por la entronización de necesidad, guerra, desigualdad, segregación, racismo, injusticia y mentira, renuncian a un destino profesional socialmente aceptable y optan por la odisea existencial. En el caso de Pimentel, la opción poética obedece a todos los factores mencionados, y, a costa de la belleza del lenguaje literario heredado de las generaciones anteriores, consiste en la búsqueda irrenunciable de las verdades escondidas tras lo que el poeta formuló como "La vida de cambios doblados". En la ruta hacia el centro de su ser, en su proceso de *metanoia*, Pimentel practicó la misma honestidad y la misma entrega que mostraba al solidarizarse, como individuo y miembro de Hora Zero, con las causas populares. Así, en el poema en cuestión, fue tan severo al juzgar a su padre como cuando execró la distopía social; y no fue menos riguroso al aborrecerse a sí mismo en sus libros posteriores.

Si bien ante la violenta muerte del progenitor, que había causado la ruina psicológica del hogar, el poeta reaccionó con amor —"Padre mío / padre adorado / padre / mi padre" (Pimentel 1973, 32)—, la parquedad objetiva (o insobornabilidad) de su lirismo contribuyó a intensificar la elegía mediante la inserción liminal de un estribillo —"contigo a la distancia"— que quiebra en cinco ocasiones el tejido encomiástico del poema, y lo remata. El polisíndeton del envío elegiaco se interrumpe abruptamente con la inserción del paralelismo que revela el rencor del hijo a pesar del trágico desenlace: "El sol se pone rojo en los desiertos de Ica / y las abejas construyen sus panales / *contigo a la distancia* / las almendras brotan / con el canto del ruiseñor / y la suave brisa / en un hipocampo rojo / evoca y semeja / el aire y tu voz" (27, cursiva mía). Lo mismo sucede en la segunda estrofa: "a las cinco de la mañana / cuando todo comienza a brotar / y el loro le dice a su lora / comadre / y el mulo besa a su mula / y el silencio aúlla / *contigo a la distancia / contigo a la distancia* / soy el hijo / que se te pegó / a la cara" (27, cursiva mía). El estribillo conforma los dos últimos versos de la estrofa que remata el poema: "Una vez más / te nos adelantaste / padre / una vez más / *contigo a la distancia / contigo a la distancia*" (36, cursiva mía). La valencia semántica del estribillo merece una breve explicación. Según testimonio de Pimentel a la autora (Entrevista inédita), su padre solía asomarse a la ventana del apartamento de la calle Miller, y, bebiendo una copita de pisco y fumando, escuchar los boleros cantados por el famoso Lucho Gatica. Pues bien, uno de esos boleros se titula *Contigo a la distancia*, y su letra, cantada por Lucho Gatica, describe la añoranza de un hombre por la amante que se halla lejos. Al escuchar el bolero, el padre de Pimentel no añoraba a su madre sino a la concubina. Pimentel, en ejercicio de la justicia poética, insertó la frase *contigo a la distancia* como *Leitmotiv*, disonante en relación a la tersura lírica e idealización de su padre, pero consonante con sus actos de infidelidad.

La combinación de los predicados de causalidad y síntesis utópica de las verdades íntimas y colectivas determinó, sin embargo, que el padre muerto se convirtiera en un héroe laboral: "La imagen más precisa / que tengo de ti / padre mío / fue la de ser / un extraordinario hombre de trabajo" (33). Como gerente de área de Inca Kola (Entrevista inédita), el padre del poeta murió en su coche en cumplimiento de sus obligaciones: "tu automóvil toyota rojo / marcha a 140 km. p.h. / como tu vida / en esos momentos / te diriges a Nazca / a llevar unos / repuestos / para un camión / de la compañía / donde tú trabajas" (30). La rueda del destino frustró el asesinato simbólico-ritual del padre tiránico (Freud 1975, 185-186), que Pimentel había empezado a esbozar desde su segundo poema publicado. La imposibilidad de terminar de devorárselo textualmente impulsó al poeta, soliviantado por los detalles de su entierro, a ensalzarlo como un héroe de la clase obrera: "todo el Sindicato / Único de Trabajadores / de la Firma Luren S.A. / te trataron / como uno de los suyos / y ese día / ninguno fue / a trabajar /. . . / y te velaron / y te llevaron / coronas / y me hablaron / de ti / maravillas / de tu compenetración / con los trabajadores / con los humildes / con los que luchan" (33). Redimido el pecador por la clase obrera, el funeral mutó en un acto cuasi político: "y ellos mismos / te llevaron / en hombros / por todas / las calles / de Ica /. . . / y dejaron el féretro / en el carro mortuorio / y te acompañaron / varios kilómetros / en sus camiones"

(33-34). Quizá la única muestra de amor del colectivo hacia Jorge Pimentel registrada en su poesía se halla en la glorificación de la solidaridad proletaria: "cada abrazo /. . . / era como recibir / tu vida / multiplicada / por doscientos / o más trabajadores /. . . / Padre mío / la más hermosa / lección que pude / recibir / la lección / que siempre / esperé / vino / de ti / por intermedio / de los / trabajadores / y obreros" (34).

Este pasaje, sin embargo, está precedido por el horror directamente achacable, en los hechos y en el poema, a la rapiña consuetudinaria propia del agregado social distópico. Jorge Pimentel (Entrevista inédita) ha manifestado que reconstruyó los hechos narrados en "Balada" a partir del parte policial del accidente, que recabó de la comisaría local, y del testimonio de los lugareños. De acuerdo con ambas fuentes, luego de perder el control de su vehículo, el padre del poeta salió despedido y se estrelló contra el pavimento. Estando aún con vida, "unos deshechos / de hombres / te hicieron / rapiña / robándote / y dejándote / sin auxilio / luego un automóvil / se detuvo / y te llevaron / de urgencia / hasta el hospital / más cercano / donde / antes de expirar / pronunciaste / estas palabras / …ya no / ya no / ya no…" (32).

Lengua, habla, polisemia

La parquedad coloquial del lenguaje le permitió a Pimentel quebrar la delicadeza de la ya exitosa elegía insertando la peripecia macabra, que otorga al texto la multidimensionalidad dramática y semántica que constituye uno de los rasgos más acusados de su obra poética. Dicha multidimensionalidad se debe a la relación que establece Pimentel entre el código poético, la *parole* (habla) y la *langue* (lengua) —en los sentidos que les adscribió Ferdinand de Saussure. El sabio ginebrino definió la *langue* de la siguiente manera:

> Si nous pouvions embrasser la somme des images verbales emmagasinées chez tous les individues, nous toucherions le lien social qui constitue la langue. C'est un trésor déposé par la pratique de la parole dans les sujets appartenant à une même communauté, un système grammatical existant virtuellement dans chaque cerveau, ou plus exactement dans les cerveaux d'ensemble d'individus; car la langue n'est complète dans aucun, elle n'existe parfaitement que dans la masse. (Saussure 1972, 30)

Saussure agregó que "la langue n'est pas une fonction du sujet parlant, elle est le produit que l'individu enregistre passivement; elle ne suppose jamais de préméditation, et la réflexion n'y intervient que pour l'activité de classement" (30). Paralelamente, el lingüista ginebrino atribuyó a la *parole* los siguientes predicados: "l'exécution [de la langue] n'est jamais faite par la masse; elle est "toujours individuelle, et l'individu est toujours le maître; nous l'appelerons la *parole*... La parole est au contraire [de la langue] un acte individuel de volonté et d'intelligence" (30). Al elegir, en el acto de escritura, los sintagmas más cercanos a sus propios actos de *parole* y a los actos de *parole* de su propia comunidad lingüística, y, por consiguiente, a la *langue* entendida como "un trésor déposé... dans les cerveaux d'un ensemble d'individues" (Saussure, 30), Pimentel renegaba del código poético heredado por ser ininteligible para él mismo y para su comunidad lingüística en cuanto que se había alejado excesivamente no sólo de la *parole* sino asimismo de la *langue*. La copia de los actos de *parole* —o actualizaciones de la lengua que comparten el poeta y sus receptores— explica el rasgo coloquial, anticlimático y verosímil de las últimas palabras del padre: "ya no / ya no / ya no..." (Pimentel 1973, 32), y, por extrapolación, sugiere que la escritura poética es también el "acte individuel de volonté et d'intelligence" —y por consiguiente de libertad—con que Saussure definía la *parole*.

En términos de lingüística cognitiva, en los textos elaborados por Pimentel primaba "the notion of a usage event or utterance" (Evans 2007, 196). Desde este mismo punto de vista, la polisemia que ofrece "Balada" —y la obra poética de Pimentel en general— no se limita a las unidades lexicales sino que se extiende a la organización sintáctica del discurso como "a fundamental feature of human language" (Evans, 163), y, consecuentemente, ofrece una urdimbre de extrema complejidad: "discourse is partitioned into distinct mental spaces [regions of conceptual space] which contain counterparts and connectors holding between them" (Evans, 136). La actualidad de la polisemia de "Balada", un poema publicado hace treinta y cinco años, pues, puede explicarse desde el punto de vista de la lingüística estructural aplicada al lenguaje poético —Saussure, Cohen, Jakobson—, y, paralelamente, utilizando conceptos de la lingüística cognitiva: "The principles of mental space formation and the relations or mappings established between mental spaces have the potential to yield unlimited meanings" (Evans, 134).

La polisemia de la obra de Pimentel se sustenta asimismo en la aplicabilidad de su discurso a un segmento diacrónico, un período histórico que se inició hacia 1970 y que no ha terminado aún, puesto que continúan vigentes —y en no pocos casos se han agudizado— los conflictos colectivos e individuales que determinaron el alzamiento de Pimentel y la transformación de su ser poético en epónimo del movimiento Hora Zero, y, acaso, en coepónimo de toda una generación de poetas, artistas y activistas latinoamericanos, europeos y norteamericanos que "intentaban poner fin a la guerra con canciones y con amor" (Pimentel 1973, 37). Esta simple expresión de un sentimiento que unificó a millones de jóvenes durante las décadas de 1960 y 1970 se encuentra en "La balada del hombre del siglo XXI" de *Ave soul* (27-40). La inclusión del presente siglo en el título de un poema escrito hacia 1973 revela la intuición por parte del autor de que el poema en cuestión, su obra y la negación del mundo heredado —y de la propia negación— tendrían una vigencia transgeneracional: "No ven la luz cuantos temieron hacerle frente a la verdad. / No ven la luz cuantos pusieron su saber en manos criminales" (37). A dos años de la retirada de las tropas estadounidenses de Vietnam, Pimentel, en el mismo poema, presagió más guerras: "Homenaje a los muertos que cayeron luchando por la libertad /en medio de un bosque de zarzamoras, mientras por delante / van unos niños memorizando estas palabras y pueblos y comarcas / han dejado de ser benditos y han sido saqueados, arrasados, torturados" (39). "La balada del hombre del siglo XXI" contiene uno de los pocos pasajes en que el cofundador de Hora Zero ha considerado la naturaleza como patrimonio expropiado de la humanidad: "Camino para fundirme con todos los hombres y mujeres anhelantes / por recobrar su dignidad, por recobrar lo que se nos / arrancó de nuestras manos, un país o un puñado de hojas" (39). Y más adelante: "Hablan de mí / los algarrobos, hablan de mí los gorriones, las montañas poseídas / por ese azur peregrino, los ríos huyen los inmensos pastos / repletos de vicuñas, los surcos de la tierra, millares de hojas /. . . / y el agua / que se desborda tímidamente encuentra su cauce" (39). La intuición fugaz del *locus amenus* arrebatado del gozo comunitario delata la conciencia ecológica del poeta que había crecido en los desiertos urbanos de Lima, una ciudad que se extendía sobre lo que hasta el siglo XIX había sido uno de los valles principales de la costa peruana, y sitio de una de las civilizaciones más antiguas de América del Sur.

La renuncia a la vida del padre agonizante, indefenso, saqueado y desprovisto del poder que le brindaban el amor y la tiranía, no fue óbice para que Pimentel rematara la elegiaca "Balada" trasuntando el rencor del hijo, la madre y la hermana, quienes, al aunarse en el reproche, actualizaron el andrógino traumático-poético, soliviantado tanto por la muerte cuanto por la traición: "Una vez más / te *nos* adelantaste / padre / una vez más / una vez más / contigo a la distancia / contigo a la distancia" (36, cursiva mía), donde el *nos* personifica al andrógino o complejo síquico materno-filial. *La vida de cambios doblados* —acuñamiento de Pimentel que predica la relatividad de las acciones humanas y la polisemia de los actos lingüísticos que las expresan— le sirvió en "Balada" para no cejar en la búsqueda de los múltiples sentidos contradictorios del azar, corriendo el riesgo que señalaba Cohen: "Au delá d'un certain degré de polysémie, la langue ne peut plus fonctionner" (208). En "Balada", el grado disociador de la polisemia es quíntuple: padre-traidor-víctima-redentor-redimido. A esto se agrega otro factor de complicación semántica, si se considera el sentido que tiene el sintagma *te nos adelantaste*, en cuanto connota que alguien aprovechó las circunstancias para hacer algo provechoso para sí antes que los otros. Al morir, el padre triunfó en la compulsa con sus hijos y su esposa por liquidar la historia familiar, cuya desgracia él mismo había causado cometiendo el error trágico de la infidelidad contumaz. Por lo tanto, su muerte, aparentemente fortuita, adquirió una intencionalidad bivalente, lindante por un lado con la inmolación y por otro con la canallada final. Para aun mayor complejidad del referente o *designatum*—"l'objet réel considéré en lui-même"— y de la referencia —"le corrélat subjectif de l'óbjet, le phénomène mental à travers lequel il est appréhendé" (Cohen, 203)—, a ello se agrega el hecho textual de que, al morir (o matarse), ser asaltado durante su agonía y en seguida auxiliado, el padre devino héroe del proletariado y víctima del lumpen o subproletariado; héroe de una clase con la que Pimentel y Hora Zero se solidarizaban, y víctima de su subclase, siempre acechante. La puesta en funcionamiento de un sistema tan complejo de referentes y referencias en "Balada" coloca a este poema en el límite que divide lo racional de lo irracional, lo comprensible de lo incomprensible, el sentido del sinsentido, es decir, en el estrato profundo de la poesía entendida como acto de escritura cercano a la *parole* y, por lo tanto, a la cognición, pero también a la locura.

Al hacer la distinción ya citada entre referente o *designatum* y referencia, Jean Cohen afirmaba que la mayor parte de lingüistas reserva el nombre de sentido para designar la referencia (203) —fenómeno mental mediante el cual se aprehende el referente—, y sostenía que el sentido no se puede divorciar del referente o *designatum*, de "l'objet réel considéré en lui-même". En "Balada", pues, Pimentel urde un tejido de alta tensión, una trama a punto de estallar, entre la esfera de los objetos y la esfera de los correlatos subjetivos mediante los cuales se aprehenden esos objetos. Al definir el sentido de la palabra "sentido", ("meaning of meaning") Cohen (203) incluye referente y referencia. En "Balada", Pimentel actualizó la definición de sentido que Cohen había propuesto cuatro años antes, consiguiendo la poeticidad del texto precisamente en la zona donde referente y referencia se intersectan e interactúan hasta alcanzar el grado paroxístico del lenguaje que el lingüista francés atribuyó a la poesía.

En el manifiesto "Destruir para construir", inserto en *Kenacort*, Pimentel y Ramírez Ruiz describieron la ópera prima de aquél como un "libro [que] no está escrito para agradar sino para desagradar y convertirse en grano, en semilla, en pan, agua, tuerca para ese gran motor que es y será la formación del hombre nuevo, la formación del creador, pleno, poderoso, indesmayable e indestructible en la lucha, es decir, EL HOMBRE VIVO" (Pimentel 1970b, 5). Si se reduce este pasaje al terreno del lenguaje poético, se lo compara con la reflexión de Cohen sobre los límites del principio surrealista de que "le style est faute", con la afirmación de Breton en cuanto que "l'image la plus forte est celle qui présente le degré d'arbitraire le plus élevé" (Cohen 201), y con la reflexión que realiza el mismo Cohen a propósito del mecanismo de fabricación de lo poético —"mécanisme de fabrication du poétique" (202)—, se habrá avanzado notablemente en la interpretación de la dinámica que Pimentel utilizó para construir no sólo "Balada" sino la mayoría de sus poemas, asumidos como elementos del extenso universo existencial y autobiográfico, o novela poética, que conforman sus libros:

> La poésie, quoiqu'en ait dit Poe, n'ést pas possédée de "l'esprit de négation". Elle ne détruit que pour reconstruire. L'ensemble de l'opération, on s'en doute, n'est pas nul. Il reste un produit net. L'absurdité du poème lui est essentielle, mais elle n'est pas gratuite. Elle est le prix dont il faut payer une clarté d'une autre ordre. Dans et par la figure, le sens est à la fois perdu et retrouvé. Mais de l'operation il ne sorte pas intact. Il a subi en cours de route une métamorphose... (Cohen 1966, 202)

En los libros posteriores de Pimentel se acentuó la dialéctica operante en la complicada relación del progenitor con la esposa y los hijos expuesta en "Balada". Mas en aquellos la dialéctica se dio entre Pimentel como "padre fundador" del movimiento, los postulados iniciales de Hora Zero y su entorno familiar, particularmente la relación con su esposa. En tal sentido, "Escenas de un cuadro de N. Poussin *L'inspiration du poète*", antepenúltimo poema de *Ave soul* —en adelante "Escenas"—, reitera el carácter inmisericorde de la crítica que Pimentel había empezado a ejercer, desde *Kenacort*, respecto a los estratos más frágiles de su espíritu, en desmedro de la crítica del mundo objetivo. Habiendo desnudado la pequeñez y la grandeza de su padre, habiéndolo denostado e idealizado, el aedo se debatía entre ser y no ser como el padre, entre perpetuar y no perpetuar la imagen paterna que acababa de sepultar. La pugna entre la persistencia del patriarcado y el respeto a su esposa determinaba el desdoblamiento dialógico:

>por qué me limitan si yo pertenezco al mundo y tengo
>el derecho de conocer otras tierras, oler otros habitantes
>empaparme de ellos y llorar ¿han llorado alguna vez?
>No critiques mierda. Ama a tu mujer. Entonces dónde depositar
>tus perros, tus maquinaciones, tus salvajadas.
>¡Oh demonio, gran hombre poderoso que eres y que soy!
>Dónde está la mentira en estas palabras. (Pimentel 1973, 49)

La aguda desconfianza de sí mismo, producto del análisis de los estratos conscientes y subconscientes de su ser, anulaba la capacidad de afirmar ya no las generalidades comunes a su campo ideológico sino las mínimas certezas existenciales. Así, pocos versos después de haberse declarado ciudadano del mundo y de haber reclamado su derecho a conocer otras tierras, se lamentaba del afán de emigrar: "por qué tengo que ver /. . . / gente que se larga del país" (49). Paralelamente, El Edipo irresuelto se reencarnaba en el andrógino compuesto por la madre viuda, la esposa, la hermana y el poeta. El hecho de que la madre y la esposa tuvieran trabajo estable y el poeta fuera eventualmente empleado —"legiones / de hermanos trabajaban y tú no" (50)—, aunado al severo cuestionamiento ideológico del patriarcado y al consecuente fortalecimiento de la figura femenina, causaban una crisis de identidad parcialmente resuelta mediante la incorporación de las tres mujeres en la persona del poeta y la consecuente objetivación del andrógino:

>mi vieja
>ahí en su trabajo del Correo Central. Yo la visito los lunes
>y le llevo un bizcocho dulcísimo. Ella es joven y yo me pongo
>colorado cuando caminamos por la calle porque la gente nos mira
>y creen que somos enamorados. Mi hermana duerme, son las 8 a.m.
>y la radio suena. Se oye la sirena de una ambulancia. Un tipo
>de treinta y tantos años con anteojos derrama lágrimas sobre su té.
>Mi mujer descansa sobre mí y siento que su cuerpo se parece al mío.
>(Pimentel 1973, 50)

La desidentificación con el rol patriarcal, la falta de empleo socialmente sancionado y la deriva del campo socialista y del movimiento Hora Zero, que en

1973 se hallaba semidisuelto, fomentaban la *metanoia* a través del careo del poeta consigo mismo y con las personas femeninas en él introyectadas y dotadas de voz por desdoblamiento, careo del cual emergía con el amor propio maltrecho: "Siento que se burlan de mí y todo el mundo moviendo los ojos / de un lado a otro, constantemente, con dinero en el bolsillo / tirándolo al aire para que tú te agaches y lo recojas con la lengua" (49). En "Escenas", Pimentel fijó la fecha relativa de su escritura: "Dejo constancia de estos días / agosto 14 de 1972" (50). En el mismo poema, el padre, fallecido cinco meses antes, reapareció como si estuviera vivo: "¡Papá, papá! ¡hijo, hijo! qué sucede ¡Papá, papá! la gente / ya no nos quiere" (50). A la desolación infantil que lo obligaba a invocar al espectro paterno sucedió la reincidencia en la esperanza de la arquitectura abstracta del colectivo poético y humano:

>juntos, nos sentaremos todos en una mesa, nos miraremos
las caras y veremos todo aquel pasado como algo borroso y difuso
diluyéndose en el nuevo aire fresco y sólo tendremos palabras
para concretizar, juntos hacer cosas, planear construcciones
masivas de viviendas, juntar toda la leche y dársela a los niños
juntar todo el pan y ponerlo ahí sobre la mesa, juntar todos
los libros y ponerlos ahí para que trabajen (Pimentel 1973, 51)

No obstante la tentación lírica a la que había cedido Pimentel en algunos de los poemas de *Ave soul*, la coda de "Escenas" no deja duda sobre la persona poética que, tres años después de la publicación de su ópera prima, se afirmaba tenaz aunque indigentemente, en medio de "dos avenidas", entre la desesperación y el extremismo atizados por la urbe barbárica: "Y me vi retratado / como lo que soy, un poeta un ángel que circunda / el mundo con mis anotaciones salvajes bajo / el brazo expandiendo mi sombra en el aire / viviendo distintos mundos. Y mi sombra / impregnada de vida aletargada y lánguida / en las paredes de esta ciudad como / un recuerdo imperecedero y brutal" (51). El arepentimiento iba a agudizarse con la derrota personal expresada en *Palomino* (1983), llegaría al clímax y al límite del paroxismo en *Tromba de agosto* (1992), encontraría un reflujo de amor con el salto al pasado del poema-río que constituye *Primera muchacha*, y encontraría una síntesis momentánea en las engañosas soledades de *En el hocico de la niebla* (2007).

CAPÍTULO VII

PALOMINO: LA CAÍDA EN EL LUGAR QUE NO EXISTE

Pasaron diez años antes de que Jorge Pimentel publicara su tercer libro, *Palomino* (1983). El título lo tomó del apellido del mozo o mesero que lo atendía en una cantina de San Fernando Bajo, sector de la ciudad de Chosica, situada en la vertiente oriental de los Andes, a cuarenta kilómetros de Lima. Allí Pimentel escribió los poemas de su tercer libro, siguiendo su costumbre de escribir, sin beber —a pesar de que ya sufría de alcoholismo—, en cantinas de la ciudad capital (Entrevista inédita). Con la toponomización de un apellido — Palomino— y con el hábito de no beber mientras escribía, Pimentel trazaba la línea fronteriza entre lo profano y lo sagrado, entre lo prosaico y lo poético, entre la perfección simbólica y la imperfección de la materia humana. La institución de la cantina en el Perú constituye el *locus* de un alcoholismo de proporciones epidémicas, pero funciona también como sitio donde los bebedores se apartan de la vida cotidiana para retornar psicológicamente al útero, donde el mundo externo se atenúa o desaparece momentáneamente, y donde, gracias al efecto desinhibidor del alcohol, la relación entre los bebedores se transforma en una hermandad transitoria, caracterizada por la violencia y el cariño extremos, que la acercan a los linderos del hampa. Así como Julio Ramón Ribeyro en *Los hombres y las botellas* había dado sabrosa cuenta de la cantina como refugio de la desesperación, Jorge Pimentel ofreció en *Tromba de agosto* (1993) una versión existencialmente más concisa, codificada y alturada de dicho ambiente. El hecho de que, siendo alcohólico, se abstuviera sistemáticamente de beber mientras escribía en una cantina, revela la pugna entre la edificación de la obra y la desesperación. Al no haber hallado ningún viso de solución a la distopía, al poeta, luego de la tentación lírica, lo tentaba el abandono de la vida.

Palomino es un libro-objeto diagramado por el artista plástico Víctor Escalante, amigo del movimiento Hora Zero. Las doce fotos exclusivas de interiores —que muestran escenas de San Fernando Bajo, sector de la ciudad de Chosica, acompañadas de versos extraídos del poemario— y la foto de contracarátula —donde aparece Pimentel escribiendo sentado a una mesa de la cantina— las tomó el reportero gráfico Carlos Domínguez, cuya labor de cincuenta años tras el lente lo ha colocado en los anales de la fotografía peruana. La editorial se llamó "Carta Socialista", al pie de cuyo crédito se lee *"Este libro asume la responsabilidad de la poesía latinoamericana"*, mensaje que indudablemente reiteraba, aunque gráficamente reducido al mínimo, el programa máximo de los comienzos del movimiento Hora Zero. A semejanza de *Kenacort*, y a diferencia de *Ave soul*, que sólo presentó el juicio crítico de Félix Grande en contracarátula, *Palomino* ofrece una peritextualidad —en la que se incluye el elemento gráfico— ceñida a las condiciones materiales e ideológicas de la escritura. Así, en el poema que precede a la dedicatoria, Pimentel se rasgó las vestiduras:

>Ser poeta en el Perú es permisible hasta los 25 años.
>Después eres loco, hombre peligroso, mátenlo.
>Hemos asumido la adolescencia con adultez y la
>niñez la hemos olvidado. En este país la muerte
>es nuestra mejor amiga y hasta quiere rimar la
>esperanza. Llevo tiempo en el oficio y como diría
>mi compadre Manuel Morales, ser poeta en el Perú
>no se lo recomiendo ni a Superman. Dos palabras
>me resumen todo, absolutamente todo: tengo miedo
>y hay que luchar. Lo demás es Palomino. (Pimentel 1983, 9)

La necesidad había determinado la maduración prematura del adolescente, y, asimismo, la perpetuación del adolescente en el individuo maduro en cuanto aquél seguía rechazando el caos cuando el segundo ya se había resignado. El ámbito reservado a *poiesis* se reducía a un lugar signado por la miseria, San Fernando Bajo, bautizado poéticamente como Palomino, al margen de la realidad y en la margen izquierda del Río Rímac, donde el poeta halló la intranquilidad de espíritu que le resultaba imprescindible para escribir. El *locus urbanus* era la negación del *locus amenus* pastoril.

En el Perú, que en 1983, durante el segundo mandato constitucional del arquitecto Fernando Belaúnde Terry, se debatía entre los ataques genocidas de Sendero Luminoso y la respuesta proporcionalmente genocida de las fuerzas armadas, San Fernando Bajo y su sublimación, *Palomino*, se situaban entre los dos sentimientos contradictorios que el peruano común y corriente debía conciliar: el temor y su superación mediante la brega cotidiana. Al afirmar que "Lo demás es Palomino", Pimentel colocó su cuerpo, su capacidad creadora y el lugar donde la realizaba fuera del mundo objetivo, en una utopía privada. Comenzó a experimentar con mayor intensidad la *metanoia* y la *oikodomé*. En tal sentido, resulta sintomático que en la dedicatoria haya incluido a sus hijos Sebastián y Jerónimo, a su madre, "a cuenta de lo que soñamos", junto con el movimiento Hora Zero y "los hombres sobrevivientes" (11), pues el entorno del propio hogar constituido —del que aquella vez excluyó a su esposa— empezaba a tener un peso existencial equivalente al del colectivo de Hora Zero. La realidad radical, "aunque sea sólo... la humilde obra de sostener con la de uno la vida de una familia" (Ortega 1982, 58), agudizaba el sentimiento de culpa de Pimentel porque a la sazón, debido al carácter eventual del oficio periodístico que ejercía, la carga de mantener el hogar recaía sobre los hombros de su esposa, quien se desempeñaba como bibliotecaria del Banco Central de Reserva del Perú.

Puesto que era un hecho consumado que el proyecto vitalista de *Kenacort* y *Ave soul* había fracasado, Pimentel reformuló su concepción de ser poeta mediante el conjunto de citas que preceden al primer poema:

Y silban los trenes / lamiendo / de la poesía
las manos callosas. MAIAKOVSKI. Nadie se
deposita en un tren sin haber vivido antes.
RICARDO PAREDES. No es fácil ni divertido
ser poeta sino más bien difícil y trágico.
ALEXANDER BLOCK. Los poetas son personas que
trabajan y trabajan enormemente. RENE MENARD.
Se puede hacer el tonto en cualquier otra
parte, pero no en la poesía. MONTAIGNE.
Soy el de antes, valiente y orgulloso aunque
es otro mi caminar... si antes me daban en
los morros, ahora me sangra el alma. ESENIN.
(Pimentel 1983, 13)

Es evidente que en medio de su desesperación y aunque todavía consecuente con cierto radicalismo, Pimentel trataba de conservar la solemnidad épica del oficio de versear y versar. Paralelamente, se esforzaba por que su profesión de fe no perdiera el alcance cognoscitivo. Con respecto a la presión que ejercen los modelos gramaticales sobre el pensamiento, Roman Jakobson se había inclinado a afirmar que existe un

> domaine des activités de la parole où "les règles du jeu dont la fonction est de classer" (Sapir, 1921) acquièrent leur signification las plus aiguë: c'est dans la FICTION, telle qu'elle se développe dans l'art du langage, que LES FICTIONS LINGUISTIQUES se réalisent dans toute leur plénitude. Il est parfaitement évident que les concepts grammaticaux. . . trouvent leurs possibilités d'application les plus étendues en poésie, dans la mesure où il s'agit là de la manifestation du langage attaché à la forme. . . Dès lors qu'en ce domaine la fonction poétique l'emporte sur la fonction strictement cognitive, celle-ci y est plus ou moins occultée, et l'en rejoint l'allégation de Sir Philip Sidney dans sa *Défense de la poésie*: "Quant au Poète, n'affirmant rien, il n'a jamais l'occasion de mentir". En conséquence, selon la formule ramassée de Bentham, "les Fictions du poète sont dépourvues d'insincerité". (Jakobson 1977, 92)

Es palpable el contraste entre las afirmaciones ciertamente agudas de Sidney y Bentham y el conjunto de citas amalgamadas por Pimentel para connotar el propio predicamento. En la poesía de Pimentel, la gramática, la sintaxis y la retórica no hallan la panacea ni el culto de la forma modifica sustancialmente el significado, sino que, contrariamente, la lógica del mundo objetivo genera significado y forma —en este orden. En tal sentido, Pimentel hacía un esfuerzo consciente por aprehender y conocer a través de la poesía, impidiendo que la función poética imperara sobre la cognitiva, que la bohemia y el alcoholismo imperaran sobre la racionalidad, a objeto de poder ser cómplice, observador y juez de la disolución de su ser individual y colectivo. De esta concepción básica se deriva el sesgo marcadamente filosófico de los poemas del cofundador de Hora Zero. Invirtiendo las formulaciones de Sidney y Bentham, se puede decir que Pimentel, afirmándolo todo, tiene infinitas ocasiones de mentir, y, sin embargo, sus fórmulas están provistas de una sinceridad que no perdona a su emisor y víctima.

Palomino se divide en tres partes. La primera, precedida de los textos liminares ya citados, se abre con un largo poema de verso amplio, sin título, del que me ocuparé en su momento. La segunda consta de cuarenta y un poemas numerados, en los cuales predomina el verso breve. La tercera parte, titulada

"Falso equilibrio", es un solo poema de versos aun más breves que llegan a limitarse a una palabra, a una conjunción, a una disyunción, a una preposición o a un pronombre relativo. Esta progresiva fragmentación de la versificación responde al fenómeno psíquico de la fragmentación de la existencia y de *poiesis* en los espacios de *Palomino*, cada vez más pequeños y coherentemente incoherentes.

Así como la primera parte está precedida de los peritextos ya traídos a colación, a la segunda la antecede una cita que Pimentel atribuye a Henry Miller: "*Un poeta en busca de empleo es uno de los espectáculos más tristes del mundo*" (Pimentel 1983, 21). Una cita de Tulio Mora introduce "Falso equilibrio", tercera parte de *Palomino*: "Y que los hombres más tarde te celebren / en homenaje a tu cansancio" (83). Dos citas siguen a "Falso equilibrio". La primera es atribuida a Rimbaud: "*¡Ya no sé hablar!*" (95). La segunda a Saint-John Perse: "*¡Oh miseria! Apaga tu candil. / El pájaro lanza su chillido*" (97). La progresiva fragmentación del verso, de la existencia y el sentido conducen a la mudez y las tinieblas. El autor contradice tenuemente esta terrible circunstancia en el agradecimiento que sigue a la cita de Saint-John Perse: "*De repente éste es el libro / que jamás nadie / quisiera escribir. / De repente / éste es el libro. / Escrito está. / Y abierta la puerta / hacia una nueva vida*" (98). El giro optimista, que da pie a la dedicatoria y agradecimiento a cincuenta artistas, músicos, poetas y hasta un famoso jugador de fútbol por entonces ya fallecido —Valeriano López—, no pretende disimular la sinceridad trágica del poemario.

Impostergabilidad de la muerte, vigencia de la rebelión, caída

El largo poema sin título de verso amplio (Pimentel 1983, 15-20) que precede al corpus de *Palomino* es el testimonio de la íntima desolación que sigue a la desesperación y al extremismo colectivos. Aunque carezca de título, obedeciendo al prurito de claridad, en adelante lo llamaré por el arranque de su primer verso: "Me estoy muriendo". Cronológicamente, este poema parece separarse del conjunto de textos de *Palomino* (1984): "Y dónde ir a los treinta / años / qué hacer con estos diez años de oficio de poeta, dónde / depositarlos / bajo qué puertas para no molestar a nadie" (17). Si se toma como punto de partida del oficio poético de Pimentel la publicación en 1970 de *Kenacort*, el poema introductorio de *Palomino*, por la referencia de los treinta años del escritor, podría haber sido escrito hacia 1974, es decir, después de *Kenacort* (1970) y de *Ave soul* (1973). Textualmente, por su amplitud versal, este poema corresponde a la época de *Kenacort* (1970), aunque la edición de *Palomino* ofrece un rigor estilístico que acerca más bien "Me estoy muriendo" a "Escenas de un cuadro de N. Poussin L'inspiration du poète" de *Ave soul* (Pimentel 1973, 48). La dicotomía entre poemas narrativos, largos, de verso amplio, y poemas breves de cuitado hermetismo se manifiesta en *Kenacort*, *Ave soul* y *Palomino*. Corresponde esta dicotomía al doble registro estilístico que Pimentel utiliza para poetizar la calamidad. Ni la tibieza de la logia ni el sistema de vigencias del campo socialista —a pesar del equilibrio entre sus aciertos y equivocaciones— habían hecho peligrar el sesgo de culposa confesión agustina que atormentaba y atormenta a Jorge Pimentel.

Justamente, el íntimo disidir del movimiento y de la ideología colectivista que había adoptado fue uno de los factores que alentó lo que he definido como la ruptura con y de la ruptura, vale decir, la tolerancia que Pimentel y los horazeristas han ejercido con respecto a los diferentes modos de poetizar. En tal sentido, la franqueza del poema que me ocupa no puede ser más elocuente: "Me estoy muriendo como muere el verso liso y pálido / bajo las aguas de esta ciudad cubierta de / granos podridos y otros desechos bañados en sangre" (Pimentel 1983, 15). El cariz épico-narrativo, glorioso, marcial y futurista de la poesía de Pimentel, cuyo ejemplo por antonomasia había sido el entusiasmo whitmaniano de "Balada para un caballo" de *Ave soul* (1973, 6-9) —uno de sus poemas más celebrados y antologados— coexistió siempre con el cuadro depresivo, nostálgico y patético. Cuadro que se ha hecho tangible en toda su obra, y, con especial intensidad, en "Me estoy muriendo", cuando el poeta se sitúa "en este inmenso purgatorio que da / la medida exacta de lo que no eres o te propusiste ser" (15). "Me estoy muriendo" funciona, pues, como contextualizador de *Palomino* al establecer el escenario donde se desarrolla la multiplicación de los detalles de la catástrofe.

En "Me estoy muriendo", Pimentel no disimuló el peso tremendo de visitar los lugares comunes de la necesidad, de empezar a perder la primera juventud, de aceptar el cambalache de la corrupción como certeza cotidiana, y, por tanto, al menos en una esfera de su vida, de ser exactamente lo contrario de lo que había anunciado en su primigenia arquitectura abstracta: "mordí el anzuelo, caí en las trampas / estúpidamente y ahora me contradigo con / facilidad, me extravío, me pierdo, y con la luz de un / lamparín / cruzo puentes rústicos donde nadie me espera, / donde no hay un lugar preciso para mi cara, que ya dejó / de ser columpio o lecho de fresas" (15). En *Palomino*, extremismo, desesperación, *metanoia* y *oikodomé*, fases típicas de la renovación, se dan al mismo tiempo y se alimentan mutuamente, aumentando de esta manera la potencia de la explosión violentista. El cofundador de Hora Zero desconfió desde el principio del desiderátum individual y colectivo. De modo que lideró una generación poética y se hizo epónimo de ella poniendo en seria duda, desde *Kenacort*, y aun antes, la plausibilidad de sus proyectos máximos y mínimos. Pero, con todo, dejó en claro que la derrota no se había dado sin una batalla cognoscitiva y política contra el coloso invencible que ya Rubén Darío había anunciado en "A Roosevelt":

> Me estoy muriendo, mordí el anzuelo, caí en las trampas
> al tratar de entender lo que pasaba,
> al tratar de medir el alcance del engaño, la crueldad
> servida masivamente, matanzas que desbordaron los océanos,
> en montañas de cuerpos ofrendados como un sacrificio
> ....
> Y todas fueron trampas a la larga mortales para nosotros,
> sobre todo al tratar de explicarnos las siglas
> que se multiplicaban como abanicos, como colas de pavo
> / real,
> ESSO ITT IPC UNITED FRUIT SHELL (Pimentel 1983, 16-17)

La mención de las siglas de estas empresas extranjeras como símbolos del imperialismo no es casual. La ESSO y la ITT, del ramo del petróleo y las telecomunicaciones, habían sido expropiadas por el gobierno del general Juan Velasco Alvarado (1968-1975) y convertidas en las empresas estatales Petroperú y Compañía Peruana de Teléfonos, respectivamente. En 1983, tres años después del retorno de la democracia al Perú con la elección de Fernando Belaúnde Terry, cuando se publicó *Palomino*, soplaban ya los vientos del desmantelamiento de las reformas realizadas por el gobierno militar y de las privatizaciones que se llevarían a cabo en la década siguiente, durante el gobierno y la dictadura del ingeniero Alberto Fujimori Fujimori (1990-2000).

El proceso de reversión de las empresas estatales a manos privadas, continuado por los gobiernos de Alejandro Toledo (2001-2005) y por el de Alan García Pérez (elegido presidente por segunda vez en 2006), ha dado como resultado un panorama semejante al que precedió a la dictadura militar de Juan Velasco Alvarado, en el sentido de que actualmente el Perú tiene una estructura económica dominada por los enclaves extranjeros, en la que predominan las exportaciones tradicionales: productos mineros, agrícolas, hidrocarburos y harina de pescado. Así, en 2007, dichas exportaciones representaron el 77.2 por ciento del total de las exportaciones del Perú (*El Comercio* 2007). Esto muestra que Hora Zero y Pimentel han asistido a un giro radical en la historia del Perú. Dicho giro se caracteriza por el paso de una economía de enclaves a otra con predominancia de los sectores estatal y cooperativo —durante el gobierno militar (1968-1980)—, y, en seguida, por el retorno a la economía de enclaves, en cuanto que la actual estructura de exportación de la economía peruana no difiere esencialmente de aquella que, desde el período colonial, han tenido el Perú y la mayoría de países del Tercer Mundo como exportadores de materias primas y productos de escaso valor agregado e importadores de productos manufacturados.

El resultado de la reversión económica, ocurrida entre 1980 y el presente, ha sido la reinstalación del "modelo primario exportador" (Campodónico 2008, Pentierra 2006). La actualidad predictiva de "Me estoy muriendo", en cuanto que incluye las siglas de las compañías extranjeras, radica en que, veinticinco años después de la publicación de *Palomino*, los gobiernos de Chávez en Venezuela, los de los Kirchner en Argentina, Ortega en Nicaragua, Morales en Bolivia, Lula en Brasil, Correa en Ecuador, Bachellet en Chile y Vázquez en Uruguay —todos elegidos democráticamente— indican un movimiento del péndulo histórico hacia la izquierda, producto del agotamiento del modelo neoliberal, en cuanto que no ha podido angostar la brecha entre los polos de la riqueza y la pobreza en América Latina, que es la más grande del mundo.

La existencia de estos gobiernos, que fluctúan entre el "Socialismo del siglo XXI" de Hugo Chávez, la supervivencia del régimen socialista en Cuba, y el centroizquierdismo de Lula, Kirchner y Bachellet, no habría sido posible sin el resurgimiento de los movimientos sindicales, agrarios, indígenas y artísticos en toda la subregión, que se oponen a las políticas neoliberales. Paradójicamente, tanto Pimentel como Hora Zero no se han pronunciado públicamente, como lo hicieron en las décadas de 1970 y 1980, con respecto al nuevo panorama latinoamericano, a pesar de que se asemeja en varios aspectos a aquel que propició la ruptura de los, a la sazón, jóvenes escritores.

Treinta y ocho años después de la fundación de Hora Zero, su "diferencia de altitud en la colocación" o "diferencia de nivel vital" —predicados con los que Ortega define una generación decisiva (Ortega 1982, 66)— siguen vigentes en lo que respecta a los problemas irresueltos del Perú: desempleo, pobreza y ultraviolencia, que en buena medida se deben a su posición en el mercado internacional de país exportador de materias primas y productos de escaso valor agregado, y, en el plano cultural, a la importación constante de ciencia, conocimiento, artes y modas. En el caso de Jorge Pimentel y de Hora Zero, pues, la vigencia de la diferencia de su nivel vital no depende, como supuso Ortega, de un número determinado de años, sino más bien de la permanencia de los conflictos que determinaron la subversión.

Con estas precisiones se explica el hecho textual de que en "Me estoy muriendo" Pimentel achacara a una tercera persona del plural la responsabilidad abstracta de la desgracia de su madre y la muerte de su padre: "A mi madre / también la / persiguieron hasta que dieron con ella en una oficina. / Tengo noticias que a mi padre lo sacrificaron en una Cía. [compañía] / de aguas gaseosas. Trabajó hasta su muerte, hasta que decidieron sacrificarlo" (1983, 16). Este "ellos" impersonal —o, quizá, un *ello*— no es de ninguna manera un conjunto vacío sino el archisigno (el signo más abstracto posible) del conjunto de fuerzas que gobiernan la vida de una persona cualquiera, sin que ésta tenga posibilidades considerables de enfrentarlas y vencerlas. Dicho de otro modo, el "ellos" que causa el fátum, el encadenamiento fatal de sucesos, se liga, en "Me estoy muriendo", a las fuerzas superiores y kafkianamente abstractas del imperialismo y sus socios nativos. En este sentido, Pimentel reconoció la inutilidad de la palabra:

> Me estoy muriendo cuando no le soy imprescindible a
> /nadie
> a nada. Ya estoy cansado compañeros de oír conver-
> /saciones
> de tratar de conseguir un empleo. Por mis oídos pasan,
> /circulan,
> estornudan, giran, patean, agreden, millones de soles
> que no veo, que me aturden, y míos no son más que
> /cinco soles,
> un billete verde que mora con mi verso desde hace
> /años (Pimentel 1983, 17)

En la *Poética*, Aristóteles considera que la tragedia puede representar el paso de la dicha a la desdicha o de la desdicha a la dicha. Según el estagirita, en ambos casos el desenlace del drama debe implicar una peripecia que cambie radicalmente el curso de los hechos. La tragedia —relativamente atípica respecto a los predicados aristotélicos— que subyace a la obra poética de Jorge Pimentel se puede definir como una transición de una desdicha a una desdicha mayor, como una tautología imperfecta (a es AA) en la que el segundo término —o expresión textual—, siendo el mismo y otro respecto al primer término —o realidad radical—, lo exacerba: un lento río heraclitiano o un ser parmenidiano que se mueve a duras penas. La pusilanimidad del antihéroe que cuaja en la poesía de Pimentel coincide con la impotencia ante el mundo de ciertas piezas narrativas contemporáneas, en cuanto que la vida cotidiana imposibilita toda acción significativa contra el orden de cosas: *El castillo* y *El proceso* de Kafka, *La náusea* de Sartre, *La caída* de Camus, *Sobre héroes y tumbas* de Sábato y *Rayuela* de Cortázar —para sólo mencionar algunos ejemplos.

Se existe en un ambiente alta y consuetudinariamente distópico. Se trata, en alguna medida, de la emergencia al plano poético de *El hombre mediocre* de José Ingenieros. Pimentel reemplaza el dictum heroico de Horacio, *Dulce et decorum est pro patria mori*, subyacente a la pasión guerrillera latinoamericana de las décadas de 1960, 1970 y 1980, con una actitud derivada de la *aurea mediocritas* —también acuñamiento de Horacio—, en cuanto que el poeta se sitúa en el justo medio aristotélico de las opciones extremadas. En cierto sentido Pimentel caía en la trampa (parafraseando a Buñuel) no del discreto encanto de la burguesía sino del delicado infierno de la perqueña burguesía. La pusilanimidad lo llevó directamente a ser coherentemente incoherente (Aristóteles, XV, 154ª, 25) y al enigma textual puesto que su palabra, desligada de casi todo factor transformativo del mundo objetivo del que había surgido, fue progresivamente encerrándose en sí misma y dialogando consigo misma hasta reducir —de modo aparencial— al mínimo, en *El hocico de la niebla* (2007), los vínculos con el colectivo social y con la *parole*, intensos en sus entregas aurorales.

"Me estoy muriendo" de *Palomino* incide mortalmente en el error trágico de haber escogido la poesía como modo de expresión, de conocimiento y de vida: "La verdad ofende, mi estimado. No me diga. Tírese al / trago / para no molestar, tendrán de qué hablar y de esa / manera merecerá unas frituras, en el fondo, unos convites, / unas / palmadas en los hombros" (Pimentel 1983, 17). La expresión poética ha devenido glosolalia: "o el / problema se reduce a un sueldo, monsieur, y pare usted / de contar ¿estupideces? ¿imbecilidades? que en el fondo / y aquí / no ha pasado nada" (18). La aventura existencial ha terminado: "buscando un trabajo ¿un balazo? digamos el / color / de la mierda" (19). Y *poiesis*, único y último refugio del poeta, adopta ropaje foucaultiano: "la poesía no dejó de ser una flecha de la dirección general / de tránsito, un nombre en los ficheros de los desquiciados" (20). El odio a la poesía y a sí mismo de Pimentel coincide con el profundo desprecio por el arte del "juez penitente" que monologa sin pausa en *La Chute* de Camus: "Chez moi, on ne bénit pas, on ne distribue pas d'absolution. On fait l'addition, simplement, et puis: 'Ça fait tant. Vous êtes un pervers, un satyre, un mythomane, un pédéraste, un artiste, etc.' " (Camus 1956, 137). El odio por el propio ser del cofundador de Hora Zero tenía también un antecedente atroz en una oración de Miguel Ángel Asturias: "Y seguía siendo el perro intelectual, contento con su ración de mugre" (citado en Sánchez-Aizcorbe, 1988).

Al afirmar "me estoy muriendo, en esta hora, sobre mi mesa verde / en la que he perdido toda lucidez para escribir", Pimentel anunciaba el enigma poético que propondría en *Tromba de agosto*, su siguiente libro, y la renovada fe en la contumacia de escribir que —si se acepta que "Me estoy muriendo" es un texto prologal— revelaba el primer poema de *Palomino*:

    Las vísceras de un caballo estaban regadas
    a lo largo de la línea del tren.
    Un niño tuerto era otro espejo más
    una suerte de peine u overol.
    Los colmillos fangosos eran nidos
    y los vidrios eran flores carnívoras.
    Llevo meses así, herido de productividad. (Pimentel 1983, 23)

Palomino era la caída del autor en el lugar inventado y bautizado por él mismo, Palomino, patronímico convertido en topónimo fantástico a partir del apellido de un mozo o mesero. El rasgo distintivo de este libro es la invectiva de Pimentel contra sí mismo, contra el oficio de poeta y contra la poesía, aun más acérrima que la del chileno Enrique Lihn y la del peruano Antonio Cisneros. No en vano Pimentel, hacia fines de la década de 1960, expulsó a los gritos de la casa de sus padres a unos contertulios cuyo ídolo literario era Pablo Neruda (Pimentel, Entrevista inédita). A pesar de ser cofundador del movimiento Hora Zero y por lo tanto escritor *engagé* que, como Neruda y muchos poetas latinoamericanos, se mostraron solidarios con el sistema de vigencias del campo socialista, el error trágico de Pimentel radicaba en haber elegido la senda de la poesía como alternativa individual. Tal actitud suponía la "diferencia de altitud en la colocación" o "diferencia de nivel vital" que Ortega había considerado como requisito de la obra de los epónimos de una generación decisiva (Ortega 1982, 66). A la poesía profesada como culto religioso que seguía teniendo vigencia en la poesía latinoamericana —gracias a los paradigmas de Darío, Vallejo y Neruda—, y, específicamente en el Perú, en la obra de una larga lista de poetas de la que mencionaré tan sólo a Carlos Germán Belli, Javier Sologuren, Pablo Guevara (en sus comienzos), César

Calvo, Arturo Corcuera y José Watanabe, Pimentel había replicado con una inusitada violencia contra el amor a la precisión y la devoción por la belleza formal. La célebre definición de Flaubert, "la parole humaine est comme un chaudron fêlé, d'où s'échappent des mélodies à faire danser les ours, quand on voudrait attendrir les étoiles" (Flaubert, II, 12, 334), no se aplica a la poesía de Pimentel ni siquiera en cuanto al resultado colateral de hacer bailar a los osos. En *Palomino* el enternecimiento y la conmoción de las estrellas se troca en su contrario:

> Qué virtud hace
> que los versos
> avancen seguros
> los versos
> si he quebrado
> el rastro
> de las estrellas
> las he hecho
> sangrar
> tan diminutas.
> No he hecho nada
> por mi madre
> y nada
> por mis hijos.
> Debo morir. (Pimentel 1983, 69)

El manifiesto "Destruir para construir", firmado por Ramírez Ruiz y Pimentel e inserto en *Kenacort* en 1970, se había reducido, trece años después, en *Palomino*, a su fase negativa, dando como corolario una variante de la tautología imperfecta que se puede frasear como *destruir para destruirme*, donde la intensificación se halla en la persona referida por el pronombre personal, esto es, en la liquidación del poeta mismo. Del vitalismo y del futurismo de los primeros manifiestos de Hora Zero y de una porción de *Kenacort* y aun de *Ave soul*, Pimentel se lanzaba al abismo de *Palomino*, que sin duda lo coloca en la tradición los *poets maudits* franceses, particularmente de Alfred Jarry y Antonin Artaud. Sumándose a la bohemia, la marginalidad generada por la disidencia lanzaba a Pimentel a los fondos patológicos, perniciosos, de su persona. Ello se relacionaba íntimamente con la grave fractura del lenguaje manifiesta en *Palomino*, que anunciaba *Tromba de agosto*, su poemario acaso estilísticamente más rotundo.

En la primera etapa del movimiento Hora Zero, la violencia verbal, indudablemente enraizada en el futurismo de Marinetti, se disimuló tras los ideales compartidos por el colectivo, que se cristalizaban en el diseño abstracto de un superhombre socialista, o, si se quiere, de la bestia socialista que contestaba a la bestia rubia de Nietzsche y al desembozado fascismo de Marinetti. La abundosa peritextualidad que distinguió a *Kenacort* (1970) se redujo notablemente en *Ave soul* (1973) y en *Palomino* (1983), y se fue orientando progresivamente hacia el terreno literario en *Tromba de agosto* (1992) merced al prólogo de Pablo Guevara, en *Primera muchacha* (1997) gracias el prólogo de Tulio Mora, y en *En el hocico de la niebla* (2007) con el prólogo de Sebastián Pimentel, hijo de Jorge.

En la obra del cofundador de Hora Zero, las dimensiones existencial, textual y metatextual (o peritextual) rotan al mismo tiempo, en relación de solidaridad y contradicción, pasando por el sector más bajo y poderoso del vórtice, *Tromba de agosto*, hasta llegar a la zona de aparencial calma absoluta, cercana al *rigor mortis*, plasmada en *En el hocico de la niebla*. Siguiendo la dinámica del vórtice, el lenguaje de Pimentel habría de llegar a un equilibrio de fuerzas tan contrapuestas que el resultado sólo podía ser el del pasmo, de la calma y aparente equilibrio de su última entrega. En la solidaridad y contradicción de las tres dimensiones se cumple el principio de tautología imperfecta descrito líneas arriba, o sea el paso de una desdicha a una desdicha mayor, la lucha entre tánatos y libido que acaba con el triunfo de tánatos: "Me espera un panteón / que no es el de los próceres / ni el de los burgueses / sin embargo es el mismo panteón / de los olvidos / donde una sombra / de pisco / recorrerá mi lenta despedida" (Pimentel 1983, 26). El poeta vital, el de las fuerzas positivas y la revolución socialista, se presentaba en *Palomino* como un heraldo de su propio óbito textual y biológico: "qué será de vosotras / cuando me muera. / A quién acudirán. / A la lata solitaria / donde alguna vez llovió. / Al agua serpenteante / que tuvo un hijo en un naranjo" (27). Sin embargo, algunas fuerzas frágiles emergían del tanatorio moral en que se había transformado la cantina de San Fernando Bajo donde Pimentel escribía su libro, de puño y letra, "como un escolar aplicado, con lápiz, tarjador y borrador" (Entrevista inédita): "Nabos blancos / Blancos nabos / ábranme sus manos / que la noche / es incompleta / y me hiere. / Tengo treinta años / y no quiero / morir" (Pimentel 1983, 34). Era del todo evidente que había desaparecido de su persona poética el impulso de rebeldía para mutar en una insatisfacción de consecuencias impredecibles: "Miro a mis hijos. / Y miro cómo / cae la luz / cómo cae / Pimentel. / Falto yo. / Faltan mis labios" (36).

Del mismo modo, el amor, consumado en *Kenacort*, aparecía en *Palomino* como la imposibilidad o la impotencia de predicarlo: "cuando te vistes / quisiera decir / lo hermosa / que eres / quisiera decir / el cielo que eres / los territorios / inauditos / que propones" (55). En *Palomino*, Pimentel describió hasta las últimas consecuencias el sino calamitoso de ser poeta —manifiesto subrepticiamente en sus dos libros anteriores. Valiéndose de un uso técnicamente irreprochable del *parallelismus membrorum* (Jakobson 1977, 93), rechazó la equiparación parnasiana del oficio poético con el culto religioso. Sin embargo, trascendió el desamparo material para afirmar la poesía como un deber y un derecho cuyo ejercicio laico, sin protección institucional de ningún tipo, implicaba la asunción heroica del sufrimiento que, expresado desde la individualidad, reflejaba conflictos exteriores de mayor alcance. Éstos, a la postre, determinarían un cambio de paradigma universal en todas las áreas del conocimiento y del arte. A Jorge Pimentel le tocó, por decisión propia y por la fuerza de los acontecimientos, ser uno de los epónimos del cambio de paradigma en el terreno de lo poético.

Desempleo, mancilla, evolución

Aunque ya preconfigurado en sus libros anteriores, el conflicto fundamental que se textualizó en *Palomino* incluía la opción poética como un sendero disidente respecto a la vida de los seres humanos comunes; el desempleo que implicaba el ocupar los márgenes de la colonia social; el recurso de la bohemia como espacio paliativo temporal de la desesperación (ya con pocos visos de radicalismo); y el peso agobiante de la culpabilidad en un individuo que, aparte de haber cofundado un movimiento poético y cultural de gravitación decisiva en la historia de la literatura peruana y de ser responsable de la edificación de una obra personal, debía compartir estas obligaciones con el hecho de tener una valerosa compañera de aventuras, Pilar Prieto (su esposa), y dos hijos, Jerónimo y Sebastián, cuyo futuro se ligaría íntimamente con la recuperación de la salud del padre y la persistencia en su oficio de creador. Antes de que este desenlace feliz acaeciera, no obstante, Pimentel debía tocar el fondo de la situación causada por la confluencia de los factores mencionados. Éstos, siendo explosivos de por sí, combinados ofrecían una receta perfecta para el desastre.

La "diferencia de altitud en la colocación" o "diferencia de nivel vital", vale decir, el cambio de la *Weltanschaung* que convirtió a Pimentel en uno de los epónimos de una generación decisiva, respondía, *latu sensu*, a un fenómeno del cual él no podía percibir más que ciertos síntomas: la desaparición de la Unión Soviética y de los socialismos reales impuestos en Europa oriental. He mostrado con algún detalle que Pimentel y el movimiento Hora Zero habían asumido las "causas" y *Stichwörter* del campo socialista: defensa de la Unión Soviética de Leonid Ilych Brezhnev en el marco de la Guerra Fría; silencio relativo respecto de la represión soviética de la Revolución Húngara (1956) y la invasión soviética de Checoslovaquia que puso fin a la Primavera de Praga (1968); entusiasmo por el Mayo del 68 francés; solidaridad con el pueblo de Vietnam; defensa de la Revolución Cubana; solidaridad con el gobierno de Salvador Allende; posición ambigua o silencio respecto de la Gran Revolución Cultural Proletaria en China (1966-1969); admiración por los protagonistas de las guerrillas en América Latina y condena de los genocidios y masacres que, con apoyo de diferentes administraciones estadounidenses, los gobiernos militares, civiles-militares y aun democráticos utilizaron para combatirlas; y esperanza en la famosa exigencia de José Carlos Mariátegui de que la revolución socialista en el Perú no fuera producto de la imitación sino de la originalidad.

Esta lista, obviamente, no es exhaustiva, pero ofrece un panorama del sistema de creencias que Jorge Pimentel profesaba cuando se publicó *Palomino* en 1983, y aun cuando se lanzó *Tromba de agosto* (1992), en cuya solapa de carátula el autor afirmaba que había escrito dicho poemario "en el reino de la decencia y de la revolución socialista" (Pimentel 1992). Conviene reparar en el vínculo que el poeta establecía entre socialismo y ética, pues tal ligazón acercaba sus certidumbres al terreno de la mística laica, pero mística al fin y al cabo. Es relevante recordar, además, que Pimentel había recibido una gratificación mínima del campo socialista, tal como se revela en la solapa de contracarátula de *Tromba de agosto*: "He obtenido dos menciones honrosas en el Premio Casa de las Américas" (Pimentel 1992). Sin embargo, en uno de los diálogos con la autora de este trabajo, el poeta solidario con las causas socialistas desde 1970 hasta por lo menos 1992 —año de la publicación de *Tromba de agosto*— renegó de la Revolución Cubana aduciendo la falta de libertad de tránsito de los cubanos, la permanencia de Fidel Castro en el poder y las privaciones materiales de los isleños (Entrevista inédita). El fundador de Hora Zero, que hacia fines de la década de 1970 apoyó los paros nacionales contra la dictadura del general Morales Bermúdez y que en "Me estoy muriendo" de *Palomino* achacaba su desgracia y la de sus padres al imperialismo, mostró honda preocupación por las pérdidas que causaban las huelgas en el país (Entrevista inédita). Veinticuatro años después de *Palomino*, además, Pimentel manifestó: "Ahora [2007] el socialismo para mí consiste en la utopía realizada en mí mismo, en la familia, con los amigos" (Entrevista inédita). En tal sentido, Pimentel (Entrevista inédita) señaló como referente "Aquí se tomó el poder", último poema de *Tromba de agosto*: "Siendo uno, sonido y fechas / también luz; o nosotros o ellos. / Ellos; marranos, banqueros. / Nosotros, los creos. / A estas alturas el poema toma el poder / y se instaura una república socialista. / Soy libre" (1992, 158). La metamorfosis ideológica del cofundador de Hora Zero se relaciona con el proceso de maduración de la ruptura, pero se vincula también con una transformación ideológica que caracteriza a la generación que se ha forjado bajo la influencia de la implosión de los socialismos reales y la entronización del neoliberalismo o neoconservadorismo.

La evolución de Pimentel ha sido posible gracias a lo que he definido como la ruptura de/con la ruptura, o sea el diseño abierto y poroso que caracterizó desde sus inicios a los postulados del movimiento Hora Zero y a las acciones políticas y poéticas de sus miembros, que se pueden traducir en una frase: aceptación de la disidencia. Ello suponía una revolución que no pocos en el campo socialista de entonces se negaban a aceptar, y una garantía para la libertad de pensar, crear y escribir que posibilitaba la penetración en los estratos más profundos de *poiesis*, donde, como en la materia, reinan el caos determinado e indeterminado, la multidimensionalidad, la multicausalidad y la polisemia.

Pimentel adquiere doble perfil epónimo al haber representado abstractamente los más altos ideales del campo socialista y, posteriormente, algunas lecciones básicas de la implosión de los socialismos reales. Entre ellas destaca la necesidad de enfrentar la realidad macroeconómica como una dimensión de la existencia, lo cual está en diametral oposición con respecto a lo que aún afirmaba en *Palomino*: "El rol de la economía en el hombre es meramente la proyección de la muerte, de un final anónimo. Si la poesía es el intento de devolverle el rostro al hombre, la economía es su destrucción y su intento por desfigurarlo. Desaparecerlo es la fiesta cotidiana de los burgueses y de los EE.UU.". (Pimentel 1983, 96). Veinticinco años después, en 2008, Pimentel renunció a la utopía hegeliano-marxista, pero no asumió la dicotomía que Hegel estableció a partir de la metáfora del amo y el esclavo, que Francis

Fukuyama, en *The End of History and the Last Man*, (1994) utilizó para proponer la clausura de la historia y la vigencia absoluta de la división de la sociedad en clases. Hoy en día, Pimentel se exime de atribuir a la Historia un sentido demasiado humano o demasiado divino; ha descreído, al parecer definitivamente, de las utopías, para conformarse con un socialismo individual, con "escribir para mí sin importar cuántas personas me lean" (Entrevista inédita), y con la certeza de la distopía como constante de la evolución de los agregados sociales.

Sin embargo, la asunción de la realidad no le ha impedido matenerse alerta con respecto a la violación de la libertad de pensamiento y de expresión. Esto se evidencia en su adhesión al pronunciamiento del P.E.N Club del Perú —presidido por Tulio Mora— respecto al caso de Melissa Hinostroza Patiño, poetisa de San Juan de Miraflores —como Roxana Crisólogo y Domingo de Ramos—, encarcelada bajo sospecha de terrorismo a su regreso del Ecuador, a mediados de marzo de 2008, donde había participado en el II Encuentro de la Coordinadora Continental Bolivariana —institución influida por Hugo Chávez, con cuyo gobierno Pimentel ha puntualizado fuertes discrepancias (Entrevista inédita).

El caótico proceso de urbanización de América Latina determinó la apropiación de amplios espacios de natura y la instauración de la ultra-violencia cotidiana en las urbes, una de cuyas expresiones más conspicua es la Mara Salvatrucha o MS-13, organización delictiva internacional cuyo *modus operandi* es utilizado por sus múltiples equivalentes en las grandes ciudades de América Latina, Estados Unidos y Europa. La conversión de amplios espacios del otrora idílico valle de Lima en zonas urbanas que están constantemente al borde del caos, determinó la bancarrota del virgilianismo en cuanto posibilidad de poetizar la naturaleza. Ésta, como tópico, ha desaparecido prácticamente de la poesía peruana de los últimos treinta años, y ha encontrado muy pocas manifestaciones notables en la poesía latinoamericana del mismo período, a pesar de que el Perú y el subcontinente cuentan aún con espacios naturales relativamente prístinos. La vida en una ciudad como Lima —ejemplo por antonomasia de la urbanización posterior a la Segunda Guerra Mundial— obligó a Pimentel a renunciar a la naturaleza. La falta de esparcimiento y de horizonte determinó que el fundador de Hora Zero practicara una *poiesis* intramuros, en la que la naturaleza rara vez aparecía esplendorosamente, y que a menudo, cuando su presencia resultaba inevitable, adquiría rasgos macabros:

>La hoja observa su contorno carcomido.
>El pájaro sus alas destrozadas.
>La mosca va por el palo.
>El niño tras la naranja.
>El tren en pos de la niebla.
>El poeta
>como un acordeón en la noche
>gime y se desangra.
>Capulí la luna
>meditación siempre furiosa.
>Tomo el mundo en mis manos
>es una bola asquerosa.
>Sé que no podré hacer
>ningún milagro. (Pimentel 1983, 39)

Desde sus primeras publicaciones Pimentel se mostró como un poeta esencialmente urbano, y, como tal, asumió el sino fatídico de no escribir para complacer sino para transferir padecimientos. En este sentido, Pimentel elaboró de modo consciente una textualidad contagiosamente perniciosa en la que renunciaba a casi todos los ideales primigenios de Hora Zero. Esta renuncia a sí mismo en cuanto heraldo de los postulados del movimiento le permitió desembarazarse de la peritextualidad ideológica para, como afirma Tulio Mora, convertirse en emisor de un discurso renovado:

>Creo que [Hora Zero] se ha instalado en una crisis y es el resultado poético de esa crisis. . . de identidad que a fin de siglo se está resolviendo. Son los años de la migración a Lima, de la recomposición étnica del país, de la "cholificación". . . Hora Zero se instala en este proceso, que tiene además otros componentes como la violencia, la recomposición política, la descomposición de clases. . . en "Palabras urgentes". . . se decía que habíamos heredado una catástrofe y debíamos poetizarla. Creo que hemos recogido esa catástrofe y hecho una poesía nueva, una poesía que se reconoce en el país. . . en una forma de hablar. . . La poesía es un habla, es una forma de ser. Treinta años después, si hay alguna vigencia de Hora Zero, es precisamente por eso, porque la poesía de algún modo cambió de rostro, el Perú era inmigrante, el Perú era mestizo,

era cholo y tenía una forma de hablar. (Citado en Delgado Rossi, 2008).

Es justamente la aceptación y codificación de ese modo de hablar lo que le permitió a Pimentel incursionar en temas que no eran considerados poéticos: un cholo o una chola en Lima vendiendo verduras no eran poéticos; tampoco lo era un par de enamorados haciendo el amor en el parque, ni el hecho de beber un jugo de papaya. Esta intuición radical de Jorge Pimentel y de Hora Zero, en cuanto que la palabra poética no decía la(s) palabra(s) nacional(es), fue tan acertada que propició que los horazeristas se convirtieran en emisores poéticos de su propia habla, incluyendo la femenina con *Noches de adrenalina* (1981), poemario de Carmen Ollé que abrió paso a una pléyade de poetisas.

Pimentel y Hora Zero no marraron al anunciar la inminente emergencia de poetas provincianos como Cesáreo Martínez Sánchez, autor del poema "El wamani y la carretilla", texto cuyo protagonista es un migrante serrano que efectivamente empuja una carretilla. Tulio Mora (Carta 2; inédita), afirma que la emergencia de poetas migrantes en Lima se remonta al intenso poema "A nuestro padre creador Túpac Amaru" (1962) incluido en el libro *Katatay* (1972) de José María Arguedas:

> Estoy en Lima, en el inmenso pueblo, cabeza de los falsos wiraqochas. En la Pampa de Comas, sobre la arena, con mis lágrimas, con mi fuerza, con mi sangre, cantando, edifiqué una casa. El río de mi pueblo, su sombra, su gran cruz de madera, las yerbas y arbustos que florecen, rodeándolo, están, están palpitando dentro de esa casa; un picaflor dorado juega en el aire sobre el techo.
>
> Al inmenso pueblo de los señores hemos llegado y lo estamos removiendo . . . Somos miles de millares, aquí, ahora. Estamos juntos; nos hemos congregado pueblo por pueblo, nombre por nombre, y estamos apretando a esta inmensa ciudad que nos odiaba, que nos despreciaba como a excremento de caballos.

Hora Zero anunciaba y daba la bienvenida a poetas que ya no habitaban en los sectores tradicionales de la ciudad como representantes de una clase media relativamente establecida, sino que provenían de las barriadas y se atrevían a poetizar sobre ellas, como es el caso de Domingo de Ramos y su *Arquitectura del espanto* (1988).

Al renunciar al discurso poético imperante e intentar asumir los nuevos lenguajes que se estaban fraguando en el país, Pimentel acertó en el diagnóstico del proceso histórico, se volvió protagonista del mismo, y presagió y propició su continuidad en la voz de otros poetas cuya textualidad correspondía a la recomposición étnica, política, urbana y de clases sociales que aún se está dando en el Perú. Resultaban ya imposibles los paradigmas de Darío, Borges, Neruda y aun el de Vallejo. La eponimia de Jorge Pimentel, pues, se sustenta en el logro de un discurso individual que, según Tulio Mora, se renueva a partir de

> la fractura del sujeto lírico, es decir del yo... Decimos... hay que romper el yo. Pasar de la poesía lírica a la poesía dramática y de allí a la poesía épica. Esta conjunción de sujetos poéticos en el discurso es lo que hace la diferencia... Nosotros nos encontramos en las calles con los migrantes y teníamos que recoger esas nuevas identidades. (Delgado Rossi, 2008)

Así como gracias a la asunción de estas nuevas identidades y lenguajes Pimentel inscribió por primera vez en la poesía peruana costumbres y espacios populares hasta entonces despreciados por los poetas, de la misma guisa introdujo el tópico del desempleo y subempleo. Comunes, endémicos y consuetudinarios en el Perú y América Latina, el desempleo y el subempleo estuvieron casi completamente ausentes de la poesía peruana hasta la publicación de *Kenacort, Palomino* y *Tromba de agosto*. A este respecto, no es casual que el ya citado poema "Tromba de agosto", paradigma del sujeto desempleado, haya tenido una historia textual que vertebra la obra de su autor, pues se publicó por primera vez en la antología *Hora Zero Focep* (1978), luego en *Palomino* (1983), y por último se incluyó en *Tromba de agosto* (1993), poemario que mereció el prólogo en el que Pablo Guevara reconoció la eponimia de Pimentel. A continuación cito la parte del poema no transcrita anteriormente:

> Y me es imposible y me es imposible y me es tan imposible
> imposibilitadamente compañeros que de un tiempo
> > a esta parte
> > me parte que me rota
> > me trota que me parte
> > me troza que me rota
> Y no lo ven ni por asomo
> > cuyes, triciclos, perros, alcachofas, jabones, detergentes, pernos, llantas, aceites, huevos, legumbres, papas, sal, pantalones, zapatos, caiguas, tomates, lapiceros, frazadas,
> > que son su fuente de ingresos y que para mí son gastos

> por los que vengo pagando, desde que sé lo que es el sol
> desde que me sé desocupado y sin empleo
> De codos, con el ceño fruncido, con sueño, cansado
> con los pies que me duelen
> con el cerebro que me estalla en mil pedazos.
> Como porque si no como patéenlo.
> Acaricio porque si no beso fusílenlo.
> Te quiero porque si no te amo mátenlo. (Pimentel 1992, 147-48)

El poema "Tromba de agosto", aparte de anunciar el libro del mismo título, fundaba el tratamiento de un tópico muy poco abordado por la poesía latinoamericana contemporánea. No resulta exagerado afirmar que al menos en la historia de la poesía peruana, *Palomino* y *Tromba de agosto* son los libros que fundan los *topoi* del desempleo.

Ser poeta, ser desempleado

Si, en términos generales, *Kenacort* fue el libro con rasgos de radicalismo, vitalidad y esperanza —aunque contuviera ya gérmenes de *metanoia*—, *Palomino* es *la chute*, la caída de Pimentel en el abismo de la desesperanza absoluta, relacionada con el desempleo y el sufrimiento individual y social que engendra. El reconocimiento aristotélico, o sea el paso de la ignorancia —simbolizada por el sistema poético anterior a Hora Zero— al conocimiento y uso horazerianos de los lenguajes de la nación emergente que se actualizan en el mundo objetivo, constituye uno de los factores que convierten a Pimentel en líder de una generación decisiva. Paralelamente, dicho reconocimiento lo precipita en un ambiente lingüístico, moral y existencial marcado por la afrenta del paro y lo vuelve portavoz del ingenio que, a fuerza de ser agudamente desesperanzado, se deleita en las tinieblas de la maldad pura: "Ubicarse en el día sin trabajo. / Me obligas a contarte / la muerte / a repetirte / insalubridades y comas" (Pimentel 1983, 41). Sin quitarle cosmopolitismo, Pimentel descolonializó al sujeto poético, y al hacerlo confirmó, en su choque con la distopía, lo que habían concebido como catástrofe a ser poetizada, pero ya sin la esperanza setentista en una época "más luminosa" (Pimentel 1970a, 13). Lo que en *Palomino* se hacía aun más evidente que en sus poemarios anteriores era que la catástrofe era capaz de engullírselo.

El ocio infecundo del desempleado genera la comparación obsesiva de proporciones y valores: "Lo que pueda interpretar / está en desproporción / con lo que pueda comprar. / Lo que pueda pensar / está lejos / de lo que pueda comer. / Lo que pueda imaginar / jamás se concretizará / en un trabajo" (Pimentel 1983, 51). La zozobra causada por las deudas y el miedo al hambre anulan la pulsión erótica en la vida cotidiana: "Cómo hacer para que un plato / de tallarines / no se escape más. / Debo 5 horas 13 minutos 59 segundos / del alquiler / de mi casa. / La dicha y el torbellino / qué poca cosa forjamos" (56). Libido había desaparecido de los versos de Pimentel y tánatos dominaba la escena: "El día tumba. / Tiembla la tierra. / Arroja sangre. / El día tumba. / El sarcófago / expande / hojas / rayos / tuercas. /. . . / Escribo / que el día tumba. / Y en las inmediaciones / el día / tumba / tumba / tumba" (58-59).

Los tres factores que se albergan en el núcleo de toda definición de poesía: el *parallelismus membrorum* (Jakobson 1981, III, 90) o figuras de repetición y amplificación (Spang 1979, 145-195), el grado paroxístico del estilo (Cohen 1966, 149), y la intersección de campos semánticos como condición de la metáfora —*tumba* en tanto verbo funciona como *sepultura* en tanto sustantivo— establecen en el pasaje citado una relación de mutua solidaridad. Y, más allá de estos factores estructurales, un mecanismo poético-psicológico por excelencia permite que el poeta remonte, aunque sin ninguna concesión al placer que no sea el ritmo y la repetición, la humillante circunstancia de estar privado de trabajo. Se recupera libido no a través de la existencia deleznable sino mediante los significados, totalmente opuestos al desastre material, que supone la sublimación.

No obstante, el "tibio. . . sol de la soledad" (62) genera un querella entre la penumbra y la luz: "convoco estrellas / y pido / un cuerpo / en mi cuerpo / y en mis labios / una sonrisa . / Y sale el sol / como un sujeto amado" (62-63). El andrógino —el poeta y su amante— ora sucumbe ora recupera la pulsión erótica para emerger optimista y beligerante por un momento: "Por amor y por hambre / el cuerpo / se pudre / dos veces. /. . . / hay un triángulo / en tu piel / un higo / negro / amanecido. / Por amor y por hambre / tengo / las alas / de / un pájaro / y / sabré / combatir" (63). Pero las ascuas vitalistas siempre terminan apagadas por el topos del paro forzoso. La justificación final de la historia, que en los manifiestos de Hora Zero y en sectores de *Kenacort* se manifestaba en predicados como "hombre nuevo", "revolución", "proletario", cede su lugar a la tragedia íntima: "La historia del Perú se resumirá / a cómo se destruye a un poeta" (23).

La victimización de la clase obrera, del campesinado y de la juventud parece haber quedado reemplazada por la victimización del escritor que se inmola en público, desvergonzada y rítmicamente: "Estoy parado. / Estoy sin trabajo. / Estoy de cabeza / y sigo estando sin trabajo /. . . / estoy destruido sin siquiera / bordear los 40. / Estoy asustado" (25). Surge la metáfora luego de un aumento sutil del grado de codificación: "Estoy allí donde destierran a los poetas / justo en esa *zona de aletazo de tiburón* / de *dentellada de puma*" (25, cursiva mía). De estas dos metáforas, claramente liberadas de ataduras realistas, se deriva la conclusión filosófico-poética que sintetiza los planos existencial, textual y metatextual: "Prevalezco en lo imposible" (26). Esta oración muestra en primera instancia el padecimiento del poeta, pero su extensión semántica incluye el sufrimiento de los vastos sectores sociales afectados por el paro y el subempleo en el Perú y América Latina.

Las barriadas peruanas, las callampas chilenas, las favelas brasileras y las villas-miseria argentinas albergan habitantes que, como el poeta que se configura en la obra de Pimentel, prevalecen épicamente en lo imposible. Ello significa sobrevivir, multiplicarse y conquistar voz propia en condiciones inimaginables para aquel que nos las haya experimentado. La diferencia entre algunas partes denotativas de *Kenacort* y la parsimonia de *Palomino* reposa sobre un principio básico de la retórica, que consiste en el uso del ya referido tropo de sustitución sinecdóquica particularizante, es decir, la representación del todo por una o varias de sus partes. En el caso que me ocupa —para decirlo de manera quizá demasiado general— la *via crucis* de Pimentel es la representación particularizada de un sufrimiento cuantitativa y cualitativamente mucho mayor.

Al hablar de sí mismo, el poeta se refiere a la subespecie de los desheredados, con cuyas voces coincide. "Y me encomiendo a mis pelos / cada hora en que nada tengo" (Pimentel 1983, 31). Y si el desempleo se soluciona con el empleo, éste implica la supresión de eros: "Encontrar un trabajo / en este país / es perderse para siempre / sin dejar rastro" (14). En su seminal *Massenpsychologie des Faschismus* —cuya primera edición alemana se lanzó en 1933 (Reich 1970, xvii)—, Wilhelm Reich abordó el tema de la deserotización de la vida a causa de la carencia de empleo o a causa del empleo enajenante. Éste golpea a los sectores sociales que Pimentel representa como personaje de su propia obra con un lenguaje específico que no codifica la castración mediante el decreto horazeriano sino a través de la parsimonia de la hipótesis versal.

Para ilustrar lo dicho resulta pertinente el dato biográfico proporcionado por el poeta: "Si trabajo en periodismo, que sea la sección de Espectáculos, la sección cultural no, chola, porque cuando me hablan de cultura me amaricono". (Entrevista inédita). Conviene acotar que *amariconarse* no significa aquí *homosexualizarse*, sino, más bien, en uno de los múltiples sentidos de la "Oda a Walt Whitman" de *Poeta en Nueva York* de García Lorca, amanerarse o impostar conductas por oportunismo o conveniencia. Para Pimentel, pues, *amariconarse* no tiene nada que ver con la homosexualidad —bienvenida por él y por Hora Zero— sino que pertenece a la esfera semántica de la cursilería o huachafería de los arribistas y falsarios en el campo de la literatura.

El hecho de que Pimentel detestaba la cultura presentada en el formato de las secciones culturales de los diarios y revistas, a pesar de que aparecía en ellas a menudo, revela, una vez más, su desconfianza de la poesía asumida como salvación o camino alternativo: "La vida no quiere milagros. Quiere que la mantengan" (45). O dicho de otro modo: "Esta poesía / que me condena. / Este poema / que tiene la razón / pero va preso. / Este poema / que no alcanza / para vivir. / . . . / Este poema / que no te dará nada. / Este poema / por el que lo he dado / todo" (49-50). La renuncia a casi toda influencia de la belleza ideal o natural transforma el paradigma del escritor en un modelo siempre al borde de la miseria, suplicante, sufriente y perecedero: "Escribir como si mañana murieras. / Doblar esa esquina como / si también murieras" (60).

Trece años después de la inclusión en *Kenacort* del poema "Débil muestra de un amor profesado", en el que la sexualidad y el idealismo se confundían y desbordaban en un hotel del centro de Lima, *Palomino* mostró los rescoldos de aquella pasión: "en un pobre hotel / estas ojeras reprochadas / ahora / que ni tú ni yo / ahora / . . . / enhebro este drama / que nada pide" (65). Aunque prevista en *Kenacort* y *Ave soul*, el cambio de paradigma del sujeto poético que emerge en *Palomino* es tan radical como lo fue la ruptura setentista. Bien observa César Toro Montalvo que no ha quedado casi nada de aquella época de esperanza en la superación de la miseria:

> *Palomino* ha resultado ser la obra más amarga y patética de Jorge Pimentel. Resume todo el drama cotidiano de nuestra época. . . nos lleva a merodear los trazos de un poeta sin empleo ni esperanza que, perdida la fe, implora con ternura, clama un sitio para un terrible desocupado. . . Se extravía hasta el sacrificio . . . se extrema a perder. . . lo más imprescindible. . . Y cada día el poeta desfallece de todo. . . de sus contemporáneos, amigos, sociedades, políticos, instituciones, donde vida y muerte son "Palomino;" ese ser

desquiciado que ha perdido los valores y su esencia. (Toro Montalvo, 199, 36)

Sin embargo, cuando se publicó *Palomino* en 1983, Pimentel llevaba una vida de clase media bien establecida. Vivía con su esposa y sus dos hijos en un apartamento de la Avenida Benavides, en Miraflores, uno de los distritos más prósperos de Lima. Su empleo eventual en diarios y revistas era el producto de la inestabilidad natural de los medios de comunicación en el Perú, mas también era el resultado de optar por la marginalidad como modo de vida: "Tu no sabes lo que es un poeta. / Sobre él cayó / la sombra / y por eso nos estamos muriendo" (73). La quiebra de los ideales máximos lo impulsaban a situarse *En los extramuros del mundo* —título del primer poemario de Enrique Verástegui (1971): "Tierra absolutamente tierra / Tierra poderosamente cierta / Tierra absolutamente mía / Y las distancias son los hombres" (Pimentel 1983, 74). Marginalidad, bohemia y desempleo giran formando el vórtice que destruye la capacidad de amar y de trabajar: "Fui yo / todos los besos / en el cuello / de ese amor / enfermo" (78). La expresión de las condiciones mentales del poeta se torna cada vez más cruel: "Estamos condenados / a vagar / a ser sed /. . . / célebres perros / grises / sin / familia / hombres / sin / trabajo / herejes / más / o / menos / tuertos / más / o / menos / ratas" (84). El *paralellismus membrorum* y la *repetitio*, por momentos abrumadoras e insultantes, del tópico del desempleo y de la tentación suicida aparejada, son síntomas de la manifestación del erotismo en formas sadomasoquistas.

La epicidad del oficio poético como factor de transformación de la sociedad devino aquel "Prevalezco en lo imposible" (Pimentel 1983, 26) con que el cofundador de Hora Zero mantenía a rajatabla su carácter heroico, sin importarle que el error trágico lo condujera directamente a la vallejiana muerte en vida, aunque desprovista de todo misticismo cristiano. Lo que Pimentel definió como el ideal de la "poesía sin premio" (Entrevista inédita) —es decir, del desinterés del poeta respecto a las gratificaciones mundanas que puede ofrecerle su elección existencial— se textualiza en *Palomino* de modo meridianamente claro: "Y / no / hay / onomástico / resurrección / pena / conmutada / telegrama / perdón. / No / hay / nada / para / los / poetas. / . . . / no / hay / otro / cielo. / Hay / esta / fonda / este / cielo / turbio" (92-93). Aparte de representar el estertor y el habla entrecortada del moribundo, la reducción de la extensión versal a palabras y a conjunciones configuraba una evolución también radical del paradigma de expresión poética, puesto que en dicha reducción se abandonaba la glosolalia y peritextualidad de *Kenacort* para impostar la afasia de *Palomino*, libro que en tal sentido se cierra denotativamente con el "¡*Ya no sé hablar!*" atribuido a Rimbaud. Esta exclamación ajena itera la prevalencia de la voz poética de Pimentel en medio de lo imposible, en su caída en el lugar que no existe: paradojas que se ampliarían hasta el paroxismo en *Tromba de agosto*.

CAPÍTULO VIII

TROMBA DE AGOSTO

Nueve años hubieron de pasar para que *Tromba de agosto* —en adelante *Tromba*—, cuarta entrega de Pimentel, conociera la letra de molde en 1992. A diferencia de *Palomino*, libro que escribió a mano como todos sus poemarios, sentado a una mesa de un bar de Chosica, el poeta escribió *Tromba* "caminando. Caminaba por las calles de Lima, y cuando se me ocurría algo, paraba y lo anotaba. Hasta en los microbuses escribía cuando tenía que hacerlo. Era como si una voz me dictara" (Entrevista inédita). Emparentado con la novela naturalista del siglo XIX, el método de levantar mapas literarios de la realidad adquiere en *Tromba* un sesgo kinético que se extiende a todo el libro:
>en veinte partes atestiguas, en cuarenta
>calles recitas, y en sesenta pares de pies
>te olvidan, en treinta y tres relojes navegas,
>..
>satisfecho, posible, y en ninguna parte
>y en todos los lugares y en miles de tenedores
>y en la casa imposible y en dos o tres omnibuses
>(Pimentel 1992, 62)

El vértigo urbano no es descrito desde un solo punto de vista ni mediante una sola voz. Por el contrario, *Tromba* aglutina trozos de discurso verosímiles, atribuibles a segmentos del discurso social durante la década de la violencia, como en el poema "Aporte del pobre":
>absorbentes, cristianos, arrogantes,
>fidedignos, también fortuitos, carismáticos,
>ennoblecidos, cilíndricos, espesos, cúbicos,
>adocenados, miran esa flor, se extasían,
>..

mejor usureros, siempre brujos, empleados,
suculentos, espléndidos, corajudos, ministros,
banqueros, dueños, indestructibles (Pimentel 1992 145)

A manera de celebración y estudio de los veintiocho años de existencia de Hora Zero, refiriéndose a la eclosión poética setentista vista en retrospectiva, el poeta Tulio Mora afirmó: "Un concierto de voces se pone en escena. Es el concierto de una deuda y una duda. La poesía alza la voz. Estallan los broches mayores del sonido" (Mora 1998). En el mismo ensayo, refiriéndose al influjo democratizante y universalizante de Hora Zero en la historia de la poesía peruana, Mora sostuvo:

> Quiero creer que a futuro esta democratización apuntará a crear franjas literarias en muchas de las 60 lenguas amazónicas como ya ocurre con el quechua y en menor proporción con el aymara... Y a estimular testimonios de minorías culturales (china, japonesa, europea, judía, árabe) existentes en el país. Lograr ese asombroso espectáculo de una poética de dimensión plural... supondría que el Perú ha resuelto en gran medida sus trágicas diferencias. (Mora 1988)

La evolución de la literatura peruana hacia la inclusión de las voces de los migrantes, de la mujer, de los homosexuales y de las minorías etnolingüísticas no podía suceder, según Mora, sin que se cumplieran ciertos requisitos:

> El tránsito de la placenta al asfalto exigía torcerle el cuello al cisne mediador del yo sustituyéndolo por el del hablante en un contexto enfático que operaba como referente imprescindible para buscar la trascendencia de lo cotidiano. El yo se convierte en "yosotros". Aparecen entonces antihéroes patéticos y exasperados. (1988)

Mora ejemplifica citando versos del poema "Lamento por el sargento de Aguas Verdes", analizado en el capítulo precedente. Pimentel presentó, en sus tres primeros libros, un conjunto de antihéroes y antiheroínas, colocándose él mismo en primera fila como *fatum* y voz poética de antihéroe. Para ello hubo de utilizar técnicas narrativas. Según Mora, en *Tromba* (1992) el lenguaje sufrió una mutación capital:

> Pimentel se despojará del todo de la narratividad, aunque no de su visión redencionista. No cuenta historias de personajes sino que ha cedido la voz a un colectivo "aputamadrado" por la angustia y las frustraciones. El "aputamadramiento" según

> Pimentel son objetos, nombres, seres (sustantivos) antes que alegorías (adjetivos)... el poeta ha devuelto a los lectores sus propias palabras que en conjunto son las palabras de la crisis... El mensaje final ha de leerse también sicoanalíticamente: detrás de una verbalización (oralización) desbordante siempre hay una necesidad liberadora (catártica). *Tromba* es un libro cenital porque además del habla múltiple conlleva fracturas sintácticas, de sentido y temporalidad, resemantizaciones y neologismos, a la manera de *Trilce*, para situar al país como un escenario sórdido y desesperado. Estamos hablando de los años 80 con toda su carga de violencia política e incertidumbre económica y moral. (Mora 1988)

Esta apretada y honda síntesis de *Tromba* refuerza la hipótesis orteguiana en cuanto al radicalismo y la desesperación como factores de renovación. En el caso de Pimentel, la rebelión coincide con el resquebrajamiento de la conciencia nacional: en la década de 1980, período durante el cual se gestó *Tromba*, debido a la violencia de los grupos alzados en armas y de las fuerzas armadas, y a causa de la ineficacia de los gobiernos de Belaúnde y García, el Perú parecía haber perdido su viabilidad como estado-nación. La extremada agresividad del lenguaje resultante llevó a Roberto Bolaño a enjuiciar *Tromba*:

> Es como si Pimentel, olvidadas las exploraciones, el camino abierto con *Ave soul*, volviera al punto de partida e iniciara una nueva exploración, pero en dirección opuesta... Pimentel no imita formas ni géneros, no hay Whitman ni películas en cines de barrio, no hay humor sino sarcasmo... [hay] una serie de movimientos complejos, heridas y desesperación... Pimentel... llega a una zona oscura donde se agitan bultos que son seres humanos. Esos seres humanos en *Ave soul* hablaban, explicaban sus historias de folletín, a veces incluso danzaban. En *Tromba de agosto*... lo único que nos comunican es el horror... no es un libro hecho para gustar... es un libro poderoso, lleno de desvarío y rabia, y por eso mismo... no ofrece continuidad. A nadie en su sano juicio le gusta la mierda y el crimen, pero existen, están allí, y durante muchos años fueron la única escenografía latinoamericana... *Tromba de agosto* y *Ave soul* encarnan dos propuestas. Una nos dejará ciegos y probablemente abrirá la puerta del silencio, que es

tal vez lo que nos merecemos. La otra nos abrirá los ojos y dejará entrar todas las voces posibles, las proscritas y las no proscritas, el gran teatro del mundo. Lo sorprendente es que ambos libros los haya escrito el mismo autor. Constatar este hecho nos da una medida cabal de su enorme estatura poética. (Bolaño)

Pero Pimentel no abría la puerta del silencio sino la del clamor de la ultraviolencia. Éste era el resultado del deterioro de la disciplina y la moralidad de la población a extremos con pocos precedentes en la historia republicana —algunos de los cuales se podrían hallar en las guerras civiles inmediatamente posteriores a la Independencia. Pimentel semantizó el deterioro del consciente y del subconsciente colectivos mediante una codificación poética del habla de la crisis procedente de múltiples estratos sociales así como de diversos medios informativos. En este sentido, sí dejó entrar todas las voces posibles, pero desde el punto de vista del oyente y del espectador oprimidos. Lo que se presenta en *Tromba* es el gran teatro del horror.

Ejemplos por excelencia de la codificación del lenguaje de la crisis son el neologismo *aputamadrar* y sus derivados. Huelga decir que el mencionado verbo proviene de la expresión *puta madre*, que al insultar a la madre denigra al padre, a los hijos y a la nación entera. Este acuñamiento refleja el período histórico más cruel de la historia republicana del Perú, ya que fue en la década de 1980 y principios de la siguiente que la Guerra Sucia —cuyo eufemismo es "conflicto interno"— cobró casi setenta mil vidas (CVR 2003/2004), la mayoría de las cuales fueron de ciudadanos de segunda clase, es decir, quechuas, de origen quechua o sencillamente pobres.

"Los ojos que faltaban" es el título del prólogo a *Tromba*, escrito por el poeta y ensayista peruano Pablo Guevara Miraval (1939-2006). Junto con "Los broches mayores del sonido" de Mora y con "Pimentel en el recuerdo" de Bolaño, el polémico prólogo de Guevara forma parte de las valoraciones más agudas que se han hecho hasta ahora sobre *Tromba* y la obra de Pimentel. Guevara emitió una opinión que nadie se esperaba: "**¿Qué sería de la Poesía Peruana Contemporánea SIN VALLEJO Y PIMENTEL, cada uno en la mitad del siglo que les tocó iluminar**?" (Guevara 1992, 17; negrita y mayúsculas suyas). Más allá del espaldarazo que esta afirmación, disimulada tras una pregunta retórica, de un futuro candidato al Premio Nóbel de Literatura significaba para Pimentel, conviene analizar las razones que tuvo Guevara para emitir una opinión tan arriesgada.

Bajo el subtítulo "Pimentel o una Tragedia Peruana", impulsado por su propia violencia creativa y por la de *Tromba*, Guevara escribió:

> Pimentel ha llegado en el mejor estilo peruano a contarnos desde el mismo "interior" de los acontecimientos cosas que la mariconería limeña jamás cuenta, la desestructuración / la desarticulación / el descalabro / el descoyuntamiento / el descerebramiento con los que vivimos los hombres peruanos hoy y aquí en estas tierras. . . Una poesía ejemplar desde todo punto de vista. . . inmensa capacidad de acumulación–negación–destrucción (aglutinamiento / glosolalias / grafismos, etc.). . . atravesar todas las exterioridades al poema. . . es lo que hace prodigiosamente a veces Pimentel. . . [atravesar] barreras culturales, ideológicas e históricas que le salen a cada paso. (Guevara 1992, 23-24)

Si se entiende por el "mejor estilo peruano" aquel decir hiperbólico tan enraizado también en la tradición castellana y andaluza, pues entonces en *Tromba* nos hallamos ante un fenómeno literario semejante, pasado por el cedazo de la síntesis. Pimentel había llevado el estilo ya logrado en el poema "Tromba de agosto" a su grado más agudo de paroxismo estilístico y de uso del *parallelismus membrorum*. Con ello su autor definió la condición humana de fines del siglo XX y principios del XXI como un debatirse inútil en la fragmentación de la existencia.

En su momento, Kafka la definió a través de la pormenorización del sinsentido. Si *El castillo* y *El proceso* de Kafka se caracterizan por la narración prolija de infinidad de acciones que no conducen a ningún lugar que no sea el efecto de enajenación del sujeto a causa de poderes semiocultos o visibles que lo dominan, *Tromba* incide en el desgaje del sujeto y en la dispersión de sus partículas a causa de la fuerza centrípeta del vórtice anímico generado por la época. Ello es lo que Pablo Guevara llamó "descerebramiento" —*d'après* el célebre poema de Alfred Jarry.

Al grado agudo del paroxismo formal corresponde la perturbación mental de la glosolalia: "Lenguaje ininteligible, compuesto por palabras inventadas y secuencias rítmicas y repetitivas, propio del habla infantil, y también común en estados de trance o en ciertos cuadros psicopatológicos" (*DLE*). A los predicados que Guevara utiliza para bosquejar este cuadro poético-psicológico, me atrevo a añadir el de verborrea (o verborragia), limitada por la estricta medida racional de *poiesis*, que implica inteligibilidad a pesar de su apariencia —tanto como son inteligibles aun las psicopatologías más graves.

En las postrimerías de la Guerra Sucia, del Terror de Sendero Luminoso y el MRTA por un lado y de las fuerzas armadas por otro, Guevara interpretó *Tromba* como la codificación de un país "varias veces atravesado por la locura", (Guevara 1992, 13), y consideró que con la glosolalia y verborrea versificadas Pimentel había logrado resemantizar una coyuntura que para la mayoría de los peruanos carecía de sentido y pertenecía sencillamente al reino de la vesania:

> no es o no puede ser locura denunciar la injusticia social, allí donde esté. . . [ni] dar muestras de independencia para poder decir no CUANDO ES NO. Cuando estos altos fines son desdibujados (por ejemplo el Terror venga de donde venga), al sinsentido que se nos quiere imponer desde fuera debemos oponer la búsqueda de sentido como sea, antes que la hegemonía de la insensatez; oponernos a ese sinsentido de no dejar que los hombres mueran [siendo] dueños absolutos de su propia muerte. . . un país vaciado o vacío debe ser un país llenado, un país enloquecido debe ser un país explicado pero sin confundir más Verdad con Sensatez Burguesa, ni Verdad con Insensatez Ultra [terrorista]. (Guevara 1992, 13)

Veintidós años después de la insurgencia de Hora Zero y de la publicación de *Kenacort*, espacios textuales en que se reclamaba fervientemente la revolución y la construcción del hombre nuevo, Pimentel descendía a los infiernos. Ya no deseaba vindicar el derecho a la felicidad, a vivir sin temor y con magia —que eran, al fin y al cabo, tres de los pilares de la esperanza en la utopía socialista latinoamericana— sino simplemente impedir que el Terror militar y económico le expropiaran literalmente el derecho a disponer de la propia muerte:

> Qué clase de vida es ésta
>
> ....
>
> de hoyo hondo, sin mente,
> fisiatura,
> tuberada,
> inflación,
> mancomunada traición,
> ajuste de cuentas,
> tugurización,
>
> ....
>
> aniquilamiento y devastación

> poblacional, sin derechos,
> masacres y amargura,
> ....
> tenue, hosca, rota, injusta
> de quebrado beso, mierda
> y hartazgo y miseria,
> de vómito, de otra oferta,
> 1, 2, 10, treinta mil 200, 18,400
> 11'230,840, 20'187, mentada, chicle,
> vitrola, puta, puerta, muere, occiso,
> serpiente,
> carajo, aquí estoy con la muerte, contesten. (Pimentel 1992, 34-36)

A Tulio Mora no le faltó razón al entender el vocabulario y el estilo de *Tromba* como la devolución a los lectores de su propio lenguaje. "Muerte ignorada" repetía a los lectores sus propios predicamentos cotidianos: las palabras de la muerte y la supervivencia contra viento y marea. La prueba de ello es que, salvo *fisiatura* y *tuberado*, dos seudovocablos puestos por sentido rítmico antes que semántico —junto con otros como *tripoidal*, *cromoidal*, etc., ausentes del fragmento citado—, no hay palabra, frase u oración en "Muerte ignorada" que no sea reconocible para un peruano medianamente educado que haya vivido en su país entre 1980 y 1992; y la sensación que transmite el poema es reconocible para cualquier peruano, educado o analfabeto, que haya tenido capacidad de discernimiento e indignación en esos años.

"Muerte ignorada" constituye un microsistema semántico definitorio de la vida cotidiana en aquel período. Los ciento un versos de dicho poema y la *Tromba* como un todo recrean mediante metaforización sinestésica el complejo psicosomático de un Pimentel que, de pronto, se encontraba paralizado entre los múltiples fuegos de la Guerra Sucia y de la enorme corrupción que la acompañaba. La unicidad de "Muerte ignorada" la constituyen los paralelismos, derivaciones y connotaciones de la vida en aquellas circunstancias: "quijotesca, marsupial, venenosa, agreste / bilingüe, aterrada, más te vale decir la verdad, / eléctrica, con comba y cachiporra, puro balazo / a puñete y patada, a picanazo limpio, / servil, mediante decreto supremo, negra, / amarilla, con concha, brillante, intelectual" (34). Al exigir decencia a través de los manifiestos y antologías de Hora Zero y en *Kenacort*, Pimentel intuía el triunfo definitivo de la amoralidad.

En "Los ojos que faltaban" —prólogo a *Tromba*—, Pablo Guevara sostuvo que los actos de creación y recepción literarios son axiológicos, y, por tanto, exhiben lo que cada agregado social acepta y rechaza como normas e ideales de conducta (1992, 12). El detallismo dantesco con que Pimentel informa a los lectores de su desesperada situación personal, exceptuados algunos giros idiomáticos exclusivamente peruanos, alcanza la universalidad por la vía de la particularidad. Guevara acotó en tal sentido: "Hablar sobre una nación, entonces, desde una nación, es casi tan difícil e imposible como hablar de la universalidad desde la universalidad" (13). Con este razonamiento aparentemente enigmático, Guevara sustentaba la necesidad de la inmersión del autor en el objeto a poetizar y su posterior distanciamiento crítico respecto del mismo. Así, para poetizar la catástrofe peruana, Pimentel debía abandonar los predicados abstractos, universales, nacionales, sumergirse una vez más en la realidad, y, obedeciendo los resultados de la observación, usar, y si le era imprescindible inventar, el microsistema sígnico que reflejara lo menos racionalmente posible los fenómenos que sin duda escapaban a cualquier intento de justificación racional. Ello es lo que obligó al laureado escritor chileno Roberto Bolaño, en acaso la primera edición (en línea, editada por Paolo de Lima) de lo que sería su prólogo a la segunda edición de *Ave soul* (2008), a sentenciar que *Tromba* no era un libro "hecho para gustar" sino "un libro poderoso" (Bolaño 2007). La belleza del infierno había reemplazado la belleza de los cielos, y eso era difícil de entender en poesía aun para un escritor como Bolaño.

Resulta oportuno recomponer las ideas de Guevara anteriormente disociadas por el análisis: "**En un país varias veces atravesado por la locura como el Perú**, no es o no puede ser locura denunciar la injusticia social" (1992, 13, negrita del autor). Guevara intentaba explicar cómo Pimentel había llegado a la universalidad desechando toda pretensión de alcanzarla y de representar a una nación: "es Lima la ciudad protagonista principal de *Tromba de agosto*... y... por primera vez es vista **desde su interior** y ya no más como una ciudad de biografía o Historia del Perú o como la ciudad estúpida que siempre ha sido" (14). Poetizar la catástrofe con efectividad implicaba el uso de la sinécdoque particularizante que condujera al todo de la crisis.

Habla, escritura, transmisión de la crisis

Siendo *Palomino* el libro del desempleado, *Tromba* lo es de la corrupción personal y de la violencia. En el poema "Voz de anisado", título que puede parafrasearse como "Voz de aguardiente anisado", el poeta se reconoce perdido en la sentina de los bares:

>Culpable y mentiroso sólo albergo cosas perdidas.
>Las astillas de mi heterojundio complican el miedo.
>Qué hombre he de ser, qué cirrosis me corroborará la razadura.
>Es cierto que una cerveza me derrumbó.
>..
>Sólo quise ser ángel en esta ciudad de murciélagos.
>..
>Pero la noche me siniestró.
>Pero la noche facturó ya
>de agonía,
>
>..
>y fue irrecuperable la ternura (Pimentel 1992, 55-56)

Un poema como "Voz de anisado" pone en duda el juicio de Guevara en el sentido de que *Tromba* es un libro de denuncia de la injusticia social. "Antepenúltima locuacidad" (59), poema glosolálico, ejemplo por antonomasia del dislocamiento mental, lleva más bien a pensar en un descenso del poeta al fondo de su propia desgracia: "El mismo panorama se abate sobre mí, / inundado, pedacitos, caídas, / insalubre ansia por morderte / por pateadura, postmeridiano, postscriptum, / espíritu túo, espirituoso, gangrenado, / callado, comatoso, salchianagroso, / aplatanado, palteado, química pura tras él" (59). El hundimiento en el *delirium tremens* revela, aparte de la adicción al alcohol, a los estimulantes y tranquilizantes —acusada por la "química pura" tras el espíritu—, un acobardamiento señalado por los participios *aplatanado*, que significa entregado a la indolencia, y *palteado*, que en jerga peruana quiere decir *traumado*, pues en ella *paltearse* significar *asustarse* y *palta* equivale a *trauma*.

En "Antepenúltima locuacidad" no quedaba ni la menor traza de la luz vital que alumbró un sector considerable de *Kenacort*, y que se había ido apagando paulatinamente en *Ave soul* y *Palomino*, conforme Pimentel caía en el abismo de su perdición, negando de manera crudelísima los altos ideales que había propugnado: "Nuestra respuesta… es afirmar que sólo una gran poesía… que no invite a la conciliación ni al pacto con las fuerzas negativas, una creación absoluta contrarrestará la debacle de la poesía peruana contemporánea" (Pimentel 1970a, 8). Aunque en los extractos de los poemas citados Pimentel no pactaba con las "fuerzas negativas", sucumbía a ellas y se hacía por tanto agente de sus efectos, transformándose en lo diametralmente opuesto a lo que había querido ser.

El cuidadoso manejo del ritmo y la invención de significantes y encadenamientos de significantes cuyo contenido no es semántico sino más bien relativo a la sensación y la sensibilidad —y en tanto tal, cercano a la emoción estética musical y emparentado con el *rapping* afronorteamericano— inducen a plantear la posibilidad de que Pimentel haya renovado la poesía lírica peruana utilizando estructuras sintácticas del habla popular combinadas ora con incrustaciones cultas y seudo cultas, ora con apotegmas vistosos que se desprenden necesariamente de la pantomima verbal del texto. Ejemplo de ello es el poema "Soy el que paga":

> soy un pino, música, horca
> patíbulo, creencias, acoso, frejoles,
> un sueldo, una blusa, un pantalón,
> semanas enteras, meses por delante,
> cuarto, tenedor, abrigo, un embrollo
> supremo, centro, membrillo, insulso
> qué te pasa, silencio, son fútiles,
> derruido, y son los desechos, pasantes,
> ásperos, llorado, fono, flor, miente,
> martilleo, miente quien afirme,
> martilleo, tengo fechas, recibos, colas,
> riesgos de las orejas que se acoplan,
> acopladas son antifaces. (Pimentel 1992, 65)

La impecable factura musical de este fragmento no se queda en el ritmo ni en la escritura automática. Así como en aquel poema sin título de *Palomino* en que con certeza filosófica Pimentel se ilustraba a sí mismo como prevaleciente en lo imposible y por tanto en lo maravilloso (1983, 26), de la misma manera "Soy el que paga" contiene un apotegma de alcance gnoseológico y epistemológico que resume escuetamente el recelo del sistema de creencias postmoderno —asumido por Pimentel desde sus primeros poemas, aunque oculto tras ucases ideológicos— frente a las grandes narrativas como el hegelianismo marxista o el hegelianismo neoliberal: "miente quien afirme" (65). El poema, sin embargo, no se contenta con la agudeza, pues contiene la solución al enigma que plantea. Al decir "riesgos de las orejas que se acoplan, / acopladas son antifaces", se metaforiza el ocultamiento que el autor ha logrado, gracias a la musicalidad, de su condición de filósofo, manipulador y caricaturista de su propio padecimiento. Éste se expresa atomizado en múltiples sinécdoques particularizantes que conforman un fábula, completa en sí misma, del rechazo a la fragmentación. Guevara interpretó este rechazo como

> UN NO ORGANIZADO COMO FUERZA VITAL que lleva a la creación, a una, cada vez, mayor realidad, ni invasor ni invadido, es un **no** que permite al lenguaje estar lo más cerca [posible] de su estallido en la pulsión paranoica y en un cuerpo que ya ha estallado esquizofrénicamente. . . separándose cada órgano de su conjunto para poder hacer mejor cuestión del fondo de los asuntos y para poder ir sabiendo mejor p.e. **cómo se escenifican en el Perú las diversas modalidades y modalizaciones del ser-el estar-el poder-el deber-el saber y sus combinatorias.** (Guevara 1992, 10; negritas y mayúsculas del autor)

Guevara afirmó que era inútil seguir poetizando sobre Lima y el Perú con vocabularios grecorromanos, renacentistas, afrancesados o españolizantes. Con ello sugería que Pimentel había cimentado las bases de una poesía compatible con el Perú de fines del siglo XX y principios del XXI. Para lograrlo había viajado por la senda del reconocimiento de las circunstancias del propio ser íntimo y social, elaborando un ideolecto que tenía relación de intersección con los sociolectos al uso —lo que permitía al lector reconocer sus propias palabras en el texto.

En términos de Ortega, Pimentel, en su fase de radicalismo, asumió y se volvió agente de la ruptura empavesando *Kenacort y* las proclamas de Hora Zero, y en medida decreciente *Palomino* y *Tromba*, con las palabras clave y visión del mundo del campo socialista internacional; y, en su fase de *metanoia* y de *oikodomé*, alcanzó la sabiduría existencial y poética expresando la tragedia y la comedia auténticas de su propio ser, en sus propias circunstancias, con un lenguaje construido *ex profeso*. Con ello el autor de *Tromba* adquirió el carácter de epónimo de una generación decisiva no en tanto su "consagración" —efecto que sin proponérselo alcanzó—, sino en función de la apertura de la poesía a los sectores urbanos emergentes que eran producto de la migración campesina, a las mujeres, a las provincias, y, como lo desea Tulio Mora, a las minorías lingüísticas.

La anunciación de aquella apertura y el aliento a sus nuevas codificaciones correspondió en cierta medida al genio, a la figura y al lenguaje de Jorge Pimentel, que en *Tromba* alcanzó su grado máximo de paroxismo —hasta donde se conoce su obra. Los integrantes del movimiento Hora Zero constituyeron y aún constituyen una generación decisiva, y Jorge Pimentel es un poeta que comparte y lidera su eponimia. Cabe recordar la reflexión de Ortega respecto a las consecuencias de una generación decisiva: "Había de ser mínima la modificación que en cada punto producen y, no obstante, tendremos que reconocer que ha cambiado el cariz total del mundo, de suerte que unos años después, cuando otra hornada de muchachos inicia su vida, se encuentra con un mundo que *en el cariz de su totalidad* es distinto del que aquellos encontraron (Ortega 1982, 43-44).

Pimentel percibió y anunció el cambio de paradigma poético ocurrido en el último tercio del siglo XX y principios del actual. El catastrofismo postulado por Hora Zero a inicios de la década de 1970 ha devenido certeza universal. Una afirmación como "se nos ha entregado una catástrofe para poetizarla" (Pimentel 1970a, 13), con la que Pimentel y Ramírez Ruiz se referían a la situación del Perú en 1970, se extiende ahora a la humanidad entera como sensación y certeza calamitosas basadas en la insustentabilidad de la civilización actual, que varían entre los polos de los ecologistas como Green Peace y Al Gore, y el de los cristianos que afirman la inminencia del Apocalipsis.

Es por ello que Guevara arriesgó la opinión de que *Tromba* era un libro paradigmático: "lo que ha terminado por estar en juego en el Perú, después de casi 100 años de soledad de su literatura, es. . . qué figuraciones nos representan. . . o qué designaciones o denotaciones o connotaciones o simbolizaciones o visiones o imágenes (hasta pulsiones) [nos representan]" (Guevara 1992, 8). Guevara sustentaba la tesis de que a través de la agnición y reconocimiento de los lenguajes del entorno el poeta puede alcanzar la universalidad, "como esos pobres de las grandes barriadas de Londres o Liverpool del XIX" que fueron descritas textualizadas por "un **localista** Charles Dickens aún desconocido, [que] se convirtió luego en el "**universal**" de Charles Dickens" (Guevara 1992, 8; negrita suya). Conviene, entonces, antes de finalizar este capítulo, intentar descodificar parcialmente el cuarto libro de Pimentel.

Palabra de cuerpo, palabra de espacio

En su prólogo a *Tromba*, Pablo Guevara definió el lenguaje del libro como "coloquial, iterativo, enfático, imperativo, repetitivo y sobre todo soberbiamente trágico (es decir verosímil o de la mímesis)" (Guevara 1992, 25). Incide también Guevara en la "oralidad fusionante y devorante que es el común denominador de su poesía (vinculadísima a la etapa presimbólica en los terrenos aún de lo innombrable: lo libre de Pecado Original o de Hombre en caída" (23). Resulta interesante esta afirmación, pues he sostenido que a partir de que se despoja de la peritextualidad, la obra de Pimentel muestra a un sujeto culposo que cae más y más en el arrepentimiento y el ensimismamiento. La diferencia entre ambas interpretaciones se despeja quizá si se tiene en cuenta la elaboración que inmediatamente hizo Guevara:

> Pimentel no parece ser cristiano y no sufre las serias limitaciones frásicas de Vallejo (esa efusión casi bíblica que le permitió hacer 2 o 3 poemas geniales en *HN* [*Los heraldos negros*], pero le ensució tanta poesía postmodernista de adjetivos ridículos o puestas en situación no menos)... Pimentel tampoco es marxista (por lo menos no lo es ecuménicamente como sí lo fue Vallejo, cada vez más y más)... Han escrito [Vallejo y Pimentel]... **desde la crueldad de la palabra** sin paraísos ni infiernos ni tierras prometidas. La palabra sola de soledad y desnuda del huérfano de todo, cuando el Hombre–dios lo ha abandonado... (Guevara 1992, 23)

Al referirse a "lo libre de Pecado Original o de Hombre en caída", Guevara, por un lado, identifica ambos conceptos con el vocabulario cristiano de Vallejo —casi inexistente en Pimentel—, y, por otro lado, con el marxismo de Vallejo, que se fue fortaleciendo con los años —lo cual es muy discutible—, a diferencia del de Pimentel, que, por el contrario, se fue debilitando con el paso del tiempo hasta desaparecer ¿del todo? en *En el hocico de la niebla*. Siguiendo esta línea de interpretación, cobra vigor la aseveración que formula Guevara cuando, comparándolo con Antonin Artaud, sostuvo que lo que Pimentel "hace prodigiosamente" (23) es superar las "exterioridades que surgen ante él", siendo éstas "barreras culturales e ideológicas" (23). Dicho de otro modo, lo que aseveró Guevara es que el éxito comunicativo del lenguaje de *Tromba* se debe en parte a la liberación del poeta del cristianismo y del marxismo entendidos como lexicones.

Guevara señala que el lenguaje de *Tromba* se distingue por una "constante agresividad" que determina el hecho de que en sus textos "Pimentel no cree ni acepta símbolos (por lo tanto no está ni estará institucionalizado nunca jamás... mientras dure esta sociedad superfálica e institucional de mierda, él no comerá de su mierda. Sobrevivirá a otros, pero no con su voluntad puesta al servicio de sus **patterns** y **manes**)" (Guevara 1992, 23; negrita suya). La originalidad discursiva de *Tromba de agosto* se debe, según Guevara, no sólo al reconocimiento trágicos de la propia identidad y de los espacios y conflictos locales, sino asimismo a la actuación poética a partir del propio organismo:

> ¿Por qué se hace fácil y difícil leer a Pimentel? Es fácil porque como a Vallejo SE SIENTE QUE UNA MÁQUINA HUMANA QUE ES EL CUERPO ESTÁ TREPIDANDO BAJO NUESTROS PIES Y ESA MÁQUINA HUMANA ES EL CUERPO DE PIMENTEL y difícil porque —como Vallejo— es un hombre de la negación para poder ir en algún momento a la afirmación; pero también como en Vallejo estas luchas se dan... como fragmentaciones, explosiones de (la) una situación actual donde todos volamos igual que él... somos fragmentados... las palabras de Pimentel... más parecen... como escupidas (antes que esculpidas)... Con ellas no hay ataujías posibles. Son, como decía una vez Westphalen [Emilio Adolfo] de las de Vallejo... pedradas en el pecho. Caen y quitan el aliento. (Guevara 1992, 21; mayúsculas suyas)

Pimentel renunció a los vocabularios —romanticismo, parnasianismo vanguardismo, etc.— que establecían relaciones más o menos fijas entre significantes y significados, y que implican una alta frecuencia de uso de determinados tropos, figuras retóricas y metros. En *Tromba* como en sus libros anteriores, Pimentel reinventó el código poético partiendo de la experiencia única del espacio, la tragedia, la ideación y el cuerpo propios, relativamente independiente de experiencias y tradiciones anteriores: "Un nuevo lenguaje se abre paso en la inmensa narratividad peruana de lo por narrar, un lenguaje que en pueblos como éste será fundamentalmente oral o no será (narrado nada)" (Guevara 1992, 25). Cabe recordar la opinión de Tulio Mora en el sentido de que en los textos de *Tromba* el narcisismo o espacio especular del yo se reduce para imitar las voces y las sensaciones de los decursos existenciales del prójimo, como sucede en el poema "Aconchasumadramiento" —sinónimo de *emputamiento* y de *canallización*. El poeta evita expresar con vocabulario, sintaxis y tópicos de repertorio la compasión que le causa un niño mendicante, y opta por reinventar hiperbólicamente su propio estilo, basándose en el maldecir popular:

> La presencia de ese niño bifurca
> los espacios entrecomillados
> desolación hambre miseria
> y trepida este informe aconchasumadrado.

....
Aconchaputa que te quiero
Aconchaputa que te amo
Aconchaputa. (Pimentel 1992, 120)

En *Tromba*, la escritura de la miseria recoge y procesa la coprolalia, agregándole valores musicales y semánticos. En el plano inmediato, la constante tensión de la pobreza hace emerger contenidos que liberan fuerzas tanáticas y eróticas, en cuanto que se da rienda suelta a la narración de la angustia mediante un lenguaje que remite a lo instintivo, a lo presimbólico. Este lenguaje, a la larga, conduce a la autodestrucción, pues no ofrece remedio para las causas de la inopia. Cuando la irracionalidad de la pobreza se exacerba, la frecuencia de las lisuras o palabrotas aumenta hasta configurar una especie de coprolalia pura. De manera muy medida, Pimentel textualizó la coprolalia que ya se había instaurado en sectores sociales que tradicionalmente la habían rechazado.

Definida como "tendencia patológica a proferir obscenidades" (*DLE*), la coprolalia suele generarse en los sectores más pobres de la sociedad, y asciende a las clases medias y altas, cuyos hablantes imitan el habla del pueblo. Con la incorporación de la coprolalia a *Tromba*, Pimentel fue uno de los primeros poetas peruanos —si no el primero— en crear un código poético a partir de la rudeza, agresividad y el carácter delincuencial de la germanía —¿peruanía?— que hasta entonces había permanecido casi absolutamente fuera de la poesía latinoamericana contemporánea. Son muy pocas o ninguna las palabrotas en las obras de Darío, Vallejo y Neruda, en las de los poetas latinoamericanos del Vanguardismo, ni en los que le siguieron.

En tal sentido, después de que el poeta chileno Nicanor Parra popularizara el término de *antipoema* en su libro *Poemas y antipoemas* (1954), Pimentel destapó el caldero de la coprolalia popular, como parte de su proyecto de alejarse, en palabras del poeta mencionado, de la "arteriosclerosis de la poesía", de "la poesía de cuello y corbata", de la "cultura académica y oficial", para fundar una nueva retórica basada en el mester de juglaría, en la jerga y cultura populares, en el habla de los bares, que constituyen un camino "más real, más auténtico" (Parra 2007). La tendencia poética que señaló Nicanor Parra, de la que Hora Zero y Pimentel hicieron eco, encuentra una de sus manifestaciones en la elaborada coprolalia de *Tromba*. Ésta refleja un cambio en la norma lingüística peruana. Hasta fines de la década de 1960, el habla de las mujeres de clase media y clase alta no incluía lo coprolálico, al menos en público. Las palabrotas eran definitivamente patrimonio viril.

Del buen decir al maldecir

La década de 1970, marcada por el movimiento feminista, acabó con el monopolio masculino de la coprolalia. Junto con la liberación femenina, sin embargo, se estaba extendiendo la frontera lingüística de la crisis, condensada por *Tromba*. La vida diaria se había tornado ultraviolenta hasta configurar el cuadro distópico agudo tan aludido en este trabajo, y el lenguaje cotidiano reflejaba los mecanismos instintivos de defensa y contrataque, así como de sublimación, erotización y escapismo. Desde 1970 Pimentel había propiciado y defendido a capa y espada la expresión de lo sexual mediante rasgos coprolálicos, alentando la incursión de la poesía escrita por mujeres en el Ello femenino —reprimido durante siglos. Esto se cristalizó en *Noches de adrenalina* (1981), primer libro de la horazerista Carmen Ollé, donde se propone, desde el punto de vista hasta entonces inédito de una poetisa peruana, la concomitancia de sacralidad, genitalidad, analidad y coprolalia:

> He vuelto a despertar en Lima a ser una mujer que va
> midiendo su talle en las vitrinas como muchas preocupada
> por el vaivén de su culo transparente.
>
> ....
>
> despierto y me levanto de un catre viejo
> estoy inclinada en el WC el culo suspendido
>
> ....
>
> regresas y ventoseas en tu lecho
>
> ....
>
> Un cuerpo que sufre insoportablemente exige
> al margen del sistema solar y las estrellas
> su liberación inmediata
>
> ....
>
> LA CACA ES TAN PODEROSA COMO UN PEQUEÑO COMPLEJO
>
> ....
>
> todo WC es un jardín oculto
> oler a orín reconforta
> el cristianismo lleva hoy el peso de estos olores (Ollé 1992, 7-14)

En la década de 1970, Pimentel fue uno de los primeros poetas en utilizar la coprolalia como parte normal de la expresión poética. Le siguieron, en la misma década, Enrique Verástegui y Tulio Mora. La continuidad de esta tendencia puede verse en la normalización de la coprolalia a partir de la década de 1980, donde se inserta la furibunda palabra de *Tromba de agosto*. No sólo Carmen Ollé utilizó la coprolalia con naturalidad. Eduardo Chirinos (1960), poeta que ganó varios premios a principios de la década de 1980, reprodujo la desesperanza y la narratividad características de Hora Zero: "Te has arrodillado desnudo en la losa / y has observado largamente tu propia mierda, Eduardo, Eduardo" (Chirinos 2000). En su poema "Hardcore", Rocío Silva Santistevan (1963) se atrevió a escribir lo que habría sido inadmisible para Yolanda Westphalen o Blanca Varela, y también para los poetas varones anteriores a Hora Zero: "Desde aquí puedo decir: "Estoy lamiendo tus nalgas con desenfreno / Y las tías, puaj, y las muchachas, puaj. / Y nadie sabe qué sentir. / Entonces te volteo / Y continúo / Lamiendo / Con desenfreno" (Silva Santistevan 2000).

Al cuerpo sucede el espacio. Y es en éste donde destaca la poetisa Roxana Crisólogo (1966). Como De Ramos, Crisólogo es hija de padres provincianos —cajamarquinos— y creció en San Juan de Miraflores, distrito situado en el cono sur de la capital. Crisólogo ha fundado Piedra Encadenada al Aire: Colectivo Poético de Arte, Cultura y Agitación, y forma parte de una organización internacional que patrocina el arte en aras de la transformación global. Su poesía ha merecido los comentarios de Tulio Mora y Carmen Ollé, dos miembros de Hora Zero. El primero reconoció en *Abajo, sobre el cielo* (1999) uno de los libros más importantes de aquellos años y una nueva plasmación del arquetipo horazeriano llamado poema integral. Según Mora (1999b), Crisólogo es una de las primeras poetisas que escribe desde los interiores del mundo periférico de Lima, es decir, desde uno de los asentamientos humanos que empezaron a formarse en los desiertos del sur de la capital durante la segunda mitad del siglo XX. Siete años más tarde, Carmen Ollé (2006) relevó el carácter híbrido de la poesía de Crisólogo, en cuanto que incorpora espacios, personajes y el ser en la intimidad de los pueblos jóvenes de la capital. De los ensayos de Mora y Ollé se desprende que Crisólogo continúa por la senda desbrozada por Hora Zero, puesto que ya no escribe desde el centro capitalino tradicional sino desde las zonas de poder, economía y clases emergentes. Crisólogo y De Ramos integran la primera promoción de poetas "letrados" del distrito de San Juan de Miraflores. De tal manera, éste hibrida su cultura de origen provinciano, tal como han venido proponiendo Pimentel y Hora Zero desde 1970.

Haciendo gala de una parsimonia y de una madurez —pues llama la atención su falta de estridencia— que no habría sido posible sin el remezón poético causado por Hora Zero, Roxana Crisólogo, en su poema "A Ludy", con verso libre y amplio como el de Pimentel cuando se explaya, trajo a la poesía peruana el mensaje inédito e híbrido de una hija de migrantes establecida en el distrito de San Juan de Miraflores:

> recuerdo sus jeans baratos y ajustados   sus blusas simples
> rosadas-blancas y estrechas   recuerdo su revista rosa
> su bolsita cusqueña cruzada como una metralleta de lana
> recuerdo sus camisetas de hawái sus polos de mickey mouse
> recuerdo las ganas con que miraba a los chicos guapos blanquitos
> de la vanguardia al cabello largo y ondulado de José
> a los católicos impecables en la mente
> a los delgaditos de bondad como una bandera
> al john lennon de la mitad de sus narices
> cómo los amaba y también cómo los odiaba (Crisólogo 1999)

No pretendo argumentar que toda la floración literaria que sucedió a Hora Zero y coincidió con *Tromba*, inclusive la aparición de un conjunto de poetisas notables, se deba exclusivamente a Jorge Pimentel y al movimiento que fundó junto con Juan Ramírez Ruiz. Lo que sostengo es la eponimia de Pimentel en cuanto que, a través de su escritura y de sus posturas político–existenciales, señaló el camino que las fuerzas de la historia estaban abriendo sin consultar con nadie. El accionar de Pimentel fue parte de la sinergia que produjo el cambio de paradigma de la escritura poética.

Hoy en día, en el Perú, predominan el verso libre y el poema en prosa, los jóvenes de las zonas urbano–marginales leen literatura de fuentes muy diversas y generan textos sin precedentes históricos, sencillamente porque responden a realidades que no existían cincuenta años atrás —entre ellas, la posibilidad de que un joven de San Juan de Miraflores escribiera poesía que fuera leída y valorada en el extranjero. Dicho en síntesis, se ha cumplido la meta por la que bregaron Pimentel y Hora Zero en el sentido de que el ejercicio de la poesía y el acceso a ella se han democratizado. La literatura ya no se irradia solamente desde centros académicos y culturales únicos, ni se juzga a partir de paradigmas fijos. Ahora se genera desde múltiples polos urbanos y estratos sociales, y se percibe en función de lo que Cohen concibió como la forma vehemente y el grado paroxístico del estilo, como "l'audace avec laquelle le langage utilise les procédés inscrits dans sa structure" (Cohen 1966, 149).

Vehemencia, paroxismo, audacia y narratividad son rasgos que definen precisamente el estilo de Pimentel en *Tromba* (1992), *Kenacort* (1970), *Palomino* (1983) y *Ave soul* (1973), en orden decreciente de intensidad. Estos mismos rasgos están presentes en la obra de un número importante de poetas más jóvenes que Pimentel, inclusive "novísimos", que no han realizado un asesinato ritual ni de él ni de Hora Zero equivalente al que Pimentel y el colectivo llevaron a cabo en 1970. Esta ausencia de repudio en las promociones de poetas que han seguido a Hora Zero es un indicio más de la eponimia de Pimentel y de la solución de continuidad, aún no impugnada radicalmente, que se inauguró con *Kenacort y Valium 10*.

La transmisión del maldecir a los nuevos

La obra de Pimentel, en cuanto narra y metaforiza su propia vida y su propio entorno, coadyuvó a que en la década de 1980 comenzara a cuajar la obra de Domingo de Ramos (Ica, 1960), miembro de Kloaka —colectivo artístico sucedáneo de Hora Zero—, migrante y vecino de San Juan de Miraflores, distrito de Lima que se había formado en los años sesenta y setenta del siglo XX como producto de la migración provinciana. De Ramos dedicó el poema "Caída de un adolescente" —de *Arquitectura del espanto* (1988), su primer libro— a Johnny Peñaranda, un jovencito que murió abaleado por la policía en el paro nacional del 19 de julio de 1977. Once años antes, en gran medida a raíz de dicho paro, se había publicado la antología *Hora Zero FOCEP* (1978), algunos de cuyos poemas he citado. Salta a la vista la similitud de "Caída de un adolescente" con el tono y estilo generales de aquella antología, y con el tono y estilo de los poemas de Pimentel incluidos en *Kenacort*, *Palomino* y *Tromba*:

>te vi caer como un río sobre la ribera rota
>Mi alma ha muerto
>y mi cuerpo le sobrevive
>el tiempo se agita para tragarme
>hay tanta gente arremolinada
>enjambrados / mirando cómo la peste se cuaja en las esquinas y
>los muchachos del barrio que maldicen apedrean
>con sus rugidos desechos en el pavimento
>corren como turba de fuego
>en círculo / sin fronteras
>no hay muros / sangrantes
>no hay vacío / hay gravedad / hay planicie

>donde brotan imágenes muertas
>o tiernos dientes bajo los pies. (De Ramos, 2006)

Con "Caída de un adolescente", dedicado a Johnny Peñaranda, De Ramos parece haber obedecido la tarea que se impuso Tulio Mora, acaso el mismo día de su abaleamiento, cuando en medio de la selva, a orillas del río Napo, escribió: "yo grabo los nombres de los que han muerto / aunque eso no sea bastante para destruir a la burguesía" (Mora 1978). Es de sí evidente que Domingo de Ramos, que tenía diecisiete años cuando se realizó el paro de 1977 — Pimentel frisaba los treinta y cuatro—, no escogió para evocar uno de los recuerdos más dolorosos de su adolescencia el lenguaje de las llamadas Generación del 60 y Generación del 50 del Perú. No eligió el petrarquismo de Belli, la topicidad renacentista de Guevara, el exquisito lirismo castellano de Corcuera —que ahora, en plena madurez y celebridad, está escribiendo verso libre y poemas en prosa—, la parquedad filosófica de Varela, ni el sesgo europeizante de Cisneros. Escogió más bien un modo de decir cercano al de Jorge Pimentel y los integrantes de Hora Zero. Ello se evidencia también en el personaje femenino y el estilo coloquial de su poema "Como un mar encallado en el desierto", título que sin duda alude al hecho de que la historia del distrito de San Juan de Miraflores comenzó con una ilegal invasión de chozas de estera en las dunas del sur de Lima: "Todo está rodeado / Ves hijo naciste cuando el sol era más pequeño / que tu cuerpo / Cuando veías que la tarde se iba / y tu madre llegaba como una ronca respiración / para darte la leche de etiqueta roja / . . . / Ah hijo viniste cuando las esteras ardían / de calor y las banderas aún flameaban dándote la bienvenida" (De Ramos 1990).

El poeta peruano Miguel Zapata, en el prólogo a su antología de poetas peruanos novísimos (curiosamente sin mencionar al colectivo literario y excluyendo a Tulio Mora y Juan Ramírez Ruiz), reconoce la comunicación generacional entre sus antologados y tres poetas de Hora Zero: "El modernismo. . . se apropia del almacén cultural de occidente y del oriente con el fin de reafirmar su identidad en términos de *otredad*. . . [que] se presenta en poetas fundamentales que comienzan a publicar en la década de 1970 (Pimentel, Verástegui, Ollé)" (Zapata 2007). Para probar esto, el mismo autor afirma que los novísimos practican las más diversas formas poéticas: "soneto, poema en prosa, verso libre, y con una temática que *no* los une absolutamente; su mérito radica justamente en su independencia y dispersión" (Zapata 2007). Quizá por su interés por mostrar la diversidad de los novísimos, Zapata puso el soneto primero en la lista. Pero lo cierto es que de sus nueve novísimos sólo uno, Lorenzo Helguero (Lima, 1969), publica un poema rimado y de sílabas contadas —el soneto en cuestión. Los demás utilizan el verso libre o el poema en prosa, opciones que caracterizan la poesía de Pimentel, Ramírez Ruiz, Mora, Ollé, Verástegui y, en general, de todos los poetas de Hora Zero. Aunque la ausencia de evidencia no es evidencia de ausencia de evidencia, en el extenso corpus de poesía de Hora Zero y de los poetas mencionados supra, no he encontrado hasta ahora ninguna especie poética metrada y/o rimada. A lo que debo agregar que la excepción a la regla no es prueba de inexistencia de la regla.

En la antología de novísimos, Zapata incluye un poema sin título de Jerónimo Pimentel (Lima, 1978), hijo de Jorge, y autor del poemario *Marineros y boxeadores* (2003). En el poema que escogió Zapata, Jerónimo lapida Lima, una de las catástrofes que Pimentel, Verástegui y Ollé han poetizado sin ambage, y al tiempo que reconoce la herencia horazeriana, reafirma la supervivencia y la independencia de la suya: "Lima ha muerto pomposa, como una señora noble /. . . / Palomino, Buckingham, Guzmán, Olarte, Ruiz. / Extintos han desenvuelto / largos manuscritos que tenían guardados en / cajones polvorientos / Y han empezado a recitar / versos nerviosos que escuchamos como el / réquiem seco / De una muerte que no puede ser la nuestra" (Pimentel [Jerónimo] 2007)

Aunque no me voy a ocupar de este poema en detalle, resulta ineludible no sólo señalar la evidente relación estilística y temática entre hijo y padre, sino asimismo el parricidio ritual del progenitor y de Hora Zero que realiza Jerónimo afirmando que entre los limeños fallecidos de Lima se encuentran Palomino y Ruiz. La metáfora de su padre —Palomino— es transparente. Y, acaso, el apellido Ruiz represente al de Juan Ramírez Ruiz, cofundador de Hora Zero y corredactor de "Palabras urgentes", que rompió tempranamente con el movimiento acusándolo de oportunismo y claudicación. Es sabido que Jorge Pimentel, al cabo de terminar un poemario, lo guarda durante años en un cajón hasta que lo saca de cuarentena, lo relee y juzga si vale la pena que conozca la letra de molde (Entrevista inédita). Por eso mismo, en el poema de su hijo, la alusión al fin de Hora Zero se da también a través de la mención de los manuscritos que por largo tiempo han estado refundidos en gavetas y que ahora se desempolvan y se leen tensamente como la elegía a una ciudad y a una parte de su fabulación poética, la de su padre y la de Hora Zero.

La similitud del poema "Suite de la neurosis" de Mauricio Medo (Lima, 1965), poeta cinco años menor que De Ramos, antologado por Miguel Ángel Zapata, induce también a pensar en una transmisión generacional del modo de decir de Pimentel: "Y con el húmero y todos los huesos sepultados / qué me queda sino reír en los panteones / preguntándome si ahí lloran las piedras. / Qué me queda sino remontarme al infinito / o morirme ciego en la cama que entreabre / su esqueleto" (Medo 2007). Se establece una solución de continuidad entre el citado fragmento de "Suite de la neurosis" de Medo y un extracto de *Palomino*: "No me gusta mi vida. / Me hiere esta quietud. / No se conmueven las ventanas. / No vibran las puertas. / Mi sangre corre / en cualquier sitio / menos en mi cuerpo" (Pimentel 1983, 37). No se trata solamente de similitudes estilísticas entre la poesía de Jorge Pimentel y la de Domingo de Ramos, Mauricio Medo y Jerónimo Pimentel, sino de que éstos tres comparten con el fundador de Hora Zero la acendrada repugnancia existencial y la renuncia, por su ausencia, a la belleza.

La poetisa peruana Mariela Dreyfus, como Domingo de Ramos, perteneció al colectivo Kloaka —cuyo nombre, que remite a las heces, comparado con el de Hora Zero, que remite a comienzo y esperanza, muestra el deterioro anímico de la promoción poética de la década de 1980. En 1993, Dreyfus publicó *Placer fantasma*, con una carátula muy similar a la de *Primera muchacha* (1997) de Jorge Pimentel —en ambas aparece al contraluz de una ventana una joven desnuda, vista de espaldas. En el poema "Te llamo y te busco y no puedo hallarte", de manera semejante al modo —más exaltado— que utilizó Pimentel en el poema "Sinfonía en Marlene" de *Kenacort*, Dreyfus usa la segunda persona del singular para describir la muerte de su madre:

Ahora, Aurelia, que el tiempo ha caído como un loco
y te busco y te espero a la hora de almuerzo / bajo el sol
y sin embargo ya no eres la que entraba natural a mis sueños
navegando interminable por la casa como un fantasma vivo
trayéndome noticias que sabía desde niña (Dreyfus 1993, 43)

Es notable la similitud de este fragmento con el siguiente de "Sinfonía en Marlene" de Pimentel:

Aquí estás Marlene de nuevo en febrero.
Tus años ya no se cuentan con los dedos de la mano. Tu frente se ha salido
a dar una vuelta o se ha salido para siempre dejándote sólo un
puñado de cejas (Pimentel 1970, 145)

Existe comunión, producto de la sinergia, entre los modos y estilos poéticos de Mariela Dreyfus, Domingo de Ramos, Mauricio Medo, Jerónimo y Jorge Pimentel. Con ello apunto a sugerir la hipótesis de que la obra de Pimentel sintetiza los idiolectos y sociolectos tanáticos, amorosos, políticos y por momentos psicóticos de las décadas de 1970 y 1980 —siendo esta última la más violenta en la historia del Perú republicano. Asimismo, resume la jerga de la corrupción del último tercio del siglo XX —corrupción que, *latu sensu*, abarca toda la historia republicana del país.

La relación entre la escritura de Pimentel y la de las poetisas y poetas que lo siguieron abunda en ejemplos. Dalmacia Ruiz Rosas (1957), que participó de los colectivos literarios Hora Zero, Kloaka y La Sagrada Familia, en "Amalia / fotopoema de amor lumpen", plasma el entrampamiento en la violencia armada de los jóvenes de la década de 1980 con una versificación muy semejante a la de *Kenacort*: "El eunuco jefe de los hombres políticos quiere que me / acostumbre / a esto / intermediaria neo colonial semi feudal capitalismo / deformado / El eunuco jefe de los hombres armados quiere que me / acostumbre / a nuestros enemigos hechos cabeza los aborrecidos / prosperando" (Ruiz Rosas 1987).

La narratividad, la repugnancia existencial y el verso libre de los poemas de Montserrat Álvarez (Zaragoza, 1969) evidencian la huella concomitante de la poética de Hora Zero. Muestra de ello es el poema "Peter Punk" (2005), emparentado con la acrimonia de *Palomino* y *Tromba* de Pimentel y con la crudeza de *Noches de adrenalina* de Carmen Ollé: "Peter Punk te espera detrás de las esquinas /. . . / para mostrarte su miembro mientras ríe a carcajadas /. . . / se nutre del veneno que las calles le ofrecen / y luego lo vomita y blasfema y maldice" (Álvarez 2005).

En el 2005, Harold Alva publicó *Los diez*, una antología de la reciente poesía peruana en la cual se puede verificar la reproducción de la perspectiva vital de la segunda época de Pimentel, correspondiente a *Palomino* y *Tromba*. Desengaño, desesperanza, aislamiento, cinismo y escepticismo patológicos unifican no ya el sistema de creencias que según Ortega es la marca de una generación, sino el caos negativo, indeterminado, que parece distinguir a los nuevos y novísimos poetas peruanos. Como Pimentel y Hora Zero, los jóvenes poetas incluidos en la antología de Alva acusan influencias literarias muy variadas que, en general, los alejan de los referentes grecolatinos, del Siglo de Oro y la Generación del 27 españoles, así como del Vanguardismo novecentista y de los paradigmas constituidos por las obras de César Vallejo y Pablo Neruda.

En 1990, Johnny Barbieri (Lima, 1966) —antologado por Alva— fundó el colectivo literario Noble Katerba en la Universidad Nacional Federico Villarreal, cuyos claustros habían albergado al movimiento Hora Zero veinte años antes (Alva 2005). En su poema "La multiplicación de los panes",

Barbieri exhibe una desolación semejante, por su intensidad y por el desdoblamiento dialógico, a aquella de *Tromba*: "y estás tú con tu café y tus vómitos / parado en medio de un mundo que crece / en torno a un sinfín de nadas / Nada somos /. . . / Juan atrás un retrato cubista / 1966 tú tartufo ese pedacito de papel / Nada somos / NADA" (Barbieri 2005). En "Veinte", poema narrativo, Barbieri parece resumir la soledad y la ausencia absoluta de alternativas vitales que Pimentel había hilvanado en *Tromba* y *Palomino*: "las mujeres están vendiéndose en las esquinas / es Lima / y una vez más / sólo queda vestirse con un necio disfraz / para gritarle a todo el mundo que estás bien /. . . / pero ya nada importa / sólo estoy yo / sin patria / sin jardín /. . . / sólo con un candelabro encendido / y algunos cráneos tirados por el suelo" (Barbieri 2005).

En el año 2003, Leo Zelada y Héctor Ñaupari publicaron *Poemas sin límite de velocidad*, una antología que reúne textos escritos entre 1990 y 2003 por los poetas —inclusive los compiladores— del colectivo Neón, sucesor de Kloaka y Hora Zero. La introducción a dicha antología, firmada en 2002 por Héctor Ñaupari, revela ciertas constantes que establecen una línea de continuidad —y disidencia— entre Hora Zero y Neón. A diferencia de Hora Zero en su momento, Ñaupari afirma que la peruana anterior "es una de las tradiciones poéticas más importantes de América Latina" (Ñaupari 2002, 12). Cita como ejemplos de ello a Martín Adán, Antonio Cisneros, César Vallejo, José Watanabe, José María Eguren, Enrique Verástegui, Emilio Adolfo Westphalen, Carlos Oquendo de Amat, César Moro, Carlos Germán Belli, Blanca Varela, Javier Sologuren, Jorge Eduardo Eielson y Juan Ojeda. A pesar de que en esta lista de respetables escritores figura un miembro de Hora Zero, Enrique Verástegui, brillan por su ausencia Jorge Pimentel, Juan Ramírez Ruiz, Tulio Mora y Carmen Ollé. Sin embargo, mostraré a continuación cómo, en su prólogo, tratando de diferenciar a Neón de los colectivos anteriores, Ñaupari coincide con los planteamientos poéticos de Pimentel y de Hora Zero, movimiento al que señala como parte de un "esfuerzo creativo notable" de la década de 1970.

Ñaupari afirma que Verástegui tomó de "la generación beat norteamericana su estilo coloquial-narrativo, sublimándolo líricamente a su original y contundente propuesta de poética integral, motivada por la ética del erotismo y el enfrentamiento con la urbe" (Ñaupari 2003, 13). Si bien Verástegui hizo lo dicho por el fundador de Neón, también es cierto que Jorge Pimentel ya había logrado en *Kenacort y Valium 10* —libro publicado un año antes que *En los extramuros del mundo* (1971), primer poemario de Verástegui— todo lo que Ñaupari le concede sólo a éste último.

Ñaupari describe la década de 1990 —abarcada por *Tromba* (1992)— como tiempo "de una crisis permanente, con una población atenazada por la cólera, el terrorismo, la inflación y la recesión, llevando a cotas inimaginables el siempre desesperado afán de subsistencia de los peruanos" (13). Lo que no menciona Ñaupari, por razones que desconozco, es que si hay un libro que exprese el caos de aquella década y la anterior es *Tromba de agosto*.

A tal punto indagó Pimentel en la vesania de aquellos años —y de los actuales— que prefiguró el sino de dos de los miembros del colectivo Neón, que fallecieron luego de ser atropellados por sendas "combis asesinas". Con esta nominación los peruanos designan a los pequeños microbuses o *micros* de transporte público que manejan choferes cuya irresponsabilidad ha segado la vida de muchos peatones y pasajeros, inclusive la del escritor y catedrático Luis Fernando Vidal. En el poema "Filamentos" de *Tromba*, Pimentel retrató la angustia que le causaba ver a los niños abandonados deambulando por las calles de Lima: "menos comida, menos años, más jamás y menos té, menos leche / menos un juguete y así morir formas esquilmadas, arrugadas, / morir rural, morir cívico, morir campesino, morir catecismo, / morir pueblo, morir arroz, morir aceite, morir harina, morir *micro* /. . . / morir *ómnibus*, morir carne, morir beso, morir enfermedad" (Pimentel 1992, 150; cursiva mía). Huelga el comentario a la referencia a los *micros* —microbuses— y su asociación con la muerte, con el salvajismo urbano que causó la muerte de dos miembros conspicuos del grupo Neón. El tipo de lenguaje que Pimentel había inaugurado y fomentado desde 1970 y perfeccionado en *Tromba de agosto*, era la forma justa que correspondía a necesidades expresivas insatistechas.

CAPÍTULO IX

PRIMERA MUCHACHA EN EL HOCICO DE LA NIEBLA

Los cuatro primeros libros de Pimentel conforman una narración novelesca autobiográfica que incluye un conjunto de temas que he analizado con cierto detalle en los capítulos precedentes: repudio, vitalismo y mesianismo revolucionario en *Kenacort y Valium 10*; periplo a tierras extrañas, el retorno a la patria y la muerte del padre en *Ave soul*; la bohemia, el desempleo, la muerte de la madre y la derrota del poeta y de la belleza en *Palomino*; y la fragmentación y ultraviolentización del *ego scriptor* y del lenguaje contemporáneo en *Tromba*.

He graficado la evolución de la obra poética de Pimentel como un vórtice cuyas tres dimensiones concomitantes son la existencial, la textual y la metatextual. En términos estrictamente poéticos, la línea exterior representa lo más dinámico, gregario, social y político, mientras que el punto central del vórtice representa lo más plácido, íntimo e individual. La peritextualidad —constituida por ucases, proclamas, dedicatorias, llamadas, emplazamientos, diatribas, listas onomásticas, pies de imprenta, colofones, etc.— se fue reduciendo paulatinamente hasta desaparecer de modo aparencial en *En el hocico de la niebla* —en adelante *En el hocico*. La peritextualidad y la metatextualidad, como productos de la pluma de Pimentel, empezaron a ser reemplazadas por la estricta metatextualidad prologal pergeñada por otros escritores: Félix Grande en *Ave soul*, Pablo Guevara en *Tromba*, Tulio Mora en *Primera muchacha*, Sebastián Pimentel —filósofo, hijo del poeta— en *En el hocico de la niebla*, y Roberto Bolaño en el prólogo a la segunda edición de *Ave soul* (2008). Los prologuistas mencionados incidieron por lo menos en dos asuntos comunes: el poeta como héroe y antihéroe existencial, y los poemas como textualización polifónica de la heroicidad y antiheroicidad. Dicho de otro modo, incidieron en la comunión de la palabra escrita con lo que Ortega llamaba la vida misma y su básica contradicción entre el ser y el no ser.

Aunque escrito en 1974, *Primera muchacha* no esperó en vano veintitrés años para publicarse. A pesar de que en "La identidad del amor" —prólogo a dicho poemario— Tulio Mora (1997) sugirió que la demora pudo deberse a las vicisitudes editoriales del Perú, he dejado establecido que Pimentel —salvo *Kenacort y Ave soul*— guardó durante años sus otros libros hasta releerlos para saber si habían soportado el paso del tiempo (Entrevista inédita), y que *Primera muchacha* fue sometido voluntariamente a la misma prueba (Entrevista inédita), la más larga que haya soportado libro suyo.

La fecha de publicación de *Primera muchacha* (1997), inmediatamente posterior a *Tromba* y anterior a *En el hocico* (2007), obedece a un acto voluntario del poeta y, por lo tanto, evolutiva y textualmente precede a su última entrega. Esto se hace patente si se considera el esfuerzo anímico que le costaron tanto *Tromba* como *Primera muchacha*, libros de ambición, extensión y tragicidad respetables para el lector y agobiadoras para el autor, y se hace aun más patente si se compara dicho esfuerzo con la parsimonia, aunque no menor profundidad, de *En el hocico*. En éste, por una parte, parecen resumirse la *metanoia* y la *oikodomé* efectivamente logradas por Pimentel en un período de su existencia, y, por otra, se percibe la calma, dentro del ojo del vórtice, producida por la anagnórisis. Esa calma en realidad anuncia *Jardín de uñas* —en adelante *Jardín*— extenso libro inédito que, según Pimentel (Entrevista inédita), es el ahondamiento de *Tromba*; es un nuevo giro radical del vórtice existencial-poético-textual que niega la especie de oda al pacífico y ordenado retiro que representa la superficie de *En el hocico*; es una ruptura con la ruptura de la ruptura implicada en el ensimismamiento que, con *Palomino* y *Tromba* —poemarios de la desolación del ser estético en el horror tercermundista— parecía haber agotado el tópico y conducido a la paz final de *En el hocico*.

Como ha observado Bolaño (2007) respecto a la diferencia entre *Ave soul* y *Palomino*, resulta difícil concebir que *Primera muchacha* y *En el hocico* hayan sido escritos por el mismo autor. Aquél es un poema en prosa o una novela poética de cincuenta y dos páginas sin un solo signo de puntuación, mientras que éste es una colección de noventa y dos breves poemas. "Neblina", el más breve de ellos, es un pentasílabo, "Pesa ser fácil" (Pimentel 2007, 26), que por contraste funciona como metáfora del título del poema, del poemario —que no es fácil—, y como síntesis de aquello a lo que Pimentel se había negado persistentemente, aduciendo su ya citado "Prevalezco en lo imposible" de *Kenacort* (26), o sea poetizando en medio de la "vida de cambios doblados" y del general "aputamadramiento". No forman parte de su poesía la liviandad y la superficialidad que, como adujo Mora, más bien parecen convertirse en los peligros de la escritura tecnificada, censurada y uniformizada. La subversión de Pimentel reside en la transgresión sistemática de los mecanismos de censura y prohibición del lenguaje.

Primera muchacha es un libro de amor con forma de poema-río donde el autor dejó fluir su ideación, no del todo liberada del peso ominoso de la culpa que mancilla *Palomino* y *Tromba*, pero lo suficientemente libre para que no se escatimara el acceso a ciertos planos de belleza, restringidos y manchados, que se había negado y negado a sus lectores desde *Ave soul*: "será cierto que las mesas son caballos cuando todos duermen que hay camisas con sangre sonidos metidos dentro de una media será cierto que donde hay armas no hay caminos no hay arroyos ni un pájaro soñando posarse en tu hombro" (2007, 49). Aunque desprovisto del *aputamadramiento*, *En el hocico* exhibe la huella del decir horrísono y laberíntico de *Tromba*, como en el poema "Habrá un sencillo vuelto de palabras apalabradas":

No hay vuelto, solo una parda insinuación.
Habrá el vuelto oscuro de rostros y sin carne.
Habrá un sencillo vuelto de palabras apalabradas.
Minutos de un vuelto nos vuelca, nos desespera.
Qué vuelto cansado nos ubica y nos describe.
En qué vuelto te retratas o usas a otros. (Pimentel 2007, 32)

La fijación crematística, tan intensa en *Kenacort, Palomino* y *Tromba*, no está ausente pero se atenúa en *En el hocico*, permitiendo la aparición del ludismo y el *allegro* de las relaciones abstractas entre los predicados del código lingüístico-poético —relaciones que Bolaño (2007) percibió en *Tromba*. En tal sentido, el poema "Hundir las uñas apalabradas" es un ejemplo por excelencia de construcción de metáforas a partir de metáforas, con el mérito —o agravante— de haber sido aquéllas acuñadas por el poeta: "Hundir las uñas apalabradas / es el resumen, el cancelamiento / de las mismas puertas y ventanas. / Hay otro origen antiguo en el desgaste / de hundirnos más / en la frunciente y desglosable alegría" (2007, 87). No sólo Pimentel ha logrado aquí metáforas a partir de metáforas propias —lo que Dámaso Alonso llamó "metáforas de segundo grado"—, sino que con la "frunciente y desglosable alegría" remite directamente a "Vida de cambios doblados", la operática tercera parte de *Kenacort*, que se inicia con uno de los poemas más antiguos de Pimentel (¿1964?), sin título específico, el cual arranca con una frase igual al título de la parte mencionada. Estos ecos internos, esta memoria estricta y cambiante que se teje entre los diversos poemarios y entre las distintas metáforas, refuerza la hipótesis de que lo que Pimentel está escribiendo es un solo gran libro: la narración épica y antiépica de —como hubiera querido Ortega— su realidad radical.

Dictatus

En 1974, Pilar Prieto y Jorge Pimentel, casados hacía dos años en Madrid, descendieron de la cubierta del transatlántico *Donizetti* a uno de los muelles del Callao, puerto de Lima, luego de "vagabundear en Madrid (Barrio de Lavapiés), París, Bélgica, Alemania, Holanda y Barcelona" (Pimentel 1997, 17). Atrás quedaban el periplo por las Europas, los trabajos eventuales y la publicación de *Ave soul* en Madrid. Fue el único período en que Pimentel se ausentó del Perú. A su regreso, se gestaba la crisis económica y política que suscitaría el golpe del general Morales Bermúdez contra el general Velasco Alvarado. " '*¿Qué cartas secretas ocultan los militares? ¿por qué no nos dicen la verdad de lo que está sucediendo,' se pregunta por eso el poeta*", escribió Tulio Mora en el prólogo a *Primera muchacha* (Mora 1977, 12; cursiva suya). Con el golpe de Morales Bermúdez se iniciaría el desmantelamiento de la "revolución peruana" que hoy en día, treinta y dos años después, el segundo gobierno de Alan García Pérez intenta concluir revirtiendo a manos privadas las tierras adjudicadas a los campesinos por la reforma agraria (García 2008).

En 1974, se iniciaba el tiempo en que se gestarían *Palomino* y *Tromba de agosto*, libros cuyo carácter horroroso y cuya palabra horrísona se han evidenciado en este trabajo, y asimismo el inédito *Jardín de uñas*, al que Pimentel (Entrevista inédita) ha definido como una prolongación de *Tromba*, es decir, como una superación del remanso de *En el hocico*. La tentación lírica y el optimismo de *Ave soul*, que se incrusta como cuña entre *Kenacort* por un lado y *Palomino* y *Tromba* por otro, sedujo sin atenuantes al chileno Roberto Bolaño y al español Félix Grande. El *inferno* de *Tromba* y de *Palomino* determinaron que el peruano Pablo Guevara, escritor sublimemente influido por Dante Alighieri y la pintura de Hieronymus Bosch y Bruegel el Viejo, y, en el momento de escribir el prólogo —a diferencia de Bolaño y de Grande—, inmerso en la procelosa realidad peruana, colocara en la segunda mitad del siglo XX a Jorge Pimentel como la equivalencia de César Vallejo en la primera mitad.

Refiriéndose a la dinámica de la escritura de *Tromba de agosto* y de su obra en general, Pimentel ha afirmado: "Es como si una voz me dictara lo que escribo" (Entrevista inédita). Según refirió en "Vasos comunicantes", su breve prefacio a *Primera muchacha*, experiencia parecida había sufrido en Madrid, después de su recorrido por Europa: "algo me hablaba, algo me decía que tenía que marcharme a Lima pronto, y al Bar Cordano exactamente. Una voz repetía incesante: "Tienes que estar en el Cordano, pedir un vino, y escribir... ¿Qué? No sé. Hazlo".

¿Qué son y de dónde vienen la voz y las voces que dictan a Pimentel lo que ha de escribir? Pablo Guevara, en su prólogo a *Tromba*, relaciona el ideolecto poético de Pimentel con la oralidad, lo presimbólico y, por tanto, con lo "innombrable" (1992, 23). Guevara establece así un puente entre la codificación pimenteliana y el subconsciente. Luego, al afirmar que Pimentel no es cristiano ni marxista, lo que según él desfiguró seriamente el lenguaje de Vallejo, y que ambos escriben desde la "crueldad de la palabra" (23), Guevara proporciona la última clave para solucionar el enigma de la voz que dicta a Pimentel y que, en el caso de *Primera muchacha*, le ordenaba regresar a Lima, al Bar Cordano, para escribir lo que sólo allí habría de revelársele.

Antes de explicar, gracias al testimonio del poeta, cómo sucedió aquello, conviene arriesgar, con la ayuda de Guevara, una respuesta a la pregunta que formulé líneas arriba. Pimentel no sostiene una relación profunda con las materializaciones políticas del judeocristianismo y el marxismo. A pesar de que la metatextualidad y peritextualidad iniciales habían contagiado su ideolecto poético, la *oikodomé* o edificación de Pimentel se dirigía hacia el centro de su ser en su propia tragedia. En esta evolución que adoptó movimiento de vórtice tridimensional —existencia, texto y metatexto—, lo que oía Pimentel desde el principio era la voz del subconsciente. Era ella la que dictaba lo que había de escribir, y, en el caso sorprendente de *Primera muchacha*, a qué ciudad y a cuál bar debía ir, cruzando un océano, para encontrar el motivo de un libro, que conocería sólo al sentarse a beber una copa de vino en el Cordano, un año después de haber descendido por la escalerilla del *Donizetti*.

La ausencia o atenuación de las ideologías y de las tradiciones poéticas, que funcionan como factores de censura, de imposición y/o de filtro de la percepción y de las versiones escritas del mundo objetivo, permitió a Pimentel reconocer en la voz de su propio subconsciente las voces de múltiples sujetos actuando en dramas semejantes y sufriendo en ellos experiencias parecidas a la suya; y le permitió reconocer como propias las voces del subconsciente colectivo en una franja histórica determinada. La anagnórisis, a su vez, generó la conversión del yo lírico acorde con la trinidad Darío-Vallejo-Neruda, en el *yosotros* (Mora 1998a, 11) pimenteliano y horazeriano. Tal fenómeno propició la identificación del ideolecto poético de Pimentel y de los miembros de Hora Zero con el sociolecto que usaban las clases medias y proletarias emergentes para reflejar, elaborar y transferir la agudización extrema de la miseria. La llegada del código poético de Pimentel a dichos estratos explicaría en parte la semejanza textual y metatextual entre su obra y aquella de Domingo de Ramos y Roxana Crisólogo, poetas ambos surgidos de San Juan de Miraflores, asentamiento humano y distrito de Lima apenas insinuado como posibilidad de expresión poética en 1970. Escuchando su voz interna y las voces de los migrantes, en ese entonces Pimentel se reconoció tanto en sí mismo como en la parábola de aquéllos, que carecieron de vela en el entierro poético de las generaciones anteriores hasta la irrupción del cofundador de Hora Zero en la poesía peruana.

Como hemos visto, antes de publicar *Primera muchacha*, Pimentel había estado escribiendo la narración de la existencia de un individuo y de una nación en medio del derrumbe del campo socialista, de la globalización y de la Guerra Sucia. La crudeza de la crisis lo había llevado a desnacionalizar la poesía peruana, puesto que repudió todo antecedente histórico que no fuera César Vallejo, un escritor esencialmente cosmopolita, y propuso la internacionalización de los postulados de Hora Zero. A la desnacionalización subyacía el sentir, en camino de convertirse en creencia, de que el escritor no podía ya reclamar para sí un pedazo del mundo y del tiempo, de que la historia había escapado definitivamente a su alcance. El "destruir para construir" de Hora Zero devenía entonces el repudio del presente y del pasado vergonzantes del Perú, pero también la renuncia a reclamar para sí el futuro personal como sujeto de una nación, y la renuncia a la posibilidad histórica de la nación peruana. Se trataba de un cambio de paradigma histórico en sentido lato, puesto que abarcaba todas las esferas del quehacer humano. Y la pérdida de identidad o anomia que este proceso implicaba no había hallado, ni ha hallado aún, los elementos necesarios para empezar a construir una nueva identidad que no se defina por negación de lo anterior. En este particular aspecto, la ruptura de Pimentel carece aún de alternativa, y no parece haber ninguna a la vista.

La historia del Perú según Hora Zero, en su proyección más amplia, ha quedado retratada por el *Cementerio general* —recusación de *Canto general* de Pablo Neruda—, libro en el que, mediante la biografía de antihéroes ilustres, Tulio Mora propone una leyenda negra del período republicano. Por su parte, Carmen Ollé, a partir de la intimidad con la que seduce al lector, ha reflexionado tangencialmente sobre el mismo tema, a propósito de una visita al Louvre en la que se funden París y Lima: "y mis partes están irritadas con fluidos verduscos / como tonos impresionistas /. . . / —sótanos y galerías de tesoros robados— / camino, palpo el tubérculo de los recuerdos / mi cuerpo de niña / el silencio rígido / de la pureza / nada entonces puede penetrarme en el miedo / como esta ciudad en la usura" (Ollé 2007).

El lenguaje que alentó a Ramírez Ruiz, Ollé, Mora, Verástegui, entre otros escritores de Hora Zero, a superar las normas poéticas, lingüísticas, psicológicas y culturales al uso fue aquel que Pimentel empezó a fraguar en *Kenacort*, desarrolló en *Palomino*, llevó a su clímax en *Tromba*, aprovechó para carnavalizar el tópico del *senex amator* en *Primera muchacha*, recodificó en *En el hocico de la niebla* tentando con éxito el manejo eximio de la forma a la par que la síntesis de su pensamiento; y, finalmente, es aquel lenguaje que, sintetizando la transgresión y el rigor formal, lo impulsó a escribir de un tirón el inédito *Jardín de uñas*, mientras se reponía de una intoxicación alcohólica en un hospital psiquiátrico de los Andes (Entrevista inédita).

La prestancia poética y filosófica que desde sus primeros libros ostentan Pimentel, Ramírez Ruiz, Verástegui, Mora y Ollé responde a la impostergable rebeldía, a la lectura empecinada de una lista inmensa de diversos autores de diferentes épocas, y a la asunción de la realidad radical y de su entorno como vía, diseño y vocabulario locales para intentar llegar a la universalidad. A Pimentel le corresponde la primera percepción y, al menos en el Perú, la primera expresión, en poesía, del fin de un paradigma estético, socioeconómico y cultural que había tenido vigencia desde el Futurismo de Marinetti y la Revolución Bolchevique. En las expresiones subsecuentes de los individuos de Hora Zero se sustenta la eponimia no sólo de Pimentel sino también la de ellos y la del colectivo mismo.

Tulio Mora, en "La identidad del amor", prólogo a *Primera muchacha*, afirmó que la precoz madurez de Pimentel y de los poetas del movimiento se debió en parte a la ultraviolencia y a la miseria extrema del medio peruano, que

> impulsó a los poetas horazerianos no a practicar el lenguaje de las elusiones, sino a buscar aun en los actos más triviales una profundidad poética que no tiene tiempo. Se trata. . . de una inversión de la coartada: no es que el amor o la muerte, como temas, sean inmortales; es que el amor siempre será inmortal cuando se nutre de autenticidad, ese concepto tan venido a menos en nuestra poesía (y también en los demás escenarios en

que nos desenvolvemos los peruanos) desde que el afán tecnicista quiere justificarlo todo, hasta una escritura mezquina y cobarde. (Pimentel 1997, 12)

La agresividad del medio determinó la maduración temprana de Pimentel y de los escritores de Hora Zero —en su mayoría integrantes de la clase media baja—, ya que ingresaron a un mercado laboral en perpetua crisis antes de cumplir los veinte años, es decir, a una edad a la que, por lo general, los jóvenes limeños de clase media-media y alta todavía se dedicaban exclusivamente a los estudios. Fue por ello que, al frisar los treinta años, Pimentel se sintió lo suficientemente viejo para iniciar la escritura de *Primera muchacha*, libro que serviría de preludio a la aparente retirada de *En el hocico*.

Senex amator

El tópico del *senex amator* —amante viejo— se remonta al teatro de Plauto y de Terencio en tiempos romanos. En el repertorio de textos dramáticos medievales de Castilla, destacan el *Diálogo entre el viejo, el amor y la mujer hermosa*, de autor desconocido, y el *Diálogo entre el Amor y un viejo* de Rodrigo de Cota. Aquél parece haber tomado éste como modelo. La pieza de Rodrigo de Cota se desarrolla en un paraje rural, donde se encuentran la cabaña de Sénex y la residencia derruida de Placer. La obra anónima traslada la acción a la ciudad, donde se halla la casa del Viejo a cuya puerta llama Amor. En ambos casos se trata de un debate entre Sénex y Amor. La pieza anónima, según Miguel Ángel Pérez Priego, su más reciente editor, "pertenece al género carnavalesco del *charivari* (celebraciones con motivo del casamiento de viejos con mujeres jóvenes o de segundas nupcias" (Pérez Priego, 117). Pimentel, carnavalescamente, vuelve a invertir el elemento ya carnavalesco de las piezas medievales: el Sénex de *Primera muchacha*, a diferencia de sus antecedentes castellanos, derrota a Amor mediante el soliloquio, es decir, mediante el uso de la palabra. En *Primera muchacha*, si se quiere, es el viejo quien conquista y ostenta el poder mediante la palabra.

En 1974, poco después de su regreso a Lima, Pimentel no se sentó a una mesa del Bar Cordano a beber una copa de vino y escribir el libro que le había ordenado escribir su voz interna en Madrid, sino que empezó a trabajar en el Instituto Nacional de Cultura del Perú (INC), escribiendo los guiones para la producción de una serie de documentales audiovisuales sobre poetas peruanos, que se iniciaría con la obra de Wáshington Delgado. Pablo Guevara, por entonces funcionario del INC, le había dado el trabajo. Lo cierto es que, debido a causas inexplicables mas no inverosímiles, el cofundador de Hora Zero escribió guiones durante casi un año sin cobrar un penique.

Al cabo de ese tiempo, Marta Hildebrandt, directora del INC, le ordenó que trajera a su despacho los guiones que había producido, le pidió que se los entregara y rindiera un informe oral sobre su trabajo, anunció que el proyecto se había desactivado, y le dijo que pasara por la ventanilla de Tesorería para cobrar los emolumentos devengados. Mientras Pimentel, de pie ante la doctora Hildebrandt, le mostraba los guiones, un dramaturgo que trabajaba en el INC —cuyo nombre el poeta ha pedido reservar—, situado también de pie detrás de la directora, que estaba sentada a su escritorio, apuntaba a Pimentel con la mano en forma de pistola y le disparaba con ella imitando con la boca el sonido de las balas (Entrevista inédita). Puesto que el dramaturgo es coevo del poeta Antonio Cisneros, contra quien, cuatro años antes, se habían dirigido los fuegos de Hora Zero, cabe la posibilidad de que la ejecución simbólica del autor de *Tromba* realizada por el hombre de teatro fuera una réplica vengativa de la ejecución de Pimentel que, por indicación suya, llevó a cabo un amigo de Hora Zero, con una pistola de fogueo, para dar dramatismo al final del mano a mano poético que sostuvo con Antonio Cisneros en 1972.

Pimentel entregó una parte del dinero cobrado en el INC a Pilar Prieto, su esposa, y con lo que restaba se propuso obedecer a la voz que le había ordenado escribir un libro cuyo tema ignoraba. Al día siguiente, contando los treinta años que había cumplido hacía poco —una edad que en la década de 1970 se equiparaba con el inicio de la muerte en vida—, el poeta fue a sentarse a la mesa señalada por la imaginación. Debido a lo ocurrido en el INC el día anterior, se sentía hondamente deprimido e irremediablemente anciano. Teniendo el lápiz, el borrador y las hojas de papel sobre la mesa —los instrumentos con que ha escrito todos sus libros—, sin que nada le viniera a la mente, levantó los ojos. Sentada a la mesa vecina, había una joven de belleza descomunal. El poeta se enamoró de ella a primera vista. La contempló discretamente todo el tiempo que permaneció sola a su mesa, y, sin haberse atrevido a dirigirle la palabra, la vio irse para siempre. Fue en ese instante que se inició *Primera muchacha* (Entrevista inédita).

Pimentel ha incidido en el hecho de que para escribir necesita dinero y un lugar especial. En el caso de *Palomino* fue un bar de Chosica. En el caso de *Primera muchacha*, el Bar Cordano se convirtió en *scriptorium* por la mañana, refectorio a la hora de almuerzo, y por la tarde en lugar de reunión de poetas y escritores, a quienes Pimentel citaba usando el teléfono de alquiler del establecimiento. El inédito *Jardín de uñas*, que incluye poemas sobre drogadictos y dementes, lo escribió durante su internamiento en un hospital psiquiátrico (Entrevista inédita). A diferencia de *Tromba*, libro que escribió caminando, y aunque el tema del monólogo del *senex amator* motivado por la joven ausente era esencialmente triste, Pimentel escribió *Primera muchacha* a su mesa del Bar Cordano, en medio de un ambiente de jolgorio y comedida bohemia (Entrevista inédita).

Tulio Mora ha definido *Primera muchacha* como

> un poema de amor no sólo por lo que toca al tema que le da origen: un hombre viejo, sentado en un café, contempla a una hermosa muchacha que ya no amará, y esta terrible certeza desata en él una aluvional confesión de amor... es también la lucha de dos tiempos: del que nos sofoca con su criminalidad impune, en una pesadilla perpetuamente presente, y de la utopía futurible, que está frente a lo viejo, en la otra mesa del café, o en la otra orilla del río heraclitiano, verosímilmente bella... El amor como la fuente que lava culpas y deshonras, como una redención, y no el amor del goce erótico, es lo que otorga a *Primera muchacha* un valor agregado de lucha patética frente a lo humano caducible, que agita las manos con evidente debilidad pero negándose a la resignación frente al tiempo y a la muerte. (Pimentel 1997, 13)

La pugna entre dos temporalidades que ve Mora en *Primera muchacha* es un ejercicio de contextualización. En su único libro de amor, Pimentel canta al ser de la joven de la otra mesa pero canta asimismo a un ente indeterminado que lo incluye y nos incluye: "Repleto de seres que no pudieron justificar nada así entré a este café llovido de señales y marcas horribles que dejaste en mi cuerpo en nuestra comunión sin un principio sin un fin mutilado a instancias tuyas" (Pimentel 1997, 21). El ente indeterminado —poeta, muchacha, nosotros— se desenvuelve en el caos temporal, espacial y corporal que Mora caracteriza como la "pesadilla perpetuamente presente" de la "criminalidad impune" tanto de la ultraviolencia cotidiana como de los crímenes perpetrados por el Estado.

Las culpas y deshonras son los vasos comunicantes entre *Primera muchacha* y *En el hocico de la niebla*, y uno de los *Leitmotivs* de toda la obra de Pimentel. Aunque estoy de acuerdo con Mora en que en aquel poemario el autor procura lavar con el amor sus remordimientos y las afrentas recibidas, debo añadir que el resultado es un fracaso intencional: "tengo miedo no sé ya en qué creer dudo de lo que se me muestra para extasiarme lavar mi conciencia" (Pimentel 1997, 43). La culpa inexpiable de ser poeta constituye una de las constantes más significativas de todos los poemarios de Pimentel —atenuada en *Ave soul*. Y es justamente esa mancilla la que establece una comunicación directa entre *Primera muchacha* y *En el hocico de la niebla*, su penúltima entrega. Esta comunicación se puede entender mejor si se tiene en cuenta "El día detenido", prólogo a *En el hocico de la niebla* escrito por Sebastián Pimentel, y se le relaciona con prólogo de Tulio Mora a *Primera muchacha*. Sostiene Sebastián Pimentel que el asunto de *En el hocico* es

> sobrevivir, traspasar, soportar un día. El mismo día con los relumbres de un sol de mediodía, o con el resplandor de una luna de medianoche. Pero, ¿día o noche?, ¿qué luz y qué oscuridad se ven desde la niebla?, ¿qué paisajes atraviesa o habita el poeta? La imposibilidad de distinguir con claridad los contornos de las cosas, esa visión neblinosa, es la expresión de un clima cósmico y existencial" (Pimentel [Sebastián] 2007, 9).

La duda del prologuista de *En el hocico* se corrobora en el poema "Brillaba el día, no brillaba", con el que principia el libro: "Descorro el resplandor preguntándome / brillaba el día, no brillaba. / Todos éramos su máscara, / inconmoviblemente infelices. /. . . / Quería este día y no era brillante. / Sumiso, congelado, no era urgente. /. . . Era lo único que me amaba / segregando lo inútil, el vacío" (Pimentel 2007, 15). Tulio Mora percibe esta ambivalencia en *Primera muchacha* como una doble espacialidad, donde lo urbano es el "espacio que se define por el anonimato y la carencia, ingurgitando, omnívoro, los pocos (y pedestres) sueños de sus habitantes sufridores", mientras que "lo incorruptible define el espacio rural" (Mora 1997, 13). El prologuista de *Primera muchacha*, pues, cree haber encontrado los espacios que se disputan el poema. Por el contrario, el prologuista de *En el hocico* deja suspensas las preguntas sobre la espacialidad del libro, porque sencillamente no encuentra espacios, tiempos ni personajes definidos a los cuales atenerse, y prefiere interpretar como "clima cósmico y existencial" la indeterminación y combinación de planos, tiempos simultáneos y entrecruzados, y personajes —incluido el poeta— cuyas voces jamás son sólo individuales sino que se intersectan constantemente con las del coro social.

Tulio Mora y Sebastián Pimentel han percibido un factor esencial en la poesía del autor de *Tromba*: su carácter sincrónico, atemporal, y la carencia de espacialidades fijas. Si hay algo que no abunda en *Primera muchacha* y en *En el hocico* son los argumentos con principio, medio y fin —todo aristotélico—, y los espacios definidos. La temporalidad y espacialidad obedecen a una lógica onírica. Ésta se rige por el principio de la libre asociación de los hechos cotidianos reprocesados durante el diario soñar despierto a que Pimentel se somete voluntariamente para que se desate el logos "aluvional" a que se refiere Mora (1997, 13) en el prólogo a *Primera muchacha*. El poeta no da razón de las cosas ni de los referentes sino que los confunde y entrevera en el acto sincrónico de la escritura, donde el tiempo es el eterno fluir del presente, y la sintaxis la "lógica rigurosa del delirio" dentro un ámbito que no es verdadero ni inocente (Foucault 2006, 513-514). Al percibir el delirio de Pimentel, tanto su hijo como Tulio Mora rozan el asunto al que Pablo Guevara se refirió en su prólogo a *Tromba*: la anormalidad explícita en los textos de Pimentel, el discurso del "madman... completely free, and completely excluded from freedom... [and] infused with guilt" (Foucault, 515), dirigiéndose hacia su propia verdad que, en una situación distópica por antonomasia, como la peruana de finales del siglo XX y principios del XXI, dejaba de ser una verdad individual para convertirse en un padecimiento social, en una psicopatología de masas con un delirante lenguaje compartido.

En su *History of Madness*, al describir el resurgimiento del discurso del orate ocurrido en el siglo XIX, Foucault ensaya una descripción que se aplica a *Primera muchacha*, a *En el hocico* y a toda la obra poética de Pimentel:

> Thus, in the discourse common to delirium and dreams, the possibility of a lyricism of desire and the possibility of a poetry of the world are bound together; as madness and dreams are both the moment of extreme subjectivity and the moment of ironic objectivity, there is no contradiction; the poetry of the heart, in the final, exasperated solitude of its lyricism... finds itself to be the original song of things; and the world, so long silent in the face of the tumults of the heart, finds itself once more: "I question the stars and they fall silent; I address the day and the night but they do not reply. From the depths of myself, when I interrogate myself, there come strange, inexplicable dreams". (Foucault 2006, 517)

La cita con que Foucault ilustra la descripción de la poeticidad de la locura es extraída de *Hyperion*, novela epistolar de Hölderlin. Casualmente, el único epígrafe de *En el hocico* pertenece también a Hölderlin: *Pero tú has nacido para un día límpido* (Pimentel 2007). El delirio es el modo de expresión de la extrema subjetividad y de la irónica objetividad que señala Foucault como componentes de la locura, es el grado paroxístico del estilo que propone Cohen, y es también el *parallelismus membrorum* —en cuanto repetición placentera y dolorosamente obsesiva— que Jakobson concibe como tropo de tropos. Así, en el poema "En esta piel hay algo que no dice" de *En el hocico*, se dan los tres factores mencionados: "Y es otra piel que no posee cumbres ni existe / como la ciudad a donde nunca fuimos. / En otra piel se dan las circunstancias / de un delirio azul que habla al viento" (Pimentel 2007, 16). De modo semejante, aunque más paroxísticamente, aparecen los tres factores en *Primera muchacha*:

> así fue como penetré a este café descalzo repetido celebrando misas en días de cuya belleza me hice responsable cuidando que nadie osara interrumpir el invierno de tu lechada gris por cuya piedad dejé me mordiesen avestruces de gran tamaño y que las morsas hundieran sus inmensos colmillos en mis ojos así entré a este café. . . en el que creí intuir un chispazo de genialidad tratando de levantar hasta donde puedo este oficio más violento que tu aparición" (Pimentel 1997, 1)

Desde el punto de vista de la recepción del mensaje, son auténticas las antinomias —luz/oscuridad, rural/urbano, viejo/joven, nacional/individual— que descubren Tulio Mora y Sebastián Pimentel en *Primera muchacha*, y son auténticas las dudas que asaltan a éste último respecto a la racionalidad de *En el hocico*. Pero si se indaga en la emisión del mensaje, las antinomias resultan insuficientes. Al relacionar la poesía de Pimentel con la de Artaud y Jarry, Guevara es el intérprete que más profundamente caló en el simbolismo de su obra. Pero aun así, desde la perspectiva de la emisión del mensaje, las reflexiones de Guevara resultan también insuficientes puesto que no tocan directamente el tema de la locura de la persona poética de Pimentel, que jamás es una. En palabras de Foucault, este (des)doblamiento puede contribuir a explicar la vileza y la luminosidad del discurso de *Primera muchacha*, de *En el hocico*, de los libros anteriores y del inédito *Jardín de uñas*:

> Madness. . . reveals an inner world of bad instincts, perversity, suffering and violence, which until then had lain sleeping. It reveals a depth that gives the freedom of man its full meaning, and this depth revealed by madness is wickedness in its wild state. 'Evil is always latent in the heart, because the heart as immediate is natural and selfish. It is the evil genius of man

that gains the upper hand in insanity.' Heinroth said something similar when he stated that madness was *das Böse überhaupt* — 'mostly evil'. (Foucault 2006, 520).

Las fuerzas y formas malsanas que predominan en *Palomino, Tromba* y *Primera muchacha* anulan las fuerzas positivas que Pimentel trató de imponer a su poesía en algunos sectores de *Ave soul* y de *En el hocico*. La malignidad demencial invadió *Primera muchacha*, supuestamente un libro de amor, e invadió *En el hocico*, que aparentemente es una reflexión sobre la vida retirada, pacífica y satisfecha de sí misma. Esta reinterpretación de la obra de Pimentel, sugerida en el prólogo de Guevara, y concordante con las observaciones de Foucault sobre la locura, permite entender el sustrato profundo de la rebelión del cofundador de Hora Zero y de su eponimia. Se trata de la asunción, mediante el lenguaje delirante, de la sevicia como partera de la historia y de la poesía; se trata, a fin de cuentas, de la bancarrota de todas las ramas de la ética y del reflejo de esta bancarrota en la poesía, como marca de una época.

La sevicia se manifiesta de manera soberbia en múltiples pasajes de *Primera muchacha*: "seres gordos exuberantes dando órdenes descifrando enigmas seres jactándose de la ciudad apremiándome con respuestas hoscas obligándome a que mate un chancho que asesine una mariposa que pervierta la flor la planta que escupa al cielo que patee la tarde que me encame con un trozo de pan que masturbe mis cigarrillos" (23). Y la crueldad se manifiesta también en los versos aparentemente serenos de *En el hocico*: "Sólo con el sol me muevo. / Dentro de él caben mis súplicas. / Afuera sólo hay indicios / de escurridos labios atormentados. Pero solos, solos, angustiosamente oscuros, solos" (18). En el Pimentel de *Primera muchacha* y de *En el hocico* no existe siquiera la concesión nitzscheana de ciertos elementos de bondad en el furor del mal: "Sólo una espesa mentira. / De esa posibilidad hablo / restregando ambas manos: / las tuyas, las mías, en un infinito ámbito desalentado / y siempre posible" (2007, 19). El poeta ha renunciado al ejercicio de la indignación moral, definiéndola como: "la posibilidad de apostar a un abismo" (38). Es el despeñadero de la época, desprovista de un sistema de creencias positivas, y es la cárcel específica del espíritu de las clases medias definitivamente proletarizadas, como se hace patente en la refundición de *Palomino* —"verso liso y pálido" (Pimentel 1983, 15)— que se encuentran en *Primera muchacha*, un libro cuyos temas subyacentes son el odio, el desamor y el desprecio de la poesía:

> permaneciendo toda la vida anónimo toda la vida redactando certificados toda la vida haciendo recibos de agua de alquilinato de alimentos toda la vida entre cifras datos nombres discursos propalando matanzas con un material abundante de hechos situaciones trasmitidas exprofesamente para que te odie muchacha destinataria iluminada para que continúe despedazándome. . . llamamientos del *verso liso y pálido* de otros desechos bañados en sangre (Pimentel 1997, 24; cursiva mía)

La prevalencia del desamor y del odio en el alma del *senex amator* no encuentra justicia poética en la solución dramática de sus conflictos; la encuentra más bien en el hallazgo del símil contrastante que, al rematar el fragmento citado supra, desdice, en su íntima fragilidad, el peso terrible del predicado anterior: "campeón de las grandes cagadas. . . indefenso como un pedazo de algodón ante el arco iris" (Pimentel 1997, 24). El hallazgo ha sido el producto del trabajoso discurrir del *senex amator* por sus paraísos, infiernos y laberintos espirituales, así como lo son, emanados de distintos narradores, el "aputamadramiento" de *Tromba*, el "pesa ser fácil" de *En el hocico* (39), el "Prevalezco en lo imposible" de *Kenacort* (26), y la escritura y la existencia que se transforman en "opuestos angustiosos en el discurso plano" del inédito *Jardín de uñas* (2008). Aunque, como he dicho, los temas subyacentes de *Primera muchacha* son el odio, el desamor y el desprecio de la poesía, la cumbre de uno de sus momentos paroxísticos es la consecuencia de la metáfora, el símil y el apotegma.

Foucault conjetura que en el caso de que la locura desapareciera como enfermedad gracias al progreso de la medicina, subsistiría "the relationship between man and his phantasies, his impossible, his non-corporeal pain, his carcass of night; that once the pathological is nullified, the obscure belonging of man to madness will be the ageless memory of an ill whose form as sickness has been effaced, but which lives on obstinately as unhappiness" (2006, 542). La sociopatía de los textos de Pimentel ha de hallarse en la creación de los personajes que los pueblan, los cuales son producto de la observación metódica de la realidad radical propia y ajena. Y es justamente en este punto donde la trayectoria poética de Pimentel no cuadra plenamente con la teoría de la eponimia en las generaciones decisivas de Ortega y Gasset.

Si bien el arrepentimiento y el ensimismamiento —*metanoia*— de Pimentel van en aumento desde *Palomino*, pasando por *Tromba* hasta llegar a

Primera muchacha, a *En el hocico* y al inédito *Jardín de uñas* —libros en que la cancelación de la esperanza y el derrumbe de la ética parecen trascender los máximos límites impuestos, entre otros, por Nietzsche, Jarry y Artaud—, el análisis cuidadoso revela ciertas claves que anuncian la reversión del proceso que parecía conducir al fondo del abismo. A diferencia de *Primera muchacha*, *Tromba* y *Palomino*, *En el hocico* revela cierto renacimiento de la esperanza y de los arrestos vitalistas de *Kenacort*, sustentados en la exculpación del poeta cuya obra se ha nutrido de la culpa: "Si duermes en la noche / no la estropees. / Nadie te devolverá el latido / del incienso que la coronó. / Sosiégate sin vergüenza. / Eres inocente" (89). La liberación momentánea de la culpa no ha mermado, sin embargo, la sensación de la derrota colectiva: "Detenido en el desconcierto / asumo el áulico aullido de las derrotas" (93). Este segundo verso contiene una de las adjetivaciones más perfectas de Jorge Pimentel, en cuanto señala, con eufonía pertinente, el destino que puede esperar, o al que puede aspirar, un escritor rupturista al renegar en público de sus postulados iniciales, usufructuando individualmente de la derrota del colectivo. Este tema, de gran trascendencia para el cambio de paradigma de Pimentel, se refuerza con la plena conciencia de la crematística de la transformación: "El lobo busca su natural religiosidad / contra la muerte. / Llueve la vida con asombro. / Llueve en los tapices de la carne. / Llueve en los esperpénticos vueltos / enmascarando territorios de súplicas. / Hay humo. / Hay miedo. / Y las palabras explotan fastidiadas" (93). Lo que parecía *metanoia*, arrepentimiento, un replegarse agustiniano sobre sí y sobre la culpa, empieza a mostrar bríos que no aparecían desde *Ave soul*: "Ven a mi boca / a la reunión de los espacios / al rescate de lo que nos abrace. / Existo sin poder mostrar el desánimo" (95). Atrás parecen quedar los *Leitmotiv* del odio a sí mismo, el desprecio acendrado hacia la condición de poeta y el temor al absurdo, resumidos en uno de los paroxismos de *Primera muchacha*:

> y mientras todos duermen yo beso las puertas hasta que amanece en el oficio del hombre solo o sólo queda mi vida o lo que quedó de mi vida que en el fondo estupideces que en el fondo imbecilidades que en el fondo es un poema que en el fondo no cuenta para nada argumentos que me repugnan sobre recuerdos de antepasados sobre el posible ridículo y el posible pedazo de carne y los posibles polvos y si usted quiere eructe y yo le aplaudo o se trata de eructar y ser aplaudido en el fondo es eso creo para usted no cuenta nada que yo ame (Pimentel 2007, 45)

Luego de cuarenta años de poetizar desconfiando de la poesía y huyendo de la belleza, Pimentel las encuentra en la consecución de la verdad, maltratada y despreciada por él mismo y por la época. Imprevista en la teoría de Ortega y Gasset, la superación de la *metanoia* se hace efectiva justamente en la madurez de un poeta que ha recorrido el fondo de casi todos los abismos vitales y textuales, tal como lo muestra en "Susurro" de *En el hocico*: "Ocurre que late el destello que esparce sonidos / de hojarasca / en hojarasca" (96). El periplo está a punto de completarse no sin haber causado estragos, pero, acaso por primera vez en la obra de Pimentel, el poema "Piedra sorda" trae una brisa de triunfo histórico: "El ruido monocorde de apremios / levanta ese lago de carne y de sol / que es mi silencio y el agua que nos deshizo / mirando la verdad" (99). El poeta ha sabido pagar con la vida lo que se propuso ser hace cuatro décadas cuando, prohibido por su padre de seguir lidiando en las plazas de toros (Entrevista inédita), reemplazó la verdad de la fiesta de sangre por la verdad conseguida a través de la existencia, el pensamiento y la palabra, no menos sangrientos que la tauromaquia.

En el hocico de la niebla es, pues, la negación dialéctica de la pesadumbre inicial de *Primera muchacha*. Digo inicial porque hacia el final de este poemario Senex, recarnavalizando la tradición del tópico castellano y latino, consuma el deseo, y, al hacerlo, anuncia el advenimiento de la nueva y ¿última? ruptura de un fundador de rupturas: "qué río de espumas puede decir que te conoció mejor que mis sábanas muchacha desoye los llamados a la guerra de la destrucción del mundo escúchame tú me entendiste no han sido en vano tus esfuerzos" (Pimentel 1997, 51). Se ha consumado el amor entre Senex y la joven, y ésta, que es *poiesis*, se encarna de nuevo en el andrógino creado en *Kenacort*.

La relación dialéctica entre *Primera muchacha* y *En el hocico* se hace aún más evidente en el poema "Abrázame corazón", constituido por un solitario heptasílabo: "La poesía avanza". Con este verso Pimentel ha vuelto al cauce vitalista de 1970, con pleno dominio del oficio. Quizá por eso mismo en *En el hocico*, por primera vez, sin mostrarse converso, reconoce la persistencia de lo escatológico en lo improbable: "Alondra, jamás dejes de hablar de lo divino. / Porque sé de tus rezos confundida en un bosque de besos. / Siéntete remando hacia tus ojos inocentes / que he detenido entre mis manos el mar y no tu corazón" (101).

La segunda y última parte de *En el hocico* consta de un solo poema, "Memoria de una estrella acurrucada en una col", que sirve de coda al libro y a la existencia poética del autor hasta aquel momento. El epígrafe de Camus, *¿Qué hacer si no tengo memoria más que para una sola imagen?*, alude a la experiencia traumática y por lo tanto recurrente de la familia destrozada que Pimentel había descrito en "Material para ser tomado en cuenta" de *Kenacort* (90-93). En este caso, la prevalencia en lo imposible sirve para desdoblar la *vida de cambios doblados* y, suspendiendo las faltas del padre y la victimización de la madre y del hijo, urdir, quizá por única vez, la tierna perfección del hogar que no se halló en la realidad sino en poesía:

>Lentos los primeros pasos, lentos y sosegados
>   en el crepuscular camino
>hacia el primer encuentro con el juguete
>   pascual que mamá había prometido.
>
>Me vistió como un marinerito y colocó sobre mi cabeza
>   una gorra azul, rompió el chanchito con un martillo
>y rodaron las monedas que mi padre me regaló
>   por el diente de leche más una libra
>..
>Lentos los pimeros pasos, lentos y sosegados.
>Y apurando el paso, mamá me llevaba hacia la tienda
>   de regalos. (Pimentel 2007, 113)

En el hocico de la niebla, antecedido por el triunfo de Sénex en *Primera muchacha*, cierra un ciclo en la obra poética de Pimentel. Un ciclo que se inició con el asesinato ritual de tradición poética anterior y con la fundación de Hora Zero; siguió con la turbamulta de poemas y actos de escritura performativos de *Kenacort*, libro que representó en el Perú el optimismo y el vitalismo condenados al fracaso; continuó con la tentación lírica de *Ave soul*, poemario celebrado por Félix Grande y Roberto Bolaño; descendió a los infiernos del desempleo, de la derrota personal y de bohemia extrema en *Palomino*; codificó el lenguaje ultraviolento de la década de 1980 en *Tromba de agosto*, libro en el que Pablo Guevara reconoció a un poeta comparable a César Vallejo; invirtió el tópico del *senex amator* en *Primera muchacha*, poemario que por primera vez desde *Ave soul* dejó entrever ciertos rebrotes de vitalismo; y, por fin, en el optimismo y en el orden aparentes de *En el hocico de la niebla*, socavados por un sordo rumor de insatisfacción, anunció la alta poesía y renovado dislocamiento del inédito *Jardín de uñas*.

Partiendo de la disidencia del campo socialista latinoamericano de las décadas de 1960 y 1970, basado en su experiencia directa de los movimientos populares y su apasionado caminar por el mundo, y nutriéndose de sus caídas en los abismos de la psique y de sus ascensos a las cumbres de la racionalidad poética y filosófica, Pimentel ha configurado con su escritura el disparadero del ser humano contemporáneo, producto de un cambio de paradigma universal que detectó a partir de la experiencia local. Y ha logrado establecer tal configuración transgrediendo lo que Foucault, en *History of Madness* (2006, 545) llama censuras o prohibiciones en el lenguaje (prohibitions in language)— que, según él, deberían ser estudiadas como un campo independiente.

Foucault propone cuatro subdivisiones analíticas para dicho estudio. La primera, situada en la frontera entre el tabú y la imposibilidad, debería investigar las leyes que gobiernan el código lingüístico, las normas que determinan lo que se conoce como faltas o errores del lenguaje (language faults). A lo largo de este trabajo, he relevado el hecho de que el estilo poético de Pimentel y de Hora Zero se fundó asumiendo las faltas o errores del lenguaje como fundamento de la transformación del canon poético anterior, que se distinguía por su apego a la norma culta. Pimentel convirtió oraciones anacolutas, faltas de ortografía, cacofonías, redundancias, barbarismos y otros vicios del lenguaje oral y escrito en virtudes del código poético. Esta apertura al error y a la falta ha sido asumido por varios de los más representativos poetas de las promociones que siguieron al movimiento Hora Zero, inclusive los considerados novísimos.

La segunda subdivisión analítica, según Foucault, tendría como objeto de estudio, dentro del código lingüístico-poético y entre las palabras o expresiones existentes, aquellas cuya articulación está prohibida o censurada. Entre éstas se encuentran series de palabras o expresiones blasfemas en los campos religioso, sexual y mágico. El análisis del corpus de la poesía de Pimentel sugiere la necesidad de añadir a esta lista elaborada por Foucault las esferas de la economía política, de la *parole* y de la *langue* —tal como las definió Saussure— y de la escritura, entendidas como instrumentos de dominación y de liberación y, por lo tanto, como factores de la evolución de los códigos poético y lingüístico. La incorporación sistemática realizada por Pimentel de las variables mencionadas —a las que conviene agregar la de clase social— ha implicado la apertura del inconsciente individual y colectivo para la indagación poética y, por lo tanto, ha significado una ampliación sustantiva del alcance gnoseológico y epistemológico de la poesía peruana, convirtiéndola en un medio relativamente autónomo de relación con el mundo objetivo, psicológico y espiritual, capaz de impugnar y contestar a los ideologemas de cualquier signo.

Foucault señala como tercera prohibición en el lenguaje las expresiones o proposiciones que son autorizadas por el código, lícitas en los actos de habla, pero cuyo significado resulta intolerable para la cultura en cuestión en determinado momento. Aquí, un desvío metafórico ya no es posible, porque el objeto de censura es el significado mismo. Si, pensando en la poesía de Pimentel como un todo orgánico, se aíslan de ella los más elevados valores y los más avanzados derechos —inclusive el de aspirar a la felicidad viviendo sin temor en un medio ambiente limpio—, y, una vez aislados, se les contrasta con su vigencia en la formación social peruana —y por extensión en las formaciones sociales del Tercer Mundo y aun en las del mundo desarrollado—, se concluye que todos estos valores y derechos son, en mayor o menor medida, o directamente censurados o considerados inoportunos coyunturalmente. Ejemplos de ello son la tendencia a la monopolización de los medios de comunicación tradicionales a escala planetaria y la consecuente uniformización de la información; la dominancia a escala planetaria de una sola ideología, presentada como la única posible, es decir, la existencia, luego del colapso del totalitarismo socialista, de un neototalitarismo sustentado en la superstición del crecimiento infinito de las fuerzas productivas en un planeta cuyos recursos son finitos; y, *last but not least*, la determinante influencia del complejo industrial-militar en el destino de las naciones y de los individuos en el marco del calentamiento global, durante el cual la supervivencia dependerá en gran medida de la riqueza personal y nacional, de la sociedad de clases contra la que insurgió Pimentel hace treinta y ocho años.

La cuarta forma de lenguaje excluido consiste en remitir el habla que aparentemente es admitida en el código reconocido a un código diferente, cuya clave está contenida dentro de ese acto de habla, de manera que el habla se duplica dentro de sí misma; dice lo que dice, pero añade un excedente (surplus) mudo que silenciosamente afirma lo que dice y el código de acuerdo con el cual es dicho. Esto no es un asunto de lenguaje codificado, sino de lenguaje intrínsicamente esotérico. Lo que equivale a decir que ese lenguaje, mientras lo esconde, no comunica un significado prohibido; sino que más bien se postula a sí mismo desde el primer instante como un doblez esencial del habla. Un doblez que mina al habla desde dentro, quizá *ad infinitum*. Lo que se dice en tal lenguaje es de poca importancia, tanto como son de poca importancia los significados que son transmitidos en ese mismo lenguaje. Es esta oscura y central liberación del habla en el corazón de sí misma, su vuelo incontrolable a una región que siempre es oscura, lo que ninguna cultura puede aceptar inmediatamente. Semejante habla es transgresiva, no en su significado ni en su materia verbal, sino en su juego (play). Esta cuarta forma de prohibición formulada por Foucault coincide con los hallazgos de Pimentel en el campo más abstracto de la expresión poética, que él mismo considera como una fusión dialéctica de la *parole* y la *langue*, donde el habla se libera mediante un doblez de sí misma sin comunicar nada aparte del puro juego entre sus elementos. Esta zona "esotérica" del lenguaje, emanada del habla y de su sistematización (langue), es donde la inteligencia lúdica de Pimentel libera el acto de escritura de la rigidez de la *langue* reduciendo la distancia que lo separa del acto de habla, individual por definición.

Desde el punto de vista psicoanalítico y lingüístico, la ruptura de Pimentel se da en la constante aparición en su lenguaje de expresiones que atentan contra su lenguaje, contra el habla y la lengua. "Áulico aullido de la derrota", "vida de cambios doblados", "palabras apalabradas", "posibilidad de apostar a un abismo", "eructe y yo le aplaudo" y "prevalezco en lo imposible" constituyen algunas manifestaciones de transgresión de lo que Foucault concibe como la cuarta forma de censura. Aparentemente pertenecientes a un indefinible campo esotérico y hermenéutico, a esa zona tenebrosa que ninguna cultura aceptará jamás plenamente, porque en esa zona el poder desaparece como factor de dominación y se instaura la libertad del caos indeterminado en términos humanos, las expresiones de Pimentel, aunque valederas en sí mismas por su propio juego y sólo parcialmente vacías de significado merced a su cercanía a las esferas de lo referencial y de lo objetivo, apuntan a la irracionalidad que subyace al acto de comunicación. Y lo hacen habiendo transgredido las cuatro formas de censura o prohibición del lenguaje, vale decir, ofreciendo al lector y al escritor las claves a la vez más abstractas y más concretas de su constante rebeldía.

La evolución en forma de vórtice tridimensional de la poesía de Pimentel habría coincidido plenamente con la teoría de Ortega y Gasset si se hubiera detenido en *En el hocico de la niebla*, cuyos textos ofrecen una serena conclusión poética y filosófica al arrepentimiento y repliegue sobre sí mismo de sus tormentosos y torturados libros anteriores. Si así hubiera sucedido, se habría producido la primera ruptura en 1970, que albergaba el germen de una ruptura consigo misma, o sea de la segunda ruptura que se insinuó en *Ave soul*, se agravó en *Palomino* y llegó al paroxismo en *Tromba*, atenuado por la victoria parcial del *senex amator* de *Primera muchacha*; y la tercera y final ruptura se habría textualizado en la altura estilística y serenidad filosófica de *En el hocico de la niebla*, digna oda a la vida retirada de un poeta que había arriesgado y dicho casi todo lo que podía arriesgar y decir respecto al cambio de paradigma global y al sujeto aterrorizado en la fragmentación y la soledad producidas por tal cambio. Sin embargo, la última entrega de Pimentel constituye una cuarta ruptura, coincidente esta vez con la quiebra del modelo neoliberal universal, que alienta el resurgimiento de colectivos sociales, artísticos, científicos y morales cuya principal preocupación no es ya la consecución de la utopía sino la supervivencia de la especie humana, la sostenibilidad del planeta, gracias, entre otras cosas, al reconocimiento de la sinrazón de la demencia como factor de grandísima importancia en la marcha y gobierno de los asuntos humanos. Imprevisible en 1970, la cuarta ruptura de Pimentel, ocurrida a partir de *En el hocico de la niebla*, es producto del mismo ejercicio de la libertad existencial de un pensador, permanentemente insatisfecho con la palabra y con el entorno, que se deja llevar voluntariamente hacia el peligro de la renovada fuerza del vórtice.

CAPÍTULO X

CONCLUSIONES

El objetivo de este trabajo ha sido el de analizar la obra publicada del poeta peruano Jorge Pimentel, en relación con el movimiento literario Hora Zero y con su época. Jorge Pimentel y el poeta Juan Ramírez Ruiz fundaron Hora Zero en la ciudad de Lima, capital del Perú, en 1970. Siendo la poesía de Pimentel y Hora Zero factores de ruptura con la tradición poética peruana y latinoamericana anterior, resultó necesario abordar el tema desde el punto de vista generacional. Con este fin, tomé como hipótesis de trabajo el método histórico de las generaciones formulado por el filósofo español José Ortega y Gasset, y las precisiones y extensiones sobre dicho método que hizo su discípulo Julián Marías.

Luego de revisar la crítica realizada por Eduardo Mateo Gambarte, consideré que éste no ponía en duda los principios básicos sistematizados por Ortega respecto a la aparición, desarrollo y eponimia de las generaciones decisivas en la historia. Paralelamente, decidí descartar la propuesta de serialización cronológica que propuso Ortega, porque resulta demasiado débil una hipótesis que supone una cantidad de años más o menos fija para el recambio de generaciones.

Opté por una hipótesis menos aritmética y más histórica: las generaciones decisivas surgen como producto de la acción de fuerzas endógenas y fuerzas exógenas. Éstas están constituidas por el conjunto de grandes acontecimientos que impulsan a los jóvenes de cualquier, varios o casi todos los campos del quehacer humano a reformular su concepción de sí mismos, del pasado, del presente y el futuro, y a alejarse del sistema de creencias y del sistema normativo de sus antecesores inmediatos. Las fuerzas endógenas son aquellas que traen los jóvenes a la arena histórica como bagaje ideológico resultante de su origen socioeconómico y étnico y de su educación, con relativa independencia de los grandes acontecimientos. El mayor o menor grado de tensión entre fuerzas endógenas y exógenas determina la mayor o menor distancia entre las generaciones sucesivas, y la mayor o menor gravedad de la ruptura que necesariamente se produce entre ellas.

A la luz de este contexto teórico, he realizado el análisis de la obra poética de Pimentel, articulando un conjunto de categorías descriptivas originalmente formuladas por Ortega y Gasset. Según éste, ante una crisis histórica del sistema de creencias o visión del mundo, los epónimos de una generación decisiva cambian el *cariz total del mundo* al cabo de su participación en la historia. Para lograrlo deben modificar el sistema de creencias en su área de acción, de manera que sea mínimamente distinto cuando les toque entregar la posta a la generación siguiente. Una generación decisiva se identifica por su *diferencia de altitud en la colocación o diferencia de nivel vital*. Por lo general, la diferencia no se produce mediante un salto cualitativo, sino que ocurre gracias a que los epónimos ocupan el lugar más alto de lo que Ortega llama *torre humana*. Desde esa atalaya privilegiada e inestable, los adalides generacionales observan y sistematizan aquello que los seres en los niveles más bajos de la torre no pueden vislumbrar, y sistematizan, actúan y edifican a partir de su observación. Los niveles más bajos constituyen el pasado histórico, el lugar más alto de la torre es el presente, y el panorama que se observa desde allí es el presente como generador de futuro.

Según Ortega, la trayectoria de los epónimos de las generaciones decisivas pasa por varias etapas claramente discernibles. La primera de ellas es la desesperación frente a un estado de cosas heredado que no les permite entender ni instalarse ni, menos aún, actuar positiva o negativamente. En segundo lugar, a causa de la desesperación, los epónimos diseñan un plano abstracto con el cual, ya que el sistema de creencias anterior no se lo permite, pretenden reflejar e interpretar sus circunstancias e imaginar las acciones teóricas y prácticas necesarias para transformar aquello con lo que están en desacuerdo. La tercera etapa consiste en el radicalismo que se gesta en la mente de los epónimos debido al desajuste entre la *realidad radical* (Ortega) o vida propia y la visión del mundo con la cual aquélla debe conformarse. En cuarta instancia, los adalides de las generaciones decisivas llevan a cabo un cotejo del plano abstracto que han imaginado con los hechos, para averiguar si lo que han ideado casa con los hechos. Si es así, habrán encontrado una posibilidad de solución al enigma y de cambiar mínimamente el cariz total del mundo. El quinto estadio consiste en lo que Ortega llama *metanoia* —arrepentimiento y ensimismamiento— que posibilita la *oikodomé* o edificación de la propia obra, la cual arrojará como resultado el cambio mínimo proyectado en la instancia anterior. Conviene relevar que en esta última fase, el epónimo habrá de enfrentarse a su realidad radical, y a partir de ella erigir el edificio de su legado.

Como afirma Ortega, la historia no consiste simplemente en la averiguación y clasificación de lo acaecido, sino en la investigación y el análisis minuciosos de las vidas humanas en cuanto tales en un período determinado. La esencia dramática que Ortega reconoce en la realidad radical (o vida propia) implica una narración de ella acorde con dicha esencia. El simple recuento de hechos y formas literarias no basta, de acuerdo con esta concepción, para llevar a cabo una indagación significativa. De este principio operativo he derivado la necesidad de analizar la obra y la vida de Pimentel desde el punto de vista de su trágica especificidad, y presentar la narración y la síntesis del análisis intentando reconstruir con el mayor detalle posible el contexto histórico en que irrumpió Pimentel, lo que canceló del pretérito y lo que otorgó al futuro en el ámbito de la poesía peruana e hispanoamericana. Este modo de proceder se sustenta también en la convicción de que los cinco libros publicados por Pimentel conforman una autobiografía poético-filosófica, vale decir, un testimonio dramático de lo que Ortega llama *realidad radical*.

Ortega propone tres instancias analíticas para el estudio de las crisis históricas y las generaciones decisivas. La primera de ellas consiste en formular una descripción rigurosa del modo o estilo de vida que se está dejando atrás; la segunda consiste en el relato pormenorizado de lo que es vivir en una crisis; y la tercera debe dar cuenta de cómo termina una crisis histórica y se inicia un nuevo período. En este asunto, Ortega también reconoce cierto grado de dramaticidad, e ilustra el cambio con lo que los romanos llamaban *Abeona, dios del salir,* y *Adeona, dios del entrar.*

La obra poética y las acciones de Pimentel, sin embargo, no representan una disyunción, Abeona o Adeona, sino que más bien representan el abandono de un sistema de normas y creencias, la edificación de uno nuevo, la salida de este sistema recién edificado, el intento de fusión de ciertos rasgos de este triple movimiento, y, en seguida, en plena madurez del poeta, una nueva ruptura.

El marco histórico internacional que circunstancializa la obra de Pimentel cubre los siguientes momentos: la prevalencia del campo socialista a fines de la década de 1960 y principios de la de 1970; el derrumbe de dicho campo, que se inicia a mediados de aquella década y se consuma con la disolución de la Unión

Soviética en 1991; la universalización del modelo neoliberal entre 1980 y el presente, y, por último, la búsqueda de alternativas al mencionado modelo a partir de sus límites intrínsecos y de la crisis energética, alimentaria y climática global.

Determinado por el escenario internacional, el marco histórico nacional se puede reducir a las siguientes instancias:

Durante el proceso revolucionario del general Velasco Alvarado (1968-1975), se funda Hora Zero (1970) y Pimentel publica su ópera prima, *Kenacort y Valium 10* (1970), y su segundo libro, *Ave soul* (1973). Ambos poemarios se caracterizan por un aparencial vitalismo a ultranza, correspondiente a la esperanza en el socialismo latinoamericano. Sin embargo, los dos libros, a través de verbalizaciones provenientes del habla y del inconsciente individual y colectivo, de la vida cotidiana y el sentido común, revelan indicios de la derrota inminente del campo socialista. Durante este período, a su retorno de Europa, Pimentel escribió la primera versión de *Primera muchacha*, una inversión carnavalesca del tópico del *senex amator*, que se publicaría en 1997.

Con la contrarrevolución (1975-1980) del general Francisco Morales Bermúdez se inicia la ruta hacia el modelo neoliberal. Durante este período se produjeron los paros nacionales de 1977 contra los ajustes económicos del gobierno, y Pimentel participó en la seminal antología *Hora Zero FOCEP* (1978), aciago testimonio sobre las consecuencias de los procesos de ajuste en el Perú y América Latina.

Durante el retorno a la democracia, que se inicia con el segundo mandato constitucional de Fernando Belaúnde Terry (1980-1985), se desata la Guerra Sucia (1980-1992) y Pimentel publica *Palomino* (1983). Este poemario, antecedente de *Tromba de agosto*, es acaso el primero en la historia de la poesía peruana republicana que se funda en la situación material y psicológica de un desempleado o subempleado. Por tanto, en el Perú y América Latina, otorga espacio y voz a una enorme masa de individuos que, a pesar de la aurora democrática en el subcontinente, no hallan solución a su pobreza y pobreza extrema.

Durante el primer gobierno de Alan García Pérez (1985-1990), caracterizado por el clímax de la Guerra Sucia, el populismo, la hiperinflación y la corrupción, Pimentel escribe *Tromba de agosto*, su tercer poemario, que merece el prólogo consagratorio del poeta peruano Pablo Guevara. Probablemente desde Alfred Jarry y Antonin Artaud no se había producido una muestra tan coherentemente incoherente de la locura y de la agresividad autodestructiva en los planos individual y social como la que logró Pimentel en *Tromba de agosto*. Hacia mediados del gobierno de García Pérez, Pimentel escribe su hasta la fecha inédito *Jardín de uñas*.

Tromba de agosto (1992) y *Primera muchacha* (1997) corresponden a los dos gobiernos de Alberto Fujimori (1990-1995, 1995-2000), durante los cuales se instaura el modelo neoliberal. *Tromba de agosto* es el libro paroxístico del sufrimiento y la depresión de aquellos millones de seres colocados en los márgenes del aparato productivo. Al tiempo que una inmersión en el poder destructivo de la agresividad individual y colectiva, producto de la desesperanza en la utopía, *Tromba de agosto* propone que dicha agresividad, del todo irracional, es también un determinante mayor de la conducta de los gobiernos contemporáneos, y, en última instancia, del Poder como se le conoce hasta ahora.

El gobierno de Alejandro Toledo (2001-2006) y el segundo mandato de Alan García Pérez reafirman el modelo neoliberal. Pimentel publica *En el hocico de la niebla* (2007), empieza a conceder las entrevistas a la autora de este trabajo (2007-2009), y le concede el privilegio de leer el original de *Jardín de uñas*, su próxima entrega, que sintetiza el triple rumbo de su evolución poética y que, al mismo tiempo, plasma su nueva ruptura.

En la década de 1970, Pimentel y los horazeristas —jóvenes peruanos generalmente de la franja de clase media baja, muchos de ellos provincianos que habían migrado a la capital del Perú— se enfrentaron a un mundo dividido entre el campo socialista, que territorialmente representaba dos tercios del planeta, y el campo capitalista liderado por los Estados Unidos y los países desarrollados, que con el paso del tiempo formarían el G8.

Hacia fines de la década de 1960 y principios de la de 1970, la balanza de la Guerra Fría parecía favorecer al campo socialista. El proceso de descolonización del Medio Oriente, del Asia y del África, que tuvo como paradigma la guerras victoriosas de los vietnamitas contra Francia y Estados Unidos, la Revolución Cubana y la multiplicación de gobiernos nacionalistas que seguían el modelo de Nasser en Egipto, constituían un polo de atracción para Pimentel, los horazeristas y las juventudes universitarias de clase media baja de América Latina, las cuales, frente a la pobreza y miseria en sus respectivos países, vieron el socialismo como una salida a la crisis.

En el ámbito hispanoamericano predominaban desde hacía un buen tiempo los escritores socialistas o cercanos a este polo ideológico: José Carlos Mariátegui, César Vallejo, Pablo Neruda, Nicolás Guillén, Federico

García Lorca y varios de los integrantes de la llamada Generación del 27, Miguel Ángel Asturias, Ernesto Sábato, Julio Cortázar, Mario Benedetti, Julio Ramón Ribeyro, el primer Vargas Llosa, Manuel Scorza, Pablo Guevara, Javier Heraud, Arturo Corcuera, César Calvo y muchos otros poetas, narradores, artistas plásticos y científicos sociales apostaban por un cambio más o menos radical de las estructuras socioeconómicas.

A Pimentel lo antecedió la promoción de poetas peruanos surgidos a principios de la década del sesenta. Entre ellos se puede distinguir dos cauces: aquellos como Arturo Corcuera y César Calvo, que con renovado vigor seguían la tradición de Neruda y de la Generación del 27, y aquellos como Antonio Cisneros y Rodolfo Hinostroza que, siguiendo la lección de Pablo Guevara, se nutrían más bien de fuentes anglosajonas y francesas. Sin mayor consideración a ninguno de ellos, Pimentel y Ramírez Ruiz afirmaron que había un vacío total en la poesía peruana desde la muerte de César Vallejo, puesto que desde entonces todos los poetas se habían dedicado a imitar modelos. Según Pimentel y Ramírez Ruiz, el vocabulario, la retórica y la sintaxis de la poesía peruana obedecían a la norma culta de poéticas foráneas: un griego desnudo a la orilla del Támesis era mejor que un peruano desnudo a la orilla del Rímac. Dicho de otro modo, el Perú se leía poéticamente a través de lenguajes no emanados de su propia circunstancia.

El extremismo de tal postura, concordante con la etapa de desesperación definida por Ortega, generó variadas reacciones críticas. Pero ninguna de ellas pudo dejar de consignar que la poesía de Pimentel, Ramírez Ruiz y Verástegui, y posteriormente Mora y Ollé, implicaba un nuevo modo de decir consecuente con temas hasta entonces ausentes de la poesía peruana: la perspectiva de los migrantes de primera y segunda generación a la capital del Perú, las luchas obreras y campesinas y su represión, el terrorismo de Sendero Luminoso y el MRTA, la eclosión de la literatura escrita por mujeres, la teología de la liberación, la liberación sexual y la vindicación de la homosexualidad.

Pimentel no podría haber llegado a ser epónimo de su generación, si en el núcleo mismo de su pensamiento no se hubiera producido una ruptura con la propia ruptura, que ha garantizado el carácter abierto de su poesía y de Hora Zero durante cuarenta y ocho años. A principios de la década de 1970, este carácter abierto propició la fundación del Infrarrealismo en México, liderado por el escritor chileno Roberto Bolaño, y la fundación en París de Hora Zero Internacional, gracias a Enrique Verástegui. Asimismo, Hora Zero alentó la formación de filiales en la costa, la sierra y la selva peruanas, algunas de las cuales se mantienen activas hasta el día de hoy.

Kenacort y Valium 10 (1970), primera entrega de Pimentel, contenía los gérmenes de una desconfianza racional respecto tanto a los predicados del campo socialista como a los del neoliberalismo en pleno ascenso. La desconfianza frente a los dos polos ideológicos, que al fin y al cabo son dos grandes narrativas derivadas del racionalismo kantiano y de la teleología hegeliana, se hallaba en la base misma de la rebelión de Pimentel. Ello lo coloca como uno de los primeros poetas y pensadores peruanos en asumir los rasgos irresolublemente contradictorios de la posmodernidad, nueve años antes de la publicación de *La condición posmoderna* de Jean-François Lyotard (1979), y a superarla con la misma rapidez que la había sospechado.

La angustia (Angst) y la tendencia al desacuerdo como método se plasmó en la poesía de Pimentel como producto del contraste entre su proyecto abstracto con la realidad. El resultado del contraste fue negativo, ya que el sistema ideal casaba sólo parcialmente con los hechos. Pimentel no había insurgido directamente contra sistemas políticos. Insurgió más bien contra lo que Foucault llama *prohibiciones del lenguaje*, comunes a todos los agregados humanos, que se agudizan o atenúan de acuerdo con la coyuntura pero jamás desaparecen del todo.

Pimentel percibió que la poesía peruana guardaba una distancia tan grande con relación al habla y la escritura cotidianas, que un lector medianamente ilustrado no podía verse reflejado en la poesía peruana sin recurrir al despeje enciclopédico de un vocabulario, una sintaxis y un sistema de metáforas nacidos en espacios geográficos y circunstancias euroasiáticos. Hasta la publicación de *Kenacort y Valium 10*, el Perú se representaba en la poesía culta con referencias a floras, faunas, climas, tiempos, arquitecturas, historias y biografías que no correspondían a su realidad histórica, social ni lingüística.

Pimentel se apartó del sujeto y de la ideología neocoloniales. Su ruptura consistió y consiste en la búsqueda, a través de la expresión poética, de la identidad a partir de la propia experiencia. Ello implicó la recreación, creación y renovación de un lenguaje para suplir a otro que según él había quedado obsoleto. Del análisis cuidadoso de su obra publicada como reacción, reflejo y superación estética de las circunstancias que le han tocado vivir, se infiere que Pimentel, en términos de Ortega, es un *forjador de horizontes*. Y, en lo exclusivamente literario, es un creador de códigos emanados del habla corriente, de los lenguajes mediáticos y de la poesía culta sometida a la criba de la actualidad.

Siendo Hora Zero un movimiento de vanguardia —palabra que une el arte con la infantería militar—, Pimentel y Ramírez Ruiz buscaron asidero en sus antecedentes. El más cercano de éstos era el Vanguardismo hispanoamericano, cuyos representantes fueron, entre otros, César Vallejo, Pablo Neruda, Jorge Luis Borges, Alberto Hidalgo, Vicente Huidobro, Emilio Adolfo Westphalen y César Moro.

Tanto como Hora Zero insurgió contra el realismo socialista y contra el purismo culterano, el Vanguardismo hispanoamericano se había gestado como una rebelión contra el agotamiento de la retórica del Modernismo fundado por Rubén Darío. La piedra de toque del Vanguardismo hispanoamericano estuvo constituida por tres fenómenos concomitantes: la publicación en París del "Manifiesto del Futurismo" (1909) de Filippo Tomasso Marinetti —quien luego se integró al fascismo italiano—, los primeros años de la Revolución Rusa, y la primera cumbre de la Revolución Industrial. Las materializaciones más impresionantes de ésta fueron el aeroplano, el ferrocarril, el automóvil, la navegación marítima a vapor y petróleo, y las telecomunicaciones, que sin duda alentaron la renovación del vocabulario y la visión del mundo de los poetas vanguardistas, tanto como en su momento los avances tecnológicos afectaron la obra de Pimentel y del colectivo horazeriano.

Pimentel y el movimiento Hora Zero tomaron del Vanguardismo hispanoamericano el carácter insurgente e iconoclasta. Pero, a diferencia del culto a la guerra y a la virilidad de Marinetti, que el poeta peruano-argentino Alberto Hidalgo imitó fervientemente, Pimentel recusó la violencia, resistió la tentación guerrillera a pesar de que vindicaba la Revolución Cubana y la figura del Che Guevara —como un Jesús laico, mas no como un horizonte de acción armada—, rechazó la misoginia e instó a las escritoras a liberarse de las ataduras de género integrándose al colectivo de Hora Zero, o, simplemente, merced al ejercicio de la escritura y al cuestionamiento de la imagen patriarcal.

Si bien la rebelión de Pimentel y Hora Zero tienen relación con el Vanguardismo hispanoamericano y con el Futurismo de Marinetti, resulta también evidente su relación con el movimiento Sturm und Drang, iniciado en Alemania con la publicación de los ensayos de Herder, Goethe, Frisi y Möser en la antología titulada *Von Deutscher Art und Kunst: einige fliegende Blätter* (1773). De hecho, la revuelta de estos autores, a los que se sumó Schiller, contra la imitación estéril del racionalismo de la Ilustración y de la literatura francesa, es uno de los antecedentes más lejanos de la sublevación de Pimentel y Hora Zero contra lo que consideraban modelos agotados y enajenantes. El estilo y la temática de la poesía de Pimentel coincidió con ciertas características de la escritura del Sturm und Drang: estructura plástica, lenguaje directo, acción apasionante, alta emotividad, y revuelta individual contra la injusticia social. Otro vaso comunicante entre el pensamiento y la práctica poética de Pimentel y el Sturm und Drang es la confianza en la fe y en los sentidos como medios para conocer las verdades básicas de la existencia. Aunque en *Kenacort y Valium 10* (1970) Pimentel incorporó una peritextualidad y una metatextualidad que provenían directamente de la esfera panfletaria de Hora Zero, es evidente que los poemas de dicho libro y de los posteriores se lograron mediante la percepción individual de la realidad aunada a la fe laica en la escritura. Con ello, el divorcio entre la ideología asumida y la *oikodomé* o edificación de su obra se hizo evidente.

En la década de 1970, siguieron a *Kenacort y Valium 10* los siguientes primeros libros de los integrantes de Hora Zero: *Un par de vueltas por la realidad* (1970) de Juan Ramírez Ruiz, cofundador de Hora Zero; *En los extramuros del mundo* (1971) de Enrique Verástegui, y *País interior* de Tulio Mora. *Vida perpetua*, segundo libro de Ramírez Ruiz, apareció en 1977. El primer poemario de Carmen Ollé, *Noches de adrenalina*, se publicó en 1981. Desde el punto de vista temático y lingüístico, estos títulos comenzaron a ocupar los escaques vacíos que dejaban las prohibiciones del lenguaje que hasta su aparición habían imperado en la poesía peruana.

Pimentel se convirtió en epónimo de una generación decisiva, que no se limita a los miembros de Hora Zero, satisfaciendo el requisito básico de tal condición en sus circunstancias particulares: el cambio del cariz total de la poesía peruana materializado en el modo de escribir y los asuntos abordados por parte de un conjunto de poetas que no se limitaba a la membresía de Hora Zero. En tal sentido, la publicación de *Noches de adrenalina* de Carmen Ollé cumplió un papel semejante al de *Kenacort y Valium 10*, pues precedió a una eclosión sin precedentes de la poesía sexuada escrita por mujeres en el Perú, que dejaba atrás las prohibiciones del lenguaje. La transgresión de las normas iniciada por Pimentel en 1970 se generalizó en la escritura de los nuevos y novísimos poetas en cuanto que en la poesía peruana, desde entonces hasta el día de hoy, predominan el verso libre, el poema en prosa y la inclusión de lo que hasta antes de Kenacort *y Valium 10* se había considerado antipoético.

La ruptura iniciada por Pimentel no se limita a lo temático ni a lo estilístico. Se ha llevado a cabo también en el campo étnico y de clase social. De los cinco autores de Hora Zero cuya obra he examinado, Verástegui, Mora y Ramírez Ruiz son provincianos que migraron a la capital del Perú. Cuatro de los cinco autores mencionados —exceptuada Carmen Ollé— pertenecen a la franja de clase media baja emergente en la década de 1970. La fundación de filiales provincianas de Hora Zero en dicha década sustenta la afirmación de Pimentel en el sentido de que su mejor legado es haber democratizado la poesía peruana.

Pero la eponimia de Pimentel tampoco se habría materializado si no se hubiera satisfecho otro requisito: la asunción crítica y la continuación de su visión de la poesía por parte de las promociones de poetas coetáneos y de los que le siguieron. Son claramente representativas de ello las obras de Cesáreo Martínez Sánchez, poeta oriundo de Cotahuasi (Arequipa), hablante de castellano y quechua, que se estableció en Lima a fines de la década de 1960; Domingo de Ramos, natural de Ica, cuya familia se estableció en el arenal de San Juan de Miraflores, hoy distrito de Lima con sólidas tradiciones provincianas que se combinan con un cosmopolitismo inimaginable en una barriada de hace treinta años; Roxana Crisóloso, también de origen provinciano, que reside en San Juan de Miraflores y en Finlandia, y cuyo primer libro fue presentado por el horazerista Tulio Mora, de quien ella se declara admiradora. Según Tulio Mora, a su vez poeta migrante, con la aparición de los poetas mencionados

> la poesía como mediación de un sujeto poético ha desaparecido, creando, al interior [del] cuerpo social de los migrantes, a sus propios emisores. Eso los ha legitimado en la ciudad letrada y es un discurso que se mantiene muy dinámico y en expansión. También en provincias... De hecho, y gracias a Hora Zero, la poesía ya no pasa sólo por Lima ni por el centro de esta ciudad. La ex-centricidad es tan intensa que nadie después de los años sesenta ha intentado un inventario poético y por supuesto, en el tema de la legitimidad, no hay un canon posible (Carta 2; inédita).

Los asuntos tocados por estos poetas y los estilos que utilizan asumen en términos generales la propuesta de *poema integral* formulada por Pimentel y Ramírez Ruiz, en cuanto que, por un lado, ningún tema ni lenguaje son por definición ajenos a la poesía, y, por otro, en tanto que el lirismo, si bien no es proscrito, se enriquece y alterna con la narratividad y la indagación filosófica.

La onda pimenteliana no se redujo a los sectores migrantes y de clase media baja. Entre otros no menos importantes, poetas como Rocío Silva Santistevan (1963), José Antonio Mazzotti (1961), Mariela Dreyfus (1960), Eduardo Chirinos (1960), Dalmacia Ruiz Rosas (1957) y Róger Santiváñez (1956), surgidos a fines de la década de 1970, escriben también un tipo de poesía que se ajusta, *latu sensu* y con originalidad propia, a la ampliación del campo cognitivo y epistemológico que planteó Pimentel en su primer libro. Más aún, el examen parcial de la obra de poetas nuevos y novísimos ha revelado que éstos incorporan las técnicas usadas desde 1970 por Pimentel y por los escritores y escritoras de Hora Zero que le siguieron, y por poetas cercanos al movimiento. Tal es el caso, entre otros, de Johnny Barbieri (1960), Mauricio Medo (1965), Montserrat Álvarez (1969) y Jerónimo Pimentel (1978), hijo del poeta.

El análisis de la obra publicada de Jorge Pimentel, a la que se ha sumado —gracias a su generosidad— el examen de *Jardín de uñas*, uno de sus libros inéditos más importantes, y la extensa entrevista que me ha concedido el poeta, permiten concebir la evolución de su *poiesis* como un vórtice en el que se conjugan las dimensiones existencial, textual y metatextual. El vórtice parte de sus círculos más abstractos y externos, constituidos por la metatextualidad y la peritextualidad, hasta llegar a los círculos más violentos con *Tromba de agosto*, a la calma aparentemente absoluta en su centro con *En el hocico de la niebla*, para recobrar la violencia y el movimiento centrípeto con *Jardín de uñas*.

Las páginas liminares de *Kenacort y Valium 10* incorporan, a guisa de prólogo, la explicación metatextual de la ópera prima de Pimentel, y la circunstancialización peritextual de la misma. Estos textos parapoéticos corresponden a los círculos más altos y abstractos del vórtice con que ilustro el devenir de la obra de Pimentel, y están íntimamente relacionados con sus *performances* y las de Hora Zero, es decir, con los factores panfletarios por una parte, y con las acciones concretas, como los recitales poéticos multitudinarios realizados en ambientes sociales —locales sindicales y centros de esparcimiento popular— muy distantes de la poesía peruana, que todavía celebraba el recital de salón o el recital para esotéricos en recintos académicos.

Kenacort y Valium 10 significó la salida de una época y la entrada en otra por parte de Pimentel, los poetas de Hora Zero, y de un conjunto cualitativamente importante de poetas coevos y más jóvenes. Éstos no semejan la escritura de Pimentel porque escriben parecido a él, sino por la amplitud de horizontes, temas, técnicas, por la relajación de la autocensura y por la transgresión de las prohibiciones del lenguaje.

En lo estrictamente tocante a la poesía de Pimentel, *Kenacort y Valium 10* es el poemario donde se presentan germinalmente casi todas las líneas argumentales y estilísticas que el poeta desarrolló en sus libros posteriores.

El donjuanismo paterno como causa de la disolución de la unidad familiar es uno de los *Leitmotiv* de toda la producción de Pimentel. Su agresividad al respecto es tan grande, que genera un parricidio simbólico intertextualmente ligado al parricidio literario de toda la poesía anterior a Pimentel y a la de Hora Zero que no fuera la de César Vallejo. Este principio de exclusión nunca funcionó de manera absoluta; por el contrario, se fue atenuando velozmente hasta permitir a Pimentel y a los horazeristas la plena colaboración intergeneracional.

La figura Vallejo, aedo del sufrimiento por antonomasia, se vincula con la victimización de la madre de Pimentel, con quien éste sostiene textualmente una relación edípica irresuelta que se prolonga en la esposa del poeta. Entre ésta y Pimentel se constituye una pareja con acusados rasgos de andrógino, entidad recreada en poemas donde las protagonistas son otras mujeres victimizadas por su género o extracción social, que no se distinguen del todo de la madre y la esposa, ya integradas a la psique y a la corporeidad del poeta, a la vez héroe y antihéroe de la extensa autobiografía que se inicia con *Kenacort y Valium 10*.

La poesía de Pimentel contiene múltiples voces y puntos de vista cuyos elementos comunes son carencia material, angustia, humillación, confusión, desamor, odio y supervivencia en el ambiente distópico de Lima, símbolo de la urbe acromegálica e inhóspita del Tercer Mundo. La naturaleza ha desaparecido casi del todo. En tal medio, Pimentel no escribe para causar placer. Prueba de ello es la obra que sigue a su ópera prima: *Palomino, Tromba de agosto, Primera muchacha, En el hocico de la niebla* y el inédito *Jardín de uñas*. De hecho, *Kenacort y Valium, 10* anuncia el *Leitmotiv* trascendental, potenciado en *Palomino* y *Tromba de agosto*, de toda la obra del cofundador de Hora Zero: la malignidad transmitida por la distopía al espíritu del aedo y de los tiempos. Malignidad que a su vez formará el basamento de la *oiko-*

domé o edificación pimenteliana: la ausencia casi absoluta de esperanza y de optimismo en un autor que había querido partir de estos dos sentimientos para transformar el mundo en beneficio de sus semejantes. Es aquí que se produce la ruptura con la ruptura de Pimentel, pues no sólo verifica que de nada le sirven el idealismo gregario para sobrevivir, sino que para poder escribir necesita empezar a caer en el abismo de la desgracia individual. De esta manera se constituye la tragedia pimenteliana, que se distingue por el paso de la desdicha a una desdicha mayor, y por actualizar los mitos de Prometeo, Eurídice, Ariadna y Tántalo, y el símil de la caverna de Platón, en un *inferno* contemporáneo, partiendo de las condiciones locales.

Las peripecias de *Kenacort y Valium 10*, *Palomino y Tromba de agosto* no conducen a la anagnórisis, al reconocimiento ni a la catarsis, ni al final luctuoso de la tragedia clásica, interpretada por seres mejores que nosotros, sino que conducen a la muerte en vida de las masas grises o *Kleine Leute*, del ser humano asalariado, subempleado o desempleado en la urbe distópica, tercermundista, insustentable, vista a través del prisma del aedo que se mezcla con el común para devolverle su propia habla cotidiana codificada mediante el poema: el insulto y la coprolalia inscritos en *Palomino* y *Tromba de agosto*.

La caída de Pimentel en el juego puro de la ultraviolencia y la distopía —dos de las marcas de la condición contemporánea, superada ya la posmodernidad— y en la concentración máxima de la expresión odiosa se agudiza luego de lo que he definido como la tentación lírica de *Ave soul*. Este libro, a pesar de la seducción que ejerció sobre Félix Grande y Roberto Bolaño, en realidad funciona como la antesala de la ultraviolencia que relevó Pablo Guevara a propósito de su lectura de *Tromba de agosto*, donde, sumándose a Bolaño, reconoció en Pimentel un epónimo de la generación setentista, de la segunda mitad del siglo XX y principios del XXI en la historia de la literatura peruana e hispanoamericana.

Los espaciosos campos semánticos de *Kenacort y Valium 10* se reducen al escueto escalonamiento lírico en *Ave soul*, único libro de Pimentel relativamente bello en sentido hegeliano: la reducción de la tensión entre la forma y el contenido permite que aquélla represente serenamente a éste, de manera que el poema linda con la univocidad. Al cabo del asesinato simbólico del padre y del patriarcado ocurrido en *Kenacort y Valium 10*, *Ave soul* consigna la cronística elegía a la trágica muerte física del padre de Pimentel, que luego de un accidente automovilístico fue asaltado mientras agonizaba, para luego merecer un funeral apoteósico celebrado por los trabajadores de un sindicato. Estas contingencias macabras constituyen el signo por antonomasia de la existencia cotidiana en un medio consuetudinariamente distópico, en el cual se sobrevive superando riesgos semejantes a los de una guerra, y donde ni siquiera los moribundos se libran del saqueo. Pimentel se propuso ser el cronista poético de dicho mundo, poniendo, como afirma Pablo Guevara, el propio cuerpo en el fragor de las calles.

La década de la Guerra Sucia alentó sin duda la escritura de *Tromba de agosto*, expresión poética hasta hoy insuperable del período de violencia más sanguinario de la historia republicana del Perú. En sus anteriores libros Pimentel había inscrito, aún con cierta benignidad, algunos elementos de la cultura nacional que caían dentro de lo que Foucault describe como una de las prohibiciones del lenguaje: elementos culturales como el jugo de papaya y el hecho de hacer el amor en los parques públicos habían estado proscritos de la poesía peruana hasta la publicación de *Kenacort y Valium 10*. Al incluir en poesía elementos como los supradichos, Pimentel les devolvía a los lectores su propio lenguaje (Morà), reduciendo la brecha entre *parole* y *langue* (en el sentido de Saussure) al actualizar ésta en función de aquélla, y convirtiendo así el español vulgar hablado en el Perú en lenguaje poético reconocible en el ámbito hispanoamericano.

En *Tromba de agosto* desaparecieron las últimas luces de benignidad y se entronizó la palabra de la muerte, el báculo de tánatos, la férula de lo que Pimentel ha llamado *vida de cambios doblados*, equivalente al doblez del lenguaje dentro de sí mismo formulado por Foucault. El paroxismo constante de *Tromba de agosto*, transmitido por la repetición obsesiva, sadomasoquista, que el *parallelismus membrorum* sublima, se construye a partir del habla ultraviolenta y ultracorrupta de la década de 1980, cuando la viabilidad del Perú como Estado nacional estuvo seriamente en duda. La horripilancia de *Tromba de agosto* configura una hecatombe de la belleza clásica, neoclásica, romántica y vanguardista, en el que el protagonista es el lenguaje del lector. *Tromba de agosto* codifica la caída de la nación peruana en los abismos contiguos de la Guerra Sucia (1980-1992), la caída del *ego scriptor* en la desesperación y radicalismo extremados de su disolución, y la renovación de los discursos del odio a una escala que incluye Hispanoamérica y la trasciende.

Uno de los rasgos de *Tromba de agosto* como expresión, *summa* y anuncio del cambio de paradigma, es la liquidación del platonismo, del Humanismo, de la Ilustración y del heroísmo romántico en cuanto justificaciones ideológicas de las guerras de conquista del ser político, cuyo núcleo altamente irracional queda descubierto en el poemario al incluir los actos de habla de los lectores —la *parole* de la mayoría— en el campo de la locura. Ésta, que a lo largo de la historia, como muestra Foucault, ha sido socialmente disimulada de distintas maneras, recibe una lectura alarmante en la obra de Pimentel: en sus manifestaciones más destructivas, la locura forma parte determinante de la conducta crática.

En el hocico de la niebla es el libro de Pimentel que aparencialmente podría compararse con el lirismo de *Ave soul*. La concisión y certeza de los poemas podrían llevar a pensar —y de hecho es una interpretación sensata— que el fundador de Hora Zero, sexagenario, sabiéndose epónimo de una generación decisiva, había optado por cosechar sus logros y resumirlos en un poemario de gran consistencia estética y filosófica, que terminara de evidenciar su maestría en el manejo del verso y las ideas que le dan forma. Pareciera, incluso, que *En el hocico de la niebla*, tanto como *Ave soul*, hubiera sido hecho para deleitar con la tentación lírica. Pero tras su apariencia piafa la energía madura de un poeta que, luego del triunfo de la distopía y de la irracionalidad en *Tromba de agosto*, pone en el otro platillo el peso de la axiología recuperada por el individuo aunque perdida por la formación social.

Sin expresarlo directamente, Pimentel confirma el fin de las utopías y el predominio de los integrismos de diverso cuño, lo que a su vez ratifica la desaparición del libre pensador o filósofo independiente y su reemplazo por la ideología corporativa. Lo que ha intuido Pimentel es que el nuevo paradigma se determina por el triunfo de la sevicia y la irracionalidad: la locura como método de gobierno y conducta de los gobernados.

La recuperación de la salud estética, ligada a la mental, se torna imposible, puesto que, como lo entendió Freud, la enfermedad es necesaria y creativa siempre y cuando se balancee con una dosis esencial de salud. Lo que se estaría por perpetuar, finalmente, es la distopía relativamente opulenta en el Primer Mundo, y la distopía más o menos pobre en el Tercer Mundo. Según se deriva del pensamiento de Pimentel, se ha liquidado la confianza del Vanguardismo hispanoamericano de principios del siglo XX en el progreso ininterrumpido de las condiciones materiales de la vida humana y de sus esferas espirituales o psíquicas. El dios de la guerra de Marinetti se ha impuesto sobre el dios de la abundancia, tal como lo testimonia el poeta en *Jardín de uñas*, al preguntarse con qué resabios de belleza cubriremos, dentro del fuego, las consecuencias de nuestros propios actos.

Independizándose de la influencia de vocabularios y relaciones sintácticas establecidos en otras latitudes, enfrentando su propia realidad radical y haciendo esfuerzos denodados por codificar la *parole* o habla que da cuenta de ella, el pensamiento y la poesía de Pimentel han determinado su forma de expresarse, y han logrado así el raro acceso a la originalidad. Ésta es condición *sine qua non* de los epónimos de las generaciones decisivas, y del mínimo cambio en el cariz del mundo que producen con sus acciones, excesos y sacrificios.

Por último, como para demostrar lo afirmado por Ortega y Gasset en cuanto que las elaboraciones abstractas han de cotejarse con los hechos para saber si casan con ellos, la trayectoria en vórtice de la poesía de Pimentel falsea —y al falsearla confirma— la teoría generacional del filósofo español, al menos en dos sentidos.

En primer lugar, la desesperación y el extremismo de Pimentel no se solucionaron con la satisfacción que le pudo acarrear la edificación u *oikodomé* y la homeostasis, sino que, a causa de la profundidad de la ruptura primigenia, el cofundador de Hora Zero se ha planteado una nueva ruptura, sugerida en *En el hocico de la niebla* y manifiesta en *Jardín de uñas*, consigo mismo y con el maniqueísmo aún imperante de las ideologías, incluso el de las ideologías que surgieron contra el propio maniqueísmo y contra las grandes narrativas.

En segundo lugar, la obra de Jorge Pimentel, antes que configurar un Abeona, dios del salir, o un Adeona, dios del entrar, constituye un intento de ampliación del espectro poético mediante la conversión de la disidencia racional e irracional en contestación permanente a los poderes establecidos que privilegian la irracionalidad, que son determinados por ella y, por serlo, intentan ocultarla de modo subliminal o violento según las circunstancias.

Tal contestación de la poesía no casa con un proceso lineal de rebelión y arrepentimiento como el concebido por Ortega y Gasset para las rupturas generacionales. Aunque en varias ocasiones refleja las descripciones del filósofo español, la trayectoria de Pimentel se grafica mejor con la de un movimiento centrípeto, que, iniciándose en las alturas de la imaginación desesperada, alcanza la máxima potencia al tocar tierra, ofrece un momento de paz y quietud en su centro, y vuelve a violentarse al seguir su curso, dejando mínima y definitivamente modificado el espacio por el que ha pasado. Dicho espacio es el de la poesía peruana.

BIBLIOGRAFÍA

Fuentes primarias

Antología terrestre. Lima: Ediciones del Movimiento Hora Zero, 1981.
Bolaño, Roberto. "Pimentel desde la niebla". Notaszonadenoticias. 19 de enero de 2007. Ed. Paolo de Lima. http://notaszonadenoticas.blogspot.com/2007/01/pimentel-desde-la-niebla.html
"Comunicado del Movimiento Hora Zero". *El Diario*. 20 de junio de 1981.
Jáuregui, Eloy. "Jorge Pimentel ciclón de poesía". *Expreso* [Lima] 8 de marzo de 1992, *Suplemento*: 18-20.
Luna, Mario. "Requiem para Javier Heraud". Luna, Mario. *Un día como hoy Javier Heraud — poemas y homenaje*. Chimbote: Ediciones Hora Zero / Secretaría de Cultura y Deportes del Sindicato de Pescadores de Chimbote y Anexos, 1971
---. *Poemas para mis treinta años*. Lima: Ediciones Hora Zero, 1980.
---. *¡¡Yanqui!!* Lima: Ediciones Antara, 1968.
Mora, Tulio. *Hora Zero: Los broches mayores del sonido*. Lima: Fondo Editorial Cultura Peruana, 2009.
---. *Aquella madrugada sin amanecer*. Lima: Asociación Pro Derechos Humanos (APRODEH), 2003.
---. *Días de barbarie — la matanza de los penales*. Lima: Asociación Pro Derechos Humanos (APRODEH), 2003.
---. *A Mountain Crowned by a Cemetery*. Trans. C.A. de Lomellini, and David Tipton. Frizinghall, Bradford: Redbeckpress, 2001
---. *Hora zero, la última vanguardia latinoamericana de poesía*. Los Teques: Colección Ateneo de Los Teques n° 39, 2000.
---. "Roxana Crisólogo: recreando el mundo periférico". *Cambio*. Lima, 13 de junio de 1999.
---. *El valle de los fenicios*. Huancayo: 1999.

---. "Maná que inagotable mana". *Cambio*. En línea: http://www.cambio-peru.com/html/cul.html. 01/05/98.

---. *Simulación de la máscara*. Lima: Lluvia Editores, 1998.

---. "La identidad del amor". Pimentel, Jorge. *Primera muchacha*. Lima: Art Lautrec, 1997.

---. *Cementerio general*. Lima: Lluvia Editores, 1994. Segunda edición aumentada y parcialmente corregida.

---. "Poesía: la ruptura continúa". *La República* [Lima] (22 de agosto) 1992: 19.

---. "La escandalosa palabra del abismo". *La República* [Lima] 7 de marzo. 1992: 17.

---. *Cementerio general*. Lima: Lluvia Editores, 1989.

---. "Los broches mayores del sonido". Lima: 1998. Ensayo posteriormente publicado en *Hora Zero: Los broches mayores del sonido*. Lima: Fondo Editorial Cultura Peruana, 2009.

---. *Zoología prestada*. Lima: Tarea Ediciones, 1987.

---. *Oración frente a un plato de col y otros poemas*. Lima: Tarea Ediciones, 1985.

---, Jorge Pimentel, Enrique Verástegui *et al*. *Hora Focep Zero*. Lima: Ediciones Hora Zero, 1978.

---. *Mitología*. Lima: Ediciones Arte/Reda, 1977.

Morales, Manuel. *Poemas de entrecasa*. Cantuta: Ediciones Universidad Nacional de Educación, 1969.

Movimiento Hora Zero. "Mayo rojo: voto popular". *Hora Zero — periódico popular del Movimiento Hora Zero* [Lima] nº 2, mayo 1980.

Nájar, Jorge. "Canto Ciego". Escribano, Pedro. "El Rulfo de Jorge Nájar". *La República* [Lima] (12/31/01). En línea: http://www.larepublica.com.pe/diario/cultural.html.

Ollé, Carmen. "Reflejo de una cultura mixta, híbrida". *Letralia Tierra de Letras*. Año X. No. 139. 3 de abril de 2006. Cagua, Venezuela.

---. *¿Por qué hacen tanto ruido?* Lima: Editorial San Marcos, 1997.

---. "Hoja de vida de Carmen Ollé". *Reseña de la Poesía en el Perú. Salón de Poetas Peruanos de las Últimas Décadas*. 22 de mayo de 1999. http://www.iaxis.com.pe/arteycultura/poesia/carmen/hoja devida/aprecia.html

---. *Noches de adrenalina*. Buenos Aires: Libros de Tierra Firme, 1994.

---. *Las dos caras del deseo*. Lima: Peisa, 1994.

---. *Todo orgullo humea la noche*. Lima: Lluvia Editores, 1988.

Pimentel, Jorge. *Ave soul*. Lima: Lustra Editores, 2014.
---. *Ave soul*. Barcelona: Ediciones Sinfín, 2013.
---. *Tromba de agosto*. Lima: Lustra Editores, 2012.
---. *Ave soul*. Lima: Doble Príncipe ediciones, 2008.
---. *En el hocico de la niebla*. Lima: Ediciones El Nocedal, 2007.
---. *Primera muchacha*. Lima: Art Lautrec, 1997.
---. *Tromba de agosto*. Lima: Lluvia Editores, 1992.
---. *Palomino*. Lima: *Carta Socialista Editores*, 1983.
--- et al. "Llamamiento del Movimiento Hora Zero — a los partidos integrantes de la Izquierda Unida, al sindicato de Runamarka, a la Dirección General y Gerencia de el diario *Marka*". Lima: 1981.
--- et al. *La última generación*. Lima: Movimiento Hora Zero, 1979.
---, Carmen Ollé et al. *Hora Zero: nuevas respuestas*. Lima: Ediciones del Movimiento Hora Zero, 1977.
---. *Ave soul*. Madrid: Colección el Rinoceronte, 1973.
---, y Juan Ramírez Ruiz. *Hora Zero: Materiales para una nueva época*. Lima: Ediciones del Movimiento Hora Zero, 1970.
---. *Kenacort y Valium 10*. Lima: Ediciones del Movimiento Hora Zero, 1970.
Portocarrero, Julio. *Sindicalismo peruano: primera etapa, 1911-1930*. Lima: Editorial Gráfica Labor, 1987.
Ramírez Ruiz, Juan. *Las armas molidas*. Lima: Arteidea Editores, 1996.
---. "Palabras urgentes (2) — novecientas palabras libres". Libellus distribuido en el Salón de Grados de la Casona de San Marcos. Lima, 28/08/1980.
---. *Vida perpetua*. Lima: Editorial Ames, 1978.
---. *Un par de vueltas por la realidad*. Lima: Ediciones del Movimiento Hora Zero, 1971.
Rodríguez Nájar, José Carlos. *Quintescencia*. Lima: Lluvia Editores, 1996.
Valencia, Marcela. Entrevista inédita a Jorge Pimentel. 2007-2008
Velázquez Rojas, Manuel. *El corazón de fuego Hora Zero*. Chosica: Cantuta / Ediciones de Universidad Nacional de Educación, 1971
Verástegui, Enrique. *Ética IV albus*. Lima: Editorial Gabriela, 1995.
---. *Taki onqoy*. Lima: Lluvia Editores, 1993.
---. *Terceto de Lima*. Lima: Editorial Milla Batres, 1992
---. *Monte de goce*. Lima: Jaime Campodónico Editor, 1991.
---. *Angelus novus* (tomo II). Lima: Ediciones Antares, Lluvia Editores, 1990.
---. *Angelus novus* (tomo I). Lima: Ediciones Antares, 1989.
---. *El motor del deseo*. Lima: Ediciones Mojinete, 1987.

---. "Si te quedas en mi país". *Gaceta*, n. 36, vol. 4 (1981): 18.
---. *En los extramuros del mundo*. Lima: CMB, 1971.

Fuentes secundarias

"ÁDEX estima que las exportaciones no tradicionales crecerían 21,1% en el 2008". *El Comercio*. Lima, 30/12/07. 10/2/08. En línea: http://www.elcomercioperu.com.pe/ediciononline/HTML/2007-12-30/adex-estima-que-exportaciones-no-tradicionales-crecerian-211-2008.html

Alva, Harold. *Los diez - antología de la nueva poesía peuana*, Lima: Santo Oficio, 2005.

Álvarez, Montserrat. "Peter Punk". Mendiola, Víctor Manuel. *La mitad del cuerpo sonríe - Antología de la poesía peruana contemporánea*. México D.F.: Fond de Cultura Económica, 2005.

Aristóteles. *Poética*. http://www.librosgratisweb.com/html/aristoteles/poetica/index.htm

Armijos, Gustavo. *Poesía peruana contemporánea*. Lima: Ediciones Cultura Peruana, 2003.

Audi, Robert. Editor. *The Cambridge Dictionary of Philosophy*. Cambridge: Cambridge University Press, 1995: 335-336.

Barbieri, Johnny. "La multiplicación de los panes" y "Veinte". Alva, Harold. *Los diez - antología de la nueva poesía peruana*. Lima: Santo Oficio, 2005.

Béjar, Héctor. "Los movimientos sociales y los partidos políticos desde 1930 hasta 1968: su significado en términos de participación popular". *El Perú de Velasco (de la cancelación del Estado oligárquico a la fundación del Estado nacional)*. Ed. Carlos Franco. Lima: Cedep, 1983.

Bellini, Giuseppe. *Nueva historia de la literatura hispanoamericana*. Madrid: Editorial Castañeda, 1997.

Beltrán Peña, José. *Antología de la poesía peruana — generación del 70*. Lima: Editorial San Marcos, 1995.

---. *Antología de la poesía peruana — generación del 80*. Lima: Estilo y Contenido Ediciones, 1990.

Bolaño, Roberto. "Pimentel en el recuerdo". Pimentel, Sebastián. Correo electrónico a Marcela Valencia. 19/3/08.

http://www.caretas.com.pe/Main.asp?T=3082&id=12&idE=706&idSTo=141&idA=24085
---. Correo electrónico a Jorge Pimentel. 3/10/2000.
---. Los detectives salvajes. Barcelona: Ediorial Anagrama, 1998.
---. "La nueva poesía latinoamericana". *Plural*. México, 1976 [artículo enviado a Jorge Pimentel por Raúl Silva]. Pimentel, Jorge. Correo a la autora. 24/3/08.
Boron, Atilio A. " 'Pensamiento único' y resignación política: los límites de una falsa coartada". *Tiempos violentos. Neoliberalismo, globalización y desigualdad en América Latina.* Atilio A. Boron, Julio C. Gambina y Naúm Minsburg. Buenos Aires: CLACSO, Consejo Latinoamericano de Ciencias Sociales, 1999. Acceso al texto completo: http://bibliotecavirtual.clacso.org.ar/ar/libros/tiempos/boron.rtf
Brazil. Dir. Terry Gilliam. Screenplay by Terry Gilliam, Charles McKeown, and Tom Sttopard. Perf. Jonathan Pryce and Robert de Niro. Universal, 1985.
Campodónico, Humberto. "Entran los capitales privados, salen el Club de París y el FMI". *La República* [Lima] (10/2/08). En línea: http://www.larepublica.com.pe/content/view/203352/559/
Camus, Albert. *La chute*. Bussière à Saint-Amand (Cher): Gallimard, 1986.
Cánepa Sardón, Alfredo. *La revolución peruana*. Buenos Aires: Editorial Paracas, 1971.
Carbonetto, Daniel. *El Perú de Velasco*. 3 vols. Lima: Cedep, 1983.
Carrillo, Francisco. *Antología de la poesía peruana joven*. Lima: Ediciones de la Rama Florida & y de la Biblioteca Universitaria, 1965.
Castañeda, Esther, y Elizabeth Toguchi. *Catálogo: 30 años de poesía en revistas (1971-2000)*. Lima: Universidad Nacional Mayor de San Marcos, 2002.
Chirinos, Eduardo. "Te has arrodillado desnudo en la losa". De Lima, Paolo. *Poesía peruana actual*. En línea: http://www.ucm.es/info/especulo/numero16/peruana.html
Cisneros, Antonio.*Como higuera en un campo de golf.* Lima: Instituto Nacional de Cultura, 1972.
Cohen, Jean. *Structure du langage poétique*. Paris: Flammarion, Éditeur, 1966.
Coseriu, Eugenio. *Lecciones de lingüística general*. Madrid: Editorial Gredos, 1981.
---. *Principios de semántica estructural*. Madrid: Editorial Gredos, 1977.

Creimerman, Mariana. "Dando la hora". *Caretas* (16/2/1981): 60-61.
Crisólogo, Roxana, "A Ludy". *Letralia Tierra de Letras*, año X, n. 139 (2006).
CVR (Comisión de la Verdad y Reconciliación). *Informe final*. Lima: Universidad Nacional Mayor de San Marcos y Pontificia Universidad Católica del Perú, 2003/2004.
Darío, Ruben. *Azul*. México D.F.: Grupo Editorial Tomo, 2002.
De Gálvez, Elvira. "Jorge Pimentel, el poeta que vive la angustia de su ciudad". *El Comercio* (15/5/1992): 12.
De Lima, Paolo. "La Universidad de San Marcos, la Revolución y la "involución" ideológica del Movimiento "Hora Zero". A veinticinco años de "Palabras urgentes (2)" de Juan Ramírez Ruiz", *Ciberayllu*. 27 de diciembre de 2005. http://www.andes.missouri.edu/andes/especiales/PdL_PalabrasUrgentes.html
De Lima, Paolo. "La violencia política en el Perú: globalización y poesía de los 80 en los 'tres tristes tigres' de la Universidad Católica", *Ciberayllu*, 27 de noviembre de 2005. http://www.andes.missouri.edu/andes/especiales/PdLTigres/PdL_Tigres1.html
Delgado Rossi, Ricardo. "Tulio Mora: 'Hemos hecho una poesía que expresa al país.' " *Catamarcaya.com*. 16/02/2008. En línea: http://www.catamarcaya.com/noticiafull.php?id=89&en=23
Delgado, Washington. *Historia de la literatura republicana*. Lima: Ediciones Rikchay Perú, 1980.
De Ramos, Domingo. "Caída de un adolescente". *Poemas de Domingo de Ramos. lunaserrada*. 10/4/2006. En línea: lunaserrada: poemas de domingo de ramos
---. "Como un mar encallado en el desierto". Beltrán Peña, José. *Antología de la poesía peruana — generación del ochenta*. Lima: Estilo y Contenido Ediciones, 1990.
Doyle, Randall. "Global Discontent and Domestic Dissent: George W. Bush and America's War in Iraq". *The Long Term View*, n. 2, vol. 6 (1994): 114-121.
Dreyfus, Mariela. *Placer fantasma*. Lima: Asociación Peruano Japonesa del Perú, 1993.

"Enrique Verástegui". *Proyecto Patrimonio – 2007*. 20 de febrero de 2007. En línea: http://www.letras.s5.com/, http://www.letras.s5.com/pg080207.htm.

Evans, Vyvyan. *A Glossary of Cognitive Linguistics*. Salt Lake City: The University of Utah Press, 2007.

Fernández, Teodosio. *La poesía hispanoamericana en el siglo XX*. Madrid: Teurus Ediciones, 1987.

Flaubert, Gustave. *Madame Bovary*. Charpentier, 1873. Édition numérique établie par Danielle Girard et Yvan Leclerc. http://www.zoulous.com/bovary/roman_final/bov-a.html.

Flores Lamas, Jorge. "La guerra ha terminado". Carta del director de *El Diario de Marka* a Antonio Cisneros, director de *El Caballo Rojo*.

Foucault, Michel. *History of Madness*. London: Routledge, 2006.

Franco, Carlos. *El Perú de Velasco*. 3 vols. Lima: Cedep, 1983.

---. "Los significados de la experiencia velasquista: forma política y contenido social". Ed. Carlos Franco. *El Perú de Velasco*. 3 vols. Lima: Cedep, 1983.

Freud, Sigmund. *Tótem y tabú*. Madrid: Alianza Editorial, 1975.

Freyre, Maynor. "Murió de infarto poeta de Hora Zero". *El Observador* (19/5/1984): 11.

---. "Hora Zero en su cuarto de siglo". *Sí* (27/11/1995): 40-45.

Fukuyama, Francis. *The End of History and the Last Man*. New York: The Free Press, 1992.

Gambarte, Eduardo Mateo. *El concepto de generación literaria*. Madrid: Editorial Síntesis, 1996.

García Lorca, Federico. "Oda a Walt Whitman". En línea: http://www.tinet.org/~picl/libros/glorca/gl002600.htm - 40

García, Rocío y Carlos Monge. "Deslindes. Los (muchos) perros del hortelano". La República. [Lima] (22/3/08). En línea: Diario La República - Online - Deslindes. Los (muchos) perros del hortelano

González Vigil, Ricardo. "Los poetas salvajes". Letra Viva. *El Comercio* [Lima], (25/12/2008) En línea: http://www.elcomercio.com.pe/edicionimpresa/Html/2008-12-25/los-poetas-salvajes.html

---. *Poesía peruana siglo XX*. 2 vol. Lima: Ediciones COPÉ, 1999.

Guerra García, Francisco. *Velasco: del Estado oligárquico al capitalismo de Estado*. Lima: CEDEP, 1983.

Guevara, Pablo. "Los ojos que faltaban". Pimentel, Jorge. *Tromba de agosto*. Lima: Lluvia Editores, 1992.

Guillén, Paul. "Un cuerpo bien proporcionado es la imagen del universo: un diálogo con Gutiérrez, Gustavo. *Teología de la liberación: perspectivas*. Lima: Editorial Universitaria, 1971.

Harnecker, Marta. *La izquierda en el umbral del siglo XXI*. La Habana: Editorial de Ciencias Sociales, 2001.

Henríquez Ureña, Pedro. *Las corrientes literarias en la América Hispánica*. México: Fondo de Cultura Económica, 1969.

Hernández, Consuelo. "Tulio Mora, archivista de América". Ed. Nagy-Zekmi, Silvia. *Identidades en transformación — el discurso neoindigenista en los países andinos*. Quito: Ediciones Abya-Yala, 1997.

Hidalgo, Alberto, Vicente Huidobro y Jorge Luis Borges, eds. *Índice de la nueva poesía americana*. México – Buenos Aires: Sociedad de Publicaciones El Inca, 1926.

Higgins, James. *A History of Peruvian Literature*. Liverpool: Francis Cairns (Publications), 1987.

Huamán Cabrera, Félix y Carmela Abad Mendieta. *La literatura peruana última (poesía peruana de las décadas de los años 60, 70, 80 y 90)*. Lima, Editorial San Marcos, 1998.

---. *Convergencia vanguardista e insurgencia social poética*. Lima: Editorial San Marcos, 1998.

Huamán, Miguel Ángel. "La rebelión del margen: poesía peruana de los setentas". *Revista de crítica literaria latinoamericana*, n. 39, año XX, 1er. semestre (1994): 267-291.

Ildefonso, Miguel. "Zarpasos: animales desprovistos de desierto / grandes ciudades de ilusión". *Poesía peruana contemporánea*. Ed. Gustavo Armijos. Lima: Ediciones Cultura Peruana, 2003.

Jakobson, Roman. *Selected Writings*. 6 vol. The Hague: Mouton Publishers, 1981.

---. *Huit questions de poétique*. Paris: Editions du Seuil, 1977.

---. *Essais de linguistique générale*. Paris: Editions de Minuit, 1963.

"Jorge Pimentel, un poeta que supo guardar pan para mayo". 25/2/1995.

Jurado Párraga, Raúl Germán. *Movimiento poético Hora Zero*. Chosica-Lima: Universidad Nacional de Educación Enrique Guzmán y Valle La Cantuta, 1988. Trabajo monográfico para optar por el grado académico de bachiller en Ciencias de la Educación.

Kapsoli, Wilfredo. *Literatura e historia del Perú*. Lima: Editorial Lumen, 1986.

Keylor, William R. *A World of Nations:The Evolution of the International Order since 1945*. New York: Oxford University Press, 2003.

Kruijt, Dirk. *Revolution by Decree: Peru 1968-1975*. Amsterdam: Thela Publishers, 1994.

Lauer, Mirko. "Máquinas y palabras: la sonrisa internacional hacia 1927". *Las vanguardias literarias en Bolivia, Colombia, Ecuador, Perú*. Ed. Hubert Pöppel. Madrid: Iberoamericana, 1999; Frankfurt am Main: Vervuert, 1999

---. *Antología de la poesía vanguardista peruana*. Lima: Ediciones El Virrey/Hueso Húmero Ediciones, 2001.

La última cena. Lima: Asalto al Cielo Editores, 1987.

Letts, Ricardo. *La izquierda peruana: organizaciones y tendencias*. Lima: Mosca Azul Editores, 1981.

Luchting, Wolfgang A. *Escritores peruanos que piensan que dicen*. Lima: Editorial ECOMA, 1977.

Malpica Silva Santisteban, Carlos. *Los dueños del Perú*. Lima: Fondo de Cultura Popular, 1965.

Marías, Julián. *El método histórico de las generaciones*. Madrid: Editorial Revista de Occidente, 1967.

Mariátegui, José Carlos. *Siete ensayos de interpretación de la realidad peruana*. Lima: Empresa Editora Amauta, 1959.

Mazzotti, José Antonio. *Poéticas del flujo*. Congreso de la República del Perú: Lima, 2003.

Medo, Maurizio. "Suite de la neurosis". Zapata, Miguel Ángel. *Una piedra que suena como un tambor: novísimos de la poesía peruana*. Ex Dono, 2007. En línea: Miguel Ángel Zapata - Una piedra que suena como un tambor: Novísimos de la poesía peruana.

Melgar, Francisco. "Una vida marcada por la poesía". *El Comercio* [Lima], (25/2/2007) Entrevista a Jorge Pimentel. En línea: http://www.elcomercio.com.pe/EdicionImpresa/Html/2007-02-25/ImEcLuces0677802.html

Mendiola, Víctor Manuel. *La mitad del cuerpo sonríe. Antología de la poesía peruana contemporánea*. México: FCE, 2005.

Minardi, Giovanna. "Entrevistas — Carmen Ollé". *Hispamérica*, n. 83, vol. 28 (1999): 55-61.

Monguió, Luis. *La poesía postmodernista peruana*. México: FCE, 1954.

Moro, César y Emilio Adolfo Westphalen, eds. *El Uso de la Palabra*. Lima: diciembre de 1939. Sin pie de imprenta.

---. "La Patée de Chiens". Westphalen, Emilio Adolfo. *Vicente Huidobro o el obispo embotellado*. Lima: febrero de 1936. Sin pie de imprenta.

Neruda, Pablo. *Obras completas*. 2 vol. Buenos Aires: Editorial Losada, 1967.

Obregón, Fernando. "Reedición de Ave Soul libro de poemas de Jorge Pimentel". En línea: http://pospost.blogspot.com/2008/11/reedicin-de-ave-soul-libro-de-poemas-de.html

Ojeda, Rafael. "La vida como transitoriedad pura". *El Peruano* [Lima] 22 de setiembre de 2006, *Variedades*: 12-13.

Oropo, Luis. "La poesía es el patito feo no sólo en el Perú sino en cualquier parte del mundo". Lima. 14/2/2007. Entrevista a Roger Santiváñez. Online: http://www.arteperu.com/es/agenda/especiales/santivañez.htm

Ortega, Julio. *Antología de la poesía hispanoamericana actual*. Madrid: Siglo Veintiuno Editores, 1987.

Ortega y Gasset, José. *En torno a Galileo*. Madrid: Revista de Occidente en Alianza Editorial, 1982.

---. *El tema de nuestro tiempo*. Madrid: Espasa-Calpe, 1975.

---. *El tema de nuestro tiempo*. Madrid: Calpe, 1923.

Osorio, Nelson. *Manifiestos, proclamas y polémicas de la vanguardia literaria hispanoamericana*. Caracas: Biblioteca Ayacucho, 1988.

Oviedo, José Miguel. *Estos 13*. Lima: Mosca Azul Editores, 1972.

"Parnassians". *The new Princeton Encyclopedia of Poetry and Poetics*. 1993.

Parra, Nicanor. Video, 2007. En línea: http://www.youtube.com/watch?v=XZpIJbxXj9s

Pásara, Luis. *La izquierda en la escena pública*. Lima: Fundación Friedrich Ebert / Centro de Estudios Democracia y Sociedad (CEDYS), 1989.

Pease, Franklin G.Y. *Breve historia contemporánea del Perú*. México: FCE, 1995.

Pentierra, Evaristo. "Lo que le vendemos al mundo: las exportaciones peruanas. *Perú Político*. Lima, 2006. Visitado: 10/2/08. En línea: http://www.perupolitico.com/?p=269.

Pérez Galdós, Benito. *Doña perfecta* & *Misericordia*. México: Editorial Porrúa, 1984.

---. *Obra completa*. Madrid: Aguilar, 1979. Tomo I.

Pérez Priego, Miguel Ángel. *Teatro medieval*. Vol. 2. Barcelona: Crítica, 1997.

Petersen, Julius. "Las generaciones literarias". Ed. Emil Ermatiger. México: FCE, 1946.

Pfeiffer, Erna. *Exiliadas. emigrantes, viajeras: encuentro con diez escritoras latinoamericanas*. Madrid: Iberoamericana, 1995.

Pimentel, Jerónimo. Correos electrónicos a Marcela Valencia. 19/3/08, 21/3/08.

---. "Sin título". Zapata, Miguel Ángel. Una piedra que suena como un tambor: novísimos de la poesía peruana. Ex Dono. En línea: Miguel Ángel Zapata - Una piedra que suena como un tambor: Novísimos de la poesía peruana.

Pimentel, Sebastián. "El día detenido". Pimentel, Jorge. *En el hocico de la niebla*. Lima: Ediciones El Nocedal, 2007.

Plato. *The Republic*. London: Penguin Classics, 2003.

Pöppel, Hubert. *Las vanguardias literarias en Bolivia, Colombia, Ecuador, Perú*. Madrid: Iberoamericana, 1999; Frankfurt am Main: Vervuert, 1999.

Rabí do Carmo, Alonso. "El estilo es el lugar donde poso mi alma — entrevista a José Watanabe" http://laredoperu.blogspot.com/2009/01/entrevista-jose-watanabe.html
http://www.educared.edu.pe/estudiantes/literatura/watanabe5.htm.

Real Academia Española. *Diccionario de la lengua española*. Vigésima segunda edición. En línea: Diccionario de la lengua española - Vigésima segunda edición

Reedy, Daniel R. *Magda Portal, la pasionaria peruana: biografía intelectual*. Lima: Flora Tristán Ediciones, 2000.

Reich, Wilhelm. *The Mass Psychology of Fascism*. New York: Farar, Straus & Giroux, 1970.

RPP (Radio Programas del Perú). "Exportaciones peruanas". 30 de enero de 2008. En línea: http://www.rpp.com.pe/portada/economia/112666_1.php

Ruiz Rosas, Dalmacia. "Amalia / foto-poema de amor lumpen". *La última cena - poesía peruana actual*. Lima: Asaltoalcielo Editores, 1987.

Sánchez-Aizcorbe, Alejandro. *Jarabe de lengua*. Lima: Editorial El Quijote, 1988.

Sánchez Hernani, Enrique. *Exclusión y permanencia de la palabra de Hora Zero: diez años después*. Lima: Ruray, 1981.

Saussure de, Ferdinand. *Cours de linguistique générale*. Paris: Payot, 1972.

Silva Santistevan, Rocío. "Hardcore". De Lima, Paolo. *Poesía peruana actual*. En línea:
http://www.ucm.es/info/especulo/numero16/peruana.html

Sologuren, Javier. *Vida continua*. Lima: Instituto Nacional de Cultura, 1971.

Sotomayor, Carlos. "Resistencia poética". *Correo* [Lima], (6/5/2007) Entrevista a poeta Jorge Pimentel. En línea: http://www.correoperu.com.pe/lima_nota.php?id=47662&show=Jorge%20Pimentel

"Sturm und Drang". *Merriam Webster's Encyclopedia of Literature*. 1998.

Suárez, Modesta. "Hora Zero: 'Materiales para una nueva época' — polémiques sur la rupture". *Sol Negro*. Paul Guillén, ed. Online: <http://sol-negro.blogspot.com/2007/01/hora-zero-materiales-para-una-nueva.html> www.sol-negro.tk

Sucre, Guillermo. *Antología de la poesía hispanoamericana moderna*. 2 vol. Caracas: Monte Ávila Latinoamericana, 1993.

Tamayo Vargas, Augusto. *Literatura peruana.* 2 vol. Lima: Librería Studium Editores, 1976.

Thorp, Rosemary. *Progreso, pobreza y exclusión: una historia económica de América Latina en el Siglo XX*. Washington D.C.: Inter-American Development Bank, 1998.

Toro Montalvo, César. *Historia de la literatura peruana*. 13 vol. Lima: A.F.A Editores, 1991-1996. 13 v.

---. *Poesía peruana del 70: generación vanguardista*. Lima: Ediciones de La Tortuga Ecuestre, 1991.

Tuesta Soldevilla, Fernando. *Análisis del proceso electoral a la Asamblea Cosntituyente: el caso de la UDP y el FOCEP*. Lima: Taller de Estudios Urbano Industriales / Programa Académico de Ciencias Sociales de la Pontificia Universidad católica, 1979.

Vallejo, César. *La cultura peruana*. Lima: Mosca Azul Editores, 1987.

Vargas Gavilano, Amílcar. *La revolución de Velasco en cifras*. Lima: Ediciones INPET, 1989.

Velasco Alvarado, Juan. *La revolución peruana*. Buenos Aires: Editorial Universitaria de Buenos Aires, 1973.

Videla de Romero, Gloria. *Direcciones del vanguardismo hispanoamericano*. Pittsburgh: Instituto Internacional de Literatura Iberoamericana, 1990.

Vilanova, Nuria. *Social Change and Literature in Peru 1970-1990*. New York: The Edwin Mellen Press, 1999.

Villanueva, Víctor. *El ejército peruano: del caudillaje anárquico al militarismo reformista*. Lima: Editorial Juan Mejía Baca, 1973.

Vírhuez, Ricardo. "Pimentel y la otra poesía". *La República* [Lima] (26/7/1992): 15.

"Vuelo poético". *Correo* [Lima], (17/12/2008) Entrevista a Jorge Pimentel. En línea:
http://www.correoperu.com.pe/lima_nota.php?id=80096&show=Jorge%20Pimentel

Westphalen, Emilio Adolfo. *Vicente Huidobro o el obispo embotellado*. Lima: febrero de 1936. Sin pie de imprenta.

Whitman, Walt. *Leaves of Grass*. New York: Bantam Books, 1983.

Williams, Gareth. *The Other Side of the Popular: Neoliberalism and Subalternity in Latin America*. Durham: Duke University Press, 2002.

Zapata, Miguel Ángel. "Carmen Ollé y la fisiología de la pasión". *Confluencia*, n. 2, vol. 12 (1997): 181-185.

Zapata, Miguel Ángel y Antonio Mazzotti. *El bosque de los huesos*. Amsterdam (Virginia): Ediciones El Tucán de Virginia, 1995.

Zelada, Leo y Héctor Ñaupari. *Poemas sin límites de velocidad — antología poética 1990-2003*. Lima: Ediciones Lord Byron, 2003.

www.ingramcontent.com/pod-product-compliance
Lightning Source LLC
Chambersburg PA
CBHW032036150426
43194CB00006B/295